# 키워드로 읽는 아프리카 소설 2

AFRICAN NOVELS BASED ON SOME KEYWORDS II

# 키워드로 읽는 아프리카 소설 2

초판1쇄 인쇄 2019년 4월 25일
초판1쇄 발행 2019년 4월 25일

지은이 고인환 외
펴낸이 박영국
펴낸곳 경희대학교 출판문화원
주소 서울시 동대문구 경희대로 26
전화 02-961-0106~8, 팩스 02-962-8840
설립 1960년 9월 16일 제5-8호
등록 1977년 11월 8일 제6-5호
홈페이지 www.khupress.com
전자우편 press@khu.ac.kr



ISBN 978-89-8222-614-4 03800

CHILD

GENDER

"RACE"

REPORT

ARRATIVE

# 키워드로 읽는 아프리카 소설 2

**AFRICAN NOVELS**
**BASED ON SOME KEYWORDS II**

고인환 외 지음

**경희대학교 출판문화원**

이 저서는 2016년 대한민국 교육부와 한국연구재단의 지원을 받아 수행된 연구임 (NRF-2016S1A5A2A03926423)

여는 글

# 아프리카 소설, 비서구 문학의 새로운 가능성을 향해

아프리카 대륙의 국가들은 거대한 심상지리의 일부로 인식되곤 합니다. 어둠의 심연, 야생의 대륙, 기아와 질병, 종족 갈등(내전, 분쟁 등), 미개한 인종, 서구 열강의 식민주의 쟁탈전 등의 이미지가 개별 국가들의 고유성을 잠식하고 있는 것이지요. 이렇듯 외부자(특히 서구인)의 규범적 틀로 조작된 허상이 아프리카의 실상을 왜곡하고 있는 경우가 많습니다. 하지만 아프리카 각국의 속사정은 그 어떤 다른 대륙의 나라들보다 복잡하고 다층적입니다. 《키워드로 읽는 아프리카 소설 2》는 이 복잡하고 다층적인 아프리카 각국의 속사정을 탐색하고 추적하는 기획의 일환입니다. 서구적 시선으로 바라보았던 아프리카의 모습이 아니라 그들만의 현실을 생생하게 포착하려는 노력이지요. 이러한 시도는 서구 중심으로 형성된 세계문학 담론을 넘어 온전한 지구문학을 구축하는 데 작은 주춧돌이 되리라 기대됩니다. 아프리카 문학(비서구 문학)에 대한 관심은 또한 서구문학 이론으로 점철된 한국문학이 보다 풍요로워질 수 있는 계기가 될 것입니다.

지금까지 우리가 읽은 작품은 40여 명 작가의 70여 권에 이릅니다. 그중에서 21편의 작품을 선정해 그에 대한 논의를 앞서 출간한 《키워드로 읽는 아프리카 소설》에 담았습니다. 이번 책에서는 '아동', '여성', '인종', '고발', '이야기'라는 다섯 개의 키워드로 분석한 16편의 작품을 소개합니다.

'제1장 아동'에서는 아프리카의 여러 나라가 겪은 식민지배와 경제적 궁핍 및 정치적 혼란을 어린 아이의 시선으로 그려내고 있는 작품들을 다루고 있습니다. 아프리카의 아이들은 혼란과 방랑과 이주라는 '길에서의 삶'을 온몸으로 겪으며 희망과 좌절 속에서 성장하고 있습니다. 아이들이 보여주는 정체성에 대한 고민들, 절망 속에서도 다시 일어서는 용기 있는 모습들을 통해서, 아프리카의 문제가 무엇이고 그것을 어떻게 극복할 것인가 하는 근본적인 질문과 마주하게 되기를 기대합니다.

'제2장 여성'에서는 부족주의나 혈통주의, 또는 남성우월주의와 아랍문화 등을 기반으로 한 아프리카 내부의 차별에 대한 여성주의적 시각을 보여주는 작품들을 분석하고 있습니다. 이들 작품들은 혼혈인과 여성 등의 소수자들을 고통 받는 피해자로서만 형상화하고 있지 않습니다. 자신들의 사회를 돌아보는 비판과 성찰의 태도는,

그것들이 "차별과 혐오를 넘어서는 목소리"가 될 수 있다는 가능성을 보여주기도 합니다.

'제3장 인종'에서는 여전히 현재적인 문제인 인종차별을 다룬 작품들을 모았습니다. "백인들의 오만과 욕망에 동조하였거나 이를 통해 새로운 권력을 얻고자 했던 원주민들의 자기 비판 및 반성"을 보여주는 카메룬의 작품과 인종차별 정책인 아파르트헤이트를 폐기한 이후에도 여전히 '얼룩'처럼 남아 있는 과제를 다룬 남아공의 작품들은 인종 문제에 대해서 탐색할 계기를 제공하고 있습니다. 또한 남아공의 '진실과 화해 위원회' 활동과 관련된 '전환기 정의 세우기' 사례를 통해 "정의를 세우고 지키기 위해 개인과 사회가 갖추어야 할 덕목과 가치가 무엇인지, 악과 차별에 맞서는 무기가 무엇인지" 모색해 볼 수 있을 것입니다.

'제4장 고발'에서는 아프리카에서의 삶을 훼손시키는 외부 세력의 침입에 대한 비판의식을 보여주는 작품들을 분석하고 있습니다. 이들 작품들은 붕괴되어 가는 삶의 실상을 고발할 뿐만 아니라, '토착 세력과 외부 세력 사이에서 균형을 이루어갈 가능성'을 보여주기도 하고, "피해자의 고발이나 가해자의 반성이라는 차원을 넘어서는 독특한 지점"을 모색하면서 새로운 문제의식을 갖게 하기도 하고, "절망 속에서 피어나는 가느다란 희망의 전언"을 통해서 외세의 강압에 의해 분열된 우리의 현실을 되새겨 보게도 합니다.

'제5장 이야기'에서는 모순된 현실을 타개하고 변화시킬 수 있는 이야기의 힘을 보여주는 작품들을 다루고 있습니다. 우화나 구술 문학의 전통을 활용한 작품, "글쓰기를 통해 이슬람 문화가 강요하는 유폐된 여성의 삶에서 벗어나 주체적 개인으로서의 실존을 드러내는" 작품, '상처를 견디는 힘'으로 작용하는 만들어진 역사를 보여주는 작품 등을 통해 문학의 존재 이유를 다시금 고민해 볼 수 있었습니다.

아프리카 출신 작가들의 정체성은 모호합니다. 그들은 조국을 떠나 서구의 여러 나라들과 아프리카를 떠돌며 문화적 혼종성을 체현하고 있는 경계인들입니다. 아프리카 작가들은 제국의 언어로 생산된 자신들의 작품이 아프리카 독자들을 일차적 대상으로 삼지 않는다는 사실을 잘 알고 있습니다. 하지만 아프리카 민중을 위해 글을 쓰고 있다는 소명의식 또한 잊지 않고 있습니다. 이들은 지배자의 언어와 아프리카 민중들 사이를 끊임없이 오가며 정체성을 증명해야 하는 모순적이고 역설적인 운명을 지녔습니다.

서구에도 아프리카에도 속하지 않는 한국의 독자들이 이들의 문제에 공감하고 따뜻한 연대의 손길을 내미는 것은 서구중심주의 담론을 넘어 비서구 문학의 새로운 가능성을 여는 첫걸음이 될 것으로 기대됩니다.

고마운 사람들이 참 많습니다. 비서구 문학의 길을 열어 준 김재용 선배, 늘 곁에서 소리 없이 격려해주는 이석호 형, 도움을 요청할 때마다 발 벗고 나서는 유정완 선배, 너그러운 마음으로 늘 지원해주시는 이영준 학장님, 어려운 환경 속에서도 기꺼이 출판을 허락해주신 이문재 선생님, 원고를 꼼꼼하게 바로잡아주신 한소영 선생님 모두에게 감사의 인사를 올립니다. 고맙습니다. 세 아이를 돌보느라 바쁜 와중에도 행정적인 업무를 도맡아 처리해주고 있는 차선일 선생과 연구년으로 자리 비운 1년 동안에도 꾸준히 세미나를 진행해준 이정선 선생께도 감사의 인사를 드립니다. 그리고 이효선·이소정 선생, 마지막까지 원고를 붙들고 교정을 보느라 수고 많았습니다. 작품을 읽고 토론하며 원고를 작성해준 저자들에게도 고마운 마음을 전합니다. 참으로 많은 사람들의 따뜻한 마음이 모여 이 책이 빛을 보게 되었습니다. 그만큼 소중한 것이겠지요. 이 모든 분들과 앞으로도 계속 함께 했으면 하는 마음으로 글을 맺습니다. 감사합니다.

2019년 봄

고인환(경희대학교 범아프리카문화연구센터장)

여는 글 5

## 제1장 아동

아프리카 대륙의 성장통 19
케냐, 응구기 와 티옹오, 《울지 마, 아이야》 김경훈

인샬라, 모래바람 속에서도 잃어버리지 않는 길 32
소말리아, 나디파 모하메드, 《모래바람을 걷는 소년》 추선진

이곳의 무명씨들 48
짐바브웨, 노바이올렛 불라와요, 《우리에겐 새 이름이 필요해》 한송이

## 제2장 여성

철새의 운명을 끝내 넘어서지 못한 어느 아프리카인의 비극 65
수단, 타예브 살리흐, 《북으로 가는 이주의 계절》 이석호

비구름이 모인 동화 마을 71
보츠와나, 베시 헤드, 《비구름이 모일 때》 이정선

차별과 혐오를 넘어서는 목소리 85
이집트, 모로코, 리비아, 튀니지, 수단, 샤무엘 시몽편, 《아랍 여성 단편소설선》 이소정

## 제3장 인종

두 개의 세계 사이에 선 늙은 흑인의 어리석음 103
카메룬, 페르디낭 오요노, 《늙은 흑인과 훈장》 추선진

아직 메우지 못한 틈으로, '추락' 114
남아프리카공화국, 존 쿳시, 《추락》 김원경

악과 차별을 넘어: 역사적 진실과 보편적 정의에 이르는 남아공의 여정 128
남아프리카공화국, 품라 고보도 마디키젤라, 《그날 밤 한 인간이 죽었다》, 에드윈 캐머런, 《헌법의 약속》 차선일

차례

## 제4장 고발

'아프리카너'의 관점에서 바라본 베트남 전쟁 145
남아프리카공화국, 존 쿳시, 《어둠의 땅》 고인환

신은 왜 화살을 쏘는가 155
나이지리아, 치누아 아체베, 《신의 화살》 이규진

소말리아의 속살을 엿보다 174
소말리아, 누르딘 파라, 《해적떼들》 고인환

## 제5장 이야기

이야기를 이어가는 힘으로 심판하기 187
케냐, 응구기 와 티옹오, 《십자가 위의 악마》 김학중

침묵하는 자들의 실존 210
알제리, 아시아 제바르, 《사랑, 판타지아》 황금하

혼돈의 어둠을 이기는 연대적 삶을 꿈꾸다 227
남아프리카공화국, 자케스 음다, 《곡쟁이 톨로키》 정재훈

기억, 그 너머를 기다리는 시간 241
앙골라, 주제 에두아르두 아구아루사, 《기억을 파는 남자》 이효선

## African Novels Based on Some Keywords II

## Contents


prologue • 5

01 child • 17

Pain for the Growth of African Continent (Weep Not, Child, 1964)
Inshalla, The Path Not Lost Even in the Wind of the Sand (Black Mamba Boy, 2009)
Mr or Ms So and So from Here (We Need New Names, 2013)

02 Gender • 63

A Tragedy of an African Who Could Not Transcend the Destiny of a Seasonal Bird (Season of Migration to the North, 1966)
A Village of Fable Where Rain Cloud Gathered (When Rain Clouds Gather, 1968)
A Voice Beyond Discrimination and Hatred (Collection of shorts stories from Egypt, Morocco, Libya, Tunisia, Sudan, 2012)

03 "Race" • 101

Foolishness of an Old Black Man Standing Between Two Worlds (Le Vieux Negre et la Medaille, 1956)
Out of the Open Chasm from 'Disgrace' (Disgrace, 1999)
Beyond the Vice and Discrimination: South African Journey to Historical Truth and Universal Justice (Human Being Died That Night, 2003) (Justice: A Personal Account, 2014)

## 04 Report · 143

Vietnamese War Seen from African Perspective (Dusklands,1974)
Why God Shoots the Arrow? (Arrow of God, 1964)
Looking into the Naked Flesh of Somalia (Crossbones, 2012)

## 05 Narratives · 185

Trial by the Storytelling Power (Devil on the Cross, 1980)
Existence of the Silent Ones (L'amour, la fantasia, 1985)
Dreaming of Collaborative Life Out of Darkness of Confusion (Ways of Dying, 1995)
Memory, the Time of Waiting for the Beyond (O vendedor de passados, 2004)

〈아프리카 지도〉

튀니지
모로코
세네갈
서사하라
알제리
리비아
이집트
모리타니
말리
니제르
차드
수단
에리트레아
지부티
감비아
기니비사우
기니
부르키나파소
가나
나이지리아
에티오피아
남수단
중앙아프리카공화국
카메룬
코트디부아르
베냉
소말리아
우간다
케냐
적도기니
가봉
콩고
콩고민주공화국
르완다
시에라리온
탄자니아
라이베리아
토고
브룬디
앙골라
잠비아
모잠비크
짐바브웨
나미비아
보츠와나
말라위
스와질랜드
남아공
레소토

# 〈수록작품〉

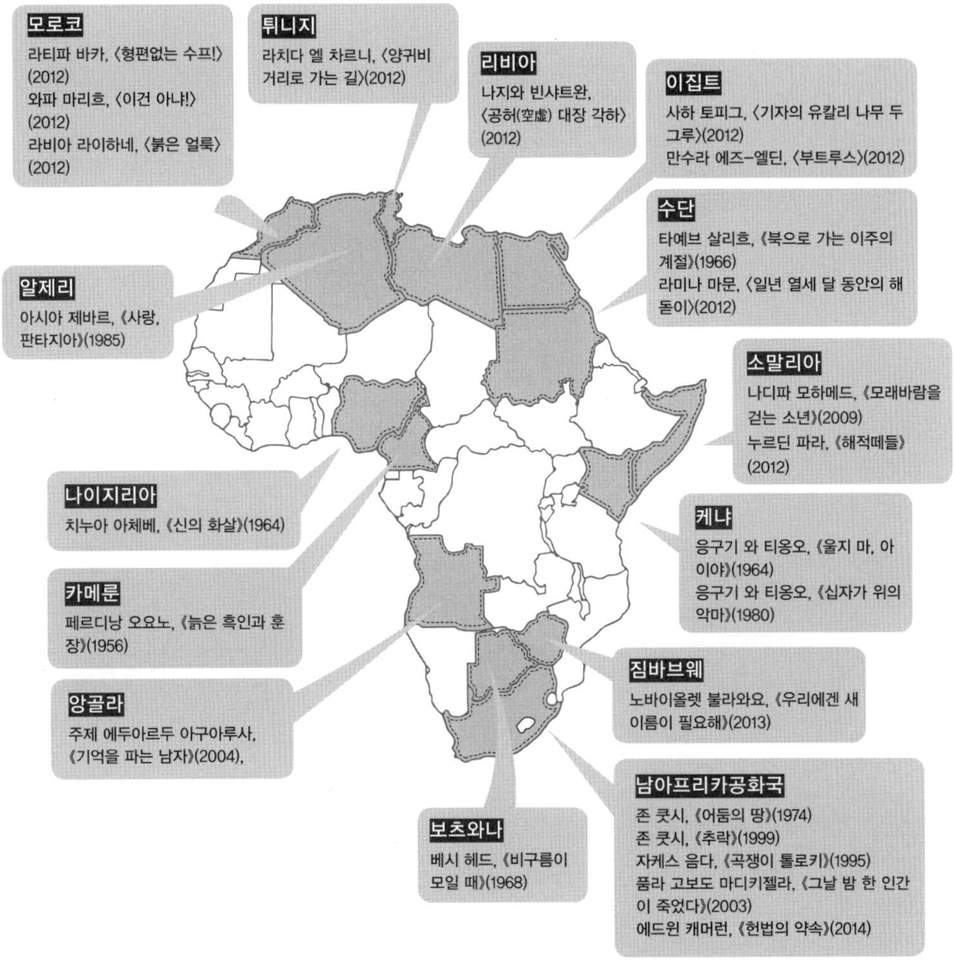
모로코
라티파 바카, 〈형편없는 수프!〉(2012)
와파 마리흐, 〈이건 아냐!〉(2012)
라비아 라이하네, 〈붉은 얼룩〉(2012)
튀니지
라치다 엘 차르니, 〈양귀비 거리로 가는 길〉(2012)
리비아
나지와 빈샤트완, 〈공허(空虛) 대장 각하〉(2012)
이집트
사하 토피그, 〈기자의 유칼리 나무 두 그루〉(2012)
만수라 에즈-엘딘, 〈부트루스〉(2012)
수단
타예브 살리흐, 《북으로 가는 이주의 계절》(1966)
라미나 마문, 〈일년 열세 달 동안의 해돋이〉(2012)
알제리
아시아 제바르, 《사랑, 판타지아》(1985)
소말리아
나디파 모하메드, 《모래바람을 걷는 소년》(2009)
누르딘 파라, 《해적떼들》(2012)
나이지리아
치누아 아체베, 《신의 화살》(1964)
케냐
응구기 와 티옹오, 《울지 마, 아이야》(1964)
응구기 와 티옹오, 《십자가 위의 악마》(1980)
카메룬
페르디낭 오요노, 《늙은 흑인과 훈장》(1956)
짐바브웨
노바이올렛 불라와요, 《우리에겐 새 이름이 필요해》(2013)
앙골라
주제 에두아르두 아구아루사, 《기억을 파는 남자》(2004),
남아프리카공화국
존 쿳시, 《어둠의 땅》(1974)
존 쿳시, 《추락》(1999)
자케스 음다, 《곡쟁이 톨로키》(1995)
품라 고보도 마디키젤라, 《그날 밤 한 인간이 죽었다》(2003)
에드윈 캐머런, 《헌법의 약속》(2014)
보츠와나
베시 헤드, 《비구름이 모일 때》(1968)

제 1 장

# 아동

# 아프리카 대륙의 성장통

응구기 와 티옹오, 《울지 마, 아이야》•

김경훈••

## 아프리카를 바라보는 방법

제국주의 시대부터 오늘날에 이르기까지 아프리카 대륙에 대한 식민지배 여파는 여전히 그들 삶에 영향을 미치고 있다. 아프리카 대륙이 가지고 있는 고질적인 문제점들—빈곤과 분열, 발전 가능성의 박탈—은 모두 식민지배에서 비롯된 것들이라고 할 수 있다. 그러나 서구는 물론 같은 식민지배의 역사를 공유하고 있는 우리조차 과거 아프리카 대륙에서 벌어졌거나 혹은 현재 진행 중인 문제들에 대해 관심을 기울이지 않는다. 좁아진 세계(shrinking world) 안에서 우리는 다양한 현상과 사건들을 담론화하지만 유독 아프리카 대륙과 관련된 문제들에 대해서만은 피상적으로 판단하거나 무관심할 뿐이다.

• 응구기 와 티옹오, 《울지 마, 아이야》, 황가한 역, 은행나무, 2016.

•• 경희대학교 후마니타스칼리지 및 경기대학교 강사, 문학박사.

물론 세계에 만연한 모든 문제를 지각할 수도, 할 필요도 없다. 하지만 적어도—식민지배라는—같은 역사적 경험을 공유하고 있는 아프리카 대륙을 이해하려는 노력은 단순히 아프리카라는 '타자'를 이해하는 것에 국한되지 않는다. 탈식민주의에 대한 아프리카인들의 열망과 그 역사에 대한 이해는 식민지배 이후를 살아가는 '주체'인 우리에게 현재 위치하고 있는 지점과 나아가야 할 방향을 가늠하게 해주는 이정표가 될 수 있다는 점에서 의미를 가진다.

이러한 측면에서 아프리카 문학을 읽는 행위는 아프리카를 이해하는 데 있어 비교적 훌륭한 방법이다. 아프리카 출신의 탈식민주의 작가들이 공유하는 문학적 특징은 '아프리카에 의한, 아프리카를 위한' 이다. 아프리카의 실상과 격리된 예술을 "아무런 냄새도 없는 개똥", 혹은 "단지 쓰레기통에 버려지기 알맞은 것"• 으로 표현한 아체베••와 소잉카•••의 언술에서도 확인할 수 있는 것처럼 이들에게 서구의 문예미학이나 정치적 관점은 부차적인 것이다. 그들이 목표로 하는 문학은 식민지배의 상처를 가진 아프리카가 가지고 있는 문제들과 대결할 수 있어야 하며, 이러한 태도를 견지하는 자신들의 문학이야말로 아프리카의 진실을 담아내고 있음을 강조한다.

• 유승, 〈응구기의 소설세계〉, 《신영어영문학》 24호, 신영어영문학회, 1997, 55쪽 재인용

•• 알버트 치누알루모구 아체베(Albert Chinualumogu Achebe): 나이지리아 국적의 소설가, 시인, 교수 그리고 비평가. 대표작으로는 《모든 것이 산산이 부서지다(Things Fall Apart)(1958)》, 《신의 화살(Arrow of God)(1964)》 등이 있다.

••• 아킨완데 올루월레 "월레" 소잉카(Akinwande Oluwole "Wole" Soyinka): 나이지리아의 소설가, 시인, 극작가. 1986년 아프리카 출신으로는 처음으로 노벨 문학상을 수상했다.

응구기 와 티옹오(Ngugi Wa Thiong'o, 이하 응구기) 역시 위에서 언급한 아프리카 작가들의 특징을 공유한다. 응구기의 소설은 크게 《샛강》, 《울지 마, 아이야》, 《한 톨의 밀알》을 중심으로 하는 전기 작품들과 《피의 꽃잎들》과 《십자가 위의 악마》, 《마티가리》를 중심으로 하는 후기 작품들로 나눌 수 있다. 전기와 후기에 각각 접근 방법의 차이는 있을지언정 아프리카—그중에서도 고국인 케냐—가 직면하고 있는 문제들에 대한 고민에서 결코 벗어나지 않는다. 전자의 작품들이 식민주의 지배 당시의 상황을 재현하는 데 초점을 맞추고 있다면 후자의 작품들은 식민지배 이후 신식민주의에 대한 저항과 극복의 의지를 담아내고 있다고 할 수 있다.

《울지 마, 아이야》는 전기 작품들 중에서도 응구기가 가지고 있는 케냐에 대한 문제의식의 출발점을 보여준다는 점에서 의미가 있는 소설이다. 응구기는 1938년 출생하여 영국 식민지 시대, 마우마우(Mau Mau)• 무장독립운동을 몸으로 체험한 세대로, 자신이 겪었던 식민지 시대 아프리카의 희망과 좌절을 한 소년의 성장사를 통해 작품에 드러낸다.

《울지 마, 아이야》는 크게 두 장으로 구성되어 있다. 1부에서는 은조로게와 가족들을 통해 당시 아프리카인들이 가지고 있었던 식민지 시대의 희망에 대해 이야기한다. 주인공인 은조로게의 성장과정에서 대두되는 교육에 대한 열망과 종교—기독교—에 대한 믿음이 식민지배 당시 아프리카에 만연해 있던 가난과 절망에서 벗어날 수

• 케냐에서 1952년부터 1960년까지 영국의 식민지 통치에 대항하여 벌어진 무장 투쟁이다.

있는 가능성이었음을 비교적 경쾌한 문체로 그려낸다. 하지만 2부에서는 그러한 희망이 현실의 벽 앞에서 어떻게 좌절되는지를 한 가족의 해체와 절망을 통해 비극적으로 보여준다. 이 지점에서 독자들은 식민지배를 극복하기 위해 아프리카에게 진정으로 필요한 것이 무엇일까 하는 근본적인 질문과 마주하게 된다.

## 교육과 종교라는 희망

앞서 언급한 바와 같이《울지 마, 아이야》1부에서는 아프리카가 가지고 있었던 미래에 대한 희망을 은조로게의 유년기를 통해 그려낸다. 1부에서 드러나는 서사의 가장 큰 특징은 식민지배 상황에서 케냐인들이 겪어야 했던 아픔이 전면에 드러나지 않는다는 것이다.

밤이면 젊은이들은 응고토의 "팅기라"• 에 모여 그가 들려주는 부족의 전설에 귀를 기울였고 은조로게 역시 "아버지를 무서워했지"만 "아버지의 이야기를 듣는 것"은 좋아할 수 있었다. 1부에서 케냐인들은 아직 자신들의 전통—아버지 세대에 대한 존경과 믿음—을 이어가고 있었으며 그 안에서 나름의 희망을 찾아내고자 노력했다. 그렇기에 그들은 빼앗긴 자신들의 땅을 언젠가 되찾을 수 있을 것이라는 믿음 아래 다음 세대의 교육에 힘을 쏟았다. "사람들이 교육을 받았더라면 백인들이 땅을 몽땅 빼앗아가지 않았을"거라는 응고토의 말은 이러한 점을 잘 드러낸다. 이는 자신들의 무지로 인해 조상들

• 사랑채(역주)

의 땅을 빼앗기고만 것에 대한 반성임과 동시에 교육의 중요성을 깨달았다는 것을 의미한다. 때문에 그는 넉넉하지 않은 형편임에도 막내인 은조로게를 학교에 보내기로 결심하며, 그의 이러한 선택을 다른 가족들 역시 지지한다.

> 그가 허리를 숙이고 석판에 뭔가를 적거나 학교에서 있었던 일을 들려주는 모습을 볼 때마다 영혼이 밝고 행복해졌다. 가서 뭔가를 읽거나 셈하라고 아들한테 시킬 때면 마냥 기뻤다. 언젠가 자신의 아들이 편지를 쓰고, 계산을 하고, 영어를 하는 날이 온다면 그것이야말로 그녀가 어머니로서 얻을 가장 큰 보상이 될 터였다.(29쪽)

은조로게의 어머니인 뇨카비의 시선을 통해서도 우리들은 은조로게 가족이 은조로게에게 걸고 있던 희망—구체적으로는 교육에 대한 기대—을 읽어낼 수 있다. "영어"를 할 수 있으면 "큰 도시"에 나가서 일을 할 수 있게 되고, 그것은 결국 은조로게뿐만 아니라 그들 가족 전체의 삶을 윤택하게 해줄 것이라는 기대는 단지 뇨카비만의 기대는 아니다. 키쿠유랜드에서 홀로 고등교육을 받게 된 은조로게에게 보내는 부족민들의 찬사—키쿠유의 아들—는 당대의 케냐인들이 교육의 가능성에 대해서 품었던 기대가 보편적인 것이었음을 알 수 있게 해주는 부분이다. 케냐인들에게 교육은 그들이 식민지배를 벗어날 수 있는 구체적이고도 가장 가까운 대안이었다. 비록 백인들에 의해 운영되는 학교였지만 그곳에서의 배움을 통해 다음 세대들은 백인들과 동등한 입장에 설 수 있을 것이며, 그러한 변화를 통해 케냐뿐만이 아닌 아프리카 대륙 전체의 부흥을 이끌어 낼 수 있을 것이라 생각했던 것이다. 검은 모세라고 불리던 조모•의 말처럼 "교육은 케냐의 빛"이었던 것이다.

> 그에게 교육이란 더 넓고 심오한 계획을 실현하는 것이라는 사실도 알 수 있었다. 그의 아버지뿐 아니라 어머니, 형들, 심지어 마을 전체가 그에게 요구하는 것을 넘어서는 원대한 계획. 그는 자신 앞에 뭔가 거대한 운명이 기다리고 있음을 알았고, 이 사실이 그의 마음을 환히 빛나게 했다.(61쪽)

이러한 교육에 대한 인식은 주인공인 어린 은조로게의 태도에서도 드러난다. 그 역시 자신이 받고 있는 교육이 온전히 자신만을 위한 것이 아님을 인식한다. 은조로게가 보여주는 가족과 아프리카 사회 전체에 대한 봉사의 다짐이 바로 이러한 인식의 결과물이다. 이러한 자의식은 점차 커져 그가 고등교육을 받는 순간까지도 지속된다.

한편 은조로게의 성장 과정을 다룬 1부에서 교육만큼 중요하게 다뤄지는 다른 하나는 바로 종교이다. 교육이 내일의 아프리카를 발전시킬 수 있는 구체적인 희망이었다면, 아프리카에 전파된 기독교는 민족의 구원을 기대하게 만드는 정신적 희망이었다. 실제로 작중 묘

• 케냐의 정치인이자 국부. 1963년 영국으로부터 독립 후 1년간 초대 총리를 지냈으며, 1964년 대통령에 당선되어 14년간 집권했다. 케냐에서는 건국의 아버지로 추앙받는다. 그러나 케냐의 여러 부족을 하나로 통합시키지 못한 점, 본인에서 시작해 대니얼 아랍 모이로 이어지는 38년의 일당 독재를 주도했다는 점에서 비판받는 정치인이기도 하다.

사를 통해 많은 아프리카인들이 기독교적 교리가 가지고 있는 평등과 박애 사상에 감화되어서 기독교로 개종하는 모습을 보여준다.

> 은조로게가 성경의 말을 믿게 되면서 신의 공정함에 대해 갖게 된 믿음은 교육 받은 자신이 누리게 될 생활의 미래상과 뒤섞였다. 세상에는 공정과 정의가 존재한다. 사람이 올바르고 독실하면 천국에 간다. (중략) 게다가 그의 마음속에서는 백인들에게 땅을 뺏긴 키쿠유족이 다름 아닌, 그가 성경에서 읽은 이스라엘의 자손이라는 생각이 자라나고 있었다.(74~75쪽)

이러한 동일시를 통해 그들은 식민지배의 가해자인 백인들에게 교육을 받는 것에 대한 거부감을 극복했으며, 이는 아프리카 민족이 당하고 있는 현재의 불합리를 견뎌낼 수 있는 원동력이 되었다. 은조로게가 흑인들의 총파업 이후 겪게 된 수난 속에서도 "기도"를 통해 배움의 끈을 놓지 않을 수 있었던 것도 바로 이 때문이다. 은조로게는 자신의 부족에서 내려오는 옛 이야기와 성서의 인물들을 동일시하면서 서구적 관점과 전통적 관점을 자신도 모르는 사이에 융합시키고자 했다. 이는 그들과 동등한 존재가 되기 위한 은조로게의 시도이자 케냐인들의 시도였던 것으로 해석이 가능할 것이다. 조모를 검은 모세라고 부르며 파업 현장에서 그가 말한 땅에 대한 권리를 기독교적으로 해석하는 행위 역시 법 이전에 신화와 전통에 가치를 둔 아프리카인들이 자신들의 권리를 주장하기 위해 취할 수 있는 최선의 방법이었던 것이다.

## 현실의 벽과 희망의 좌절

하지만 1부에서 그토록 추구되었던 희망과 그에 대한 기대는 2부에서 현실의 벽에 막혀 전복되고 만다. 은조로게가 청소년이 되던 시기, 케냐는 격변기를 맞이하게 된다. KAU•의 등장과 마우마우 운동의 전개가 바로 그것이다. 이 같은 흑인들의 단합 행위에 위협을 느낀 식민정부는 비상계엄령을 선포하며 케냐의 정치적 지도자였던 조모를 전격적으로 체포하게 되고, 그 결과 케냐의 정치적 혼란은 더욱 가중된다. 작품의 2부는 이러한 정치적 격변의 한가운데를 배경으로 당시 아프리카의 어두운 현실을 전면으로 드러낸다.

2부는 흑인들의 총파업으로 시작된다. 흑인들은 식민정부의 불합리에 맞서 자신들의 권리를 위해 단합하고 총파업을 강행한다. 이 과정에서 공교롭게도 은조로게의 아버지인 응고토가 총파업의 선동자라는 누명을 쓰게 된다. 2부는 이 같은 상황에서 은조로게와 그의 가족들이 결국 좌절하게 되는 모습을 그려낸다. 아버지인 응고토가 파업의 주동자로 낙인이 찍히면서 은조로게 가족의 삶은 끝없이 추락하게 된다. 이 과정에서 1부에서는 미봉되어 있던 식민지배 사회 내부의 문제들이 2부에서 끊임없이 대두되는데, 그중 가장 두드러지는 것은 바로 식민지배 안에서 비롯된 세대 간의 갈등이다. 식민지배 1세대인 응고토는 자신들의 땅이 언젠가 자신들에게 돌아올 것이라는 막연한 믿음을 가지고 있는 인물이다. 그에게 땅은 언제나 그곳

• 조모 케냐타(Jomo Kenyatta)가 수장으로 있던 온건독립운동단체 케냐아프리카인 동맹.

에 있기에 백인들이 물러난다면 다시금 자신에게 돌아올 수 있는 것이었다. 하지만 두 번째 큰 전쟁—세계 2차 대전—에서 형제를 잃고 고향으로 돌아온 보로에게 이러한 응고토의 태도는 어리석은 기성세대의 미신적 믿음일 뿐이었다.

> 전쟁이 끝나 집으로 돌아왔을 때 보로는 더 이상 소년이 아닌, 경험과 생각이 많은 남자가 되어 있었지만 결국 알게 된 것은 일자리가 없다는 사실뿐이었다. 정착하려도 정착할 땅이 없었다. 아버지의 이야기를 듣는 동안 이 모든 것들이 점점 커져가는 분노로 그의 마음속에 자리 잡았다. 이 사람들은 어떻게 아무런 행동도 하지 않은 채 백인들이 땅을 차지하도록 놔둘 수 있었던 걸까? 게다가 예언에 대한 이 미신적인 믿음은 다 뭐란 말인가?(43쪽)

이러한 보로의 감정은 1부에서 공고하게 유지되는 것 같았던 전통사회의 균열을 암시한다. 그리고 이 같은 균열은 총파업에서 보여준 응고토의 돌발행동으로 인해 더 이상 회복 불가능한 것이 되어버리고 만다. 비록 표현의 방식은 다르지만 같은 목적을 향해야만 하는 흑인들이 세대 간의 갈등을 겪게 된 것이다. 그리고 이 지점에 이르러 1부에서 보여졌던 케냐의 전통사회는 전격적으로 파국을 맞이한다.

비단 문제는 세대 간의 갈등만이 아니었다. 정치적 지형의 변화는 흑인과 흑인 사이의 갈등을 더욱 크게 부추겼다. 지주인 자코보의 경우 파업 이전까지는 그저 밉살맞은 흑인에 불과했지만 파업 이후 일정한 권력을 부여받게 되자 "백인이 되려는 흑인"이 되어 악랄하게 은조로게와 그의 가족을 괴롭힌다. 파업에서 응고토가 보여준 의기는 그의 자존심을 건드렸고, 이로 인해 은조로게 가족은 전부 수난을 겪게 된다. 이러한 은조로게 가족의 수난은 당시 분열로 인해 케냐인들이 겪었던 갈등을 상징한다고 할 수 있다.

결국 정치적·사회적 격변은 은조로게 가족 그리고 케냐인들이 꿈꿨던 교육에 대한 희망을 좌절시키고 만다. 특히 마우마우 무장독립운동•의 여파로 인해 흑인들에 대한 식민지배 계층의 경계가 심해지면서 그들의 희망이었던 교육은 근간부터 흔들리게 된다.

> 이 땅에 사는 수천 명의 소년 소녀에게 교육이란 그런 것이었다. 워낙 학교 수가 적었기에 띄엄띄엄 떨어져 있을 수밖에 없었다. 선교단과 절연 후에 키쿠유족이 키링아에 세운 자립형 학교들이 정부에 의해 폐교되면서 상황은 더 나빠졌다.(101쪽)

물론 이러한 상황에서도 은조로게는 자신의 배움을 이어가기 위해 부단히 노력한다. 하지만 현실의 벽 앞에서 온조로게 개인의 노력은 결국 허사가 되고 만다. 특히 마우마우 무장독립에 투신한 보

• 지난 1950년대 영국 정부를 상대로 현재 케냐의 수도 나이로비를 포함하는 중부 지역에서 케냐 최대 부족인 키쿠유족을 중심으로 벌인 무장 독립 투쟁을 일컫는다. 영국이 케냐를 식민지배하면서 영국 이주민들이 원주민들의 토지를 차지하게 되자 생활 터전을 빼앗긴 흑인 주민들이 불만을 표출했고 결국 이주민을 살해하면서 마우마우 봉기가 시작됐다. 이에 따라 영국 식민당국은 1952년 10월 비상사태를 선포하고 1960년 해제하기까지 군인과 케냐인 경비원들을 동원해 대대적인 진압에 나섰다. 케냐 인권위원회는 마우마우 봉기 기간에 9만 명이 살해 혹은 고문을 당하거나 불구가 됐고 16만 명이 끔찍한 상태의 수용소에 구금된 것으로 추산했다.

로에 의해 이러한 좌절의 비극은 더욱 극대화된다. 식민정부에 위험인물로 낙인찍힌 보로의 가족이라는 이유로 은조로게는 학생으로서 당해서는 안 되는 비합리적인 대우를 받게 되며, 자코보를 살해한 카마우의 죄에 대한 벌을 응고토가 대신 받음으로써 그들 가족은 최소한의 구심점을 잃고 결국 와해되고 만다. 그 결과 은조로게는 더 이상 "기도"와 "몽상"조차 하지 않게 된다. 결국 그는 자신이 받았던 교육과 그가 의지했던 종교가 신민지배의 도구 이상의 것이 아니었음을 깨닫게 되고, 그 순간 그것들에 의지해 이루고자 했던 모든 것들을 포기해버리고 만다. 작품의 마지막, 아무런 희망도 남지 않은 은조로게는 자살을 하고자 한다. 하지만 그때 뇨카비가 은조로게를 찾아내고 은조로게는 그런 어머니의 모습에 자살을 포기한다. 어떤 희망이 생겨 자살을 포기한 것은 아니다. 하지만 자신이 돌아가야 할 가족이 있다고 생각했기에 그는 묵묵히 뇨카비를 따라 집으로 돌아간다.

## 성장통 이후

《울지 마, 아이야》는 은조로게와 그 가족들의 삶을 통해 케냐인들이 가지고 있었던 희망과 그 희망이 좌절되기까지의 이야기를 우리들에게 담담하게 전해준다. 사실 《울지 마, 아이야》는 당시 아프리카가 직면했던 문제에 대한 대안이나 해결 방안을 제시하지 못했다는 점에서는 아쉬움이 남을 수 있는 작품이다. 하지만 그동안 우리가 피상적으로 판단해왔던 아프리카인들의 희망과 좌절, 그리고 그들이 겪었던 현실적 비극을 한 소년의 성장사를 통해 비교적 자세하게 우리에게 전한다는 점은 이러한 아쉬움을 잊게 만든다.

성장에는 성장통이라는 과정이 있다. 아이에서 어른으로 성장하기 위해 겪게 되는 이 통과의례는 지극히 고통스럽다. 하지만 이 고통스러운 과정을 겪지 않고는 절대 어른이 될 수 없다. 이러한 측면에서 《울지 마, 아이야》의 은조로게가 겪었던 성장사의 아픔은 아프리카 대륙이 유년기를 벗어나기 위해 겪었던 역사적 성장통의 은유라고 할 수 있다. 작품의 말미에 삶을 포기한 듯한 은조로게의 모습에서 희망을 발견하는 것은 쉽지 않다. 하지만 결국 그가 죽음을 선택하지 않고 어머니의 곁으로 돌아가는 장면은 성장통을 딛고 일어설 이후를 상상하게 하는 가능성 또한 내포하고 있다. 그리고 이렇게 남겨졌던 희망의 가능성은 현재 발전하고 변화하는 케냐의 모습 속에서 은조로게 그리고 은조로게로 표상되는 아프리카인들이 결국 좌절의 성장통을 딛고 다시 일어섬으로 증명되고 있다.

아프리카는 여전히 우리들에게는 먼 나라이다. 하지만 《울지 마, 아이야》를 통해 그들이 겪었던 식민지배의 아픔, 거기서 비롯된 가난, 이를 극복하기 위해 가졌던 희망과 좌절의 역사가 우리들의 과거 그것과 다르지 않음을 알 수 있다. 이러한 공감은 단순히 몰랐던 아프리카의 이야기를 아는 것에 그치는 것이 아니라 우리들이 가지고 있었던 서구적 시선에서 벗어나 제 3의 시선을 가질 수 있는 가능성으로 이어질 수 있을 것이다.

**응구기 와 티옹오**

응구기 와 티옹오는 케냐의 소설가이자 수필가이며 동시에 극작가이다. 1938년 영국령 동아프리카 리무루에서 태어나 우간다의 마케레레대학교와 영국의 리즈 대학교에서 수학한 그는 《울지 마, 아이야(Weep Not, Child)》, 《사이의 강(The River Between)》, 《한 알의 밀(A Grain of Wheat)》 등의 소설을 발표하면서 소설가의 길로 들어섰다. 1987년에는 대표작 《마티가리(Matigari)》를 발표했으며, 1980년에 《십자가 의 악마(키쿠유어: Caitaani muthara - Ini)》를 발표하면서 사상 최초로 키쿠유어 소설을 창작했다. 1992년부터는 뉴욕대학교에서 비교문학과 공연학 교수로 재직하고 있다.

**《울지 마, 아이야》**

《울지 마, 아이야》는 응구기의 전기 작품들 중에서도 그가 가지고 있는 케냐에 대한 문제의식의 출발점을 보여준다는 점에서 의미 있는 소설이다. 응구기는 영국 식민지 시대, 마우마우(Mau Mau) 무장독립운동을 몸으로 체험한 세대이다. 그는 자신이 겪었던 식민지 시대 아프리카의 희망과 좌절을 《울지 마, 아이야》를 통해 독자들에게 전달한다.

# 인샬라, 모래바람 속에서도 잃어버리지 않는 길

나디파 모하메드, 《모래바람을 걷는 소년》•

추선진••

## 세상의 네 번째 귀퉁이: 별빛을 따라 가는 유목민

고대 소말리아는 상업의 중심지로 부흥했다. 소말리아 상인들은 이집트, 페니키아, 미케네를 오가며 유황과 몰약, 향신료 등의 교역을 담당했다. 이후 이슬람교가 전파됐고 무슬림과 교역하면서 수백 년간 소말리아 상인들은 홍해 일대의 무역을 장악하고 풍요를 누렸다. 하지만 제국주의가 침략하고 1960년 영국과 이탈리아로부터 독립할 때까지 수십 년 동안 전쟁과 착취에 시달리다 정치적 혼란까지 겪으면서, 소말리아는 아프리카에서는 물론이고 세계에서 가장 가난한 나라가 됐다. 거침없이 바다를 오가며 교역했던 소말리아의 상

• 나디파 모하메드, 《모래바람을 걷는 소년》, 문영혜 역, 중앙북스, 2010.

•• 경희대학교 후마니타스칼리지 강사, 문학박사. 《한민족 문화권의 문학 1·2》, 《한국현대문학 100년 대표소설 100선》, 《문학비평용어사전》, 《문학과 역사의 경계에 서다》, 《이병주 문학의 역사와 사회 인식》, 《8090 한 페이지 전의 문화사》 등의 집필에 참여했다.

인들은 이제 해적으로 불린다.

소말리아 출신 작가 나디파 모하메드(Nadifa Mohamed)의 첫 번째 소설인《모래바람을 걷는 소년》•은 소말리아가 겪었던 참혹한 시절을 배경으로 하는 작품으로, 1925년생 소말리아 소년이 성인이 되기까지 거쳐온 "길"에 대한 이야기다. 전쟁과 파시즘이 풍경이 되는 이 길은 어린 소년이 혼자 겪어내기에는 지나치게 가혹한 것이었다. 백인들에게서 자마의 종족을 지키는 수호신 'Black Mamba'의 강력한 주술적인 힘은 식민지 태생이자 흑인인 자마를 업신여기는 데 아무런 제약이 되지 않았다.

아버지는 돈을 벌러 떠나 자마 곁에 없었고, 자마를 지켜준 어머니도 혹독한 노동을 견디지 못해 세상을 떠났다. 10살 자마는 길거리를 전전하며 연명했고 같은 처지의 시데인과 압디가 유일한 친구이자 가족이었다. 배고픔에 시달리던 자마는 수단에 있다는 아버지를 찾아 죽음이 늘 함께 하는 길을 떠났지만, 아버지는 자마를 만나기 직전 군인들의 총에 맞아 죽는다. 이후 자마는 돈을 벌기 위해 다시 길을 나섰다가 잠시 정착했던 에리트레아에서 베들레헴을 만나

• 소설의 원제는 "Black Mamba Boy"다. 'Black Mamba', 아프리카에서 가장 크고 빠른 이 코브라는 주인공 자마의 부족인 소말리아 에이데갈래족의 토템이다. 자마의 어머니 암바로는 자마를 가졌을 때 이 코브라가 자신의 배를 감싸고 자마의 심장소리를 듣다가 사라졌다는 이야기를 자마에게 들려준다. 암바로는 어린 자마에게 성인의 축복을 받고 태어난 존귀한 사람임을 여러 번 강조한다. 소말리아 상위계층 부족으로서의 자부심과 축복 받은 운명을 가진 사람이라는 인식은 자마에게 고통스러운 삶을 이겨낼 수 있는 힘이 된다. 소설의 마지막에 성인이 되어 가족에게 돌아가는 자마는 런던에서 'Black Mamba'를 문신으로 새기며 자신이 거쳐온 험난한 길에서 얻은 깨달음을 기억하고자 한다.

결혼, 다시 돈을 벌기 위해 홀로 이집트로 가서 영국 배의 선원이 된다. 그러다가 베들레헴이 자신의 아들을 낳았다는 소식을 듣고 에리트레아로 돌아간다.

그 '길'에서 성인이 되면서 자마가 배운 것은 소말리아인들이 짊어진 가난이라는 운명, 소말리아의 분열을 조장하는 원인이 되는 계층 간의 갈등, 세계에서 절대적 약자인 흑인으로서의 처지, 파시스트들의 잔혹함 그리고 가족에 대한 사랑이다. 6살부터 시작된 길에서의 삶은 소설의 마지막에서 22살이 되고 'Black Mamba'를 몸에 새기고 돌아가면서 잠시 종결된 것처럼 보인다. 그러나 그의 항해는 1947년 첫 항해를 한 이후 50년 동안 지속됐다.

"어딜 가든 소말리아인이 있어. 늘 보면 북부 출신들이지. 그 불쌍한 영혼들은 어디로 갈지 몰라 사거리에 서서 하늘을 쳐다보고 있어. 모두 하나같이 이런 말을 하지. 우리나라에는 아무것도 없다, 낙타를 몇 마리 살 여유가 생기면 돌아가겠다. 아마 소말리아에 남아 있는 사람보다 바다 밑에 가라앉았거나 사막에서 헤매고 있는 소말리아인이 더 많을 거야. 운전사든 에스카리든 선원이든, 소말리아에서 멀리 떠날 수만 있으면 그 일을 하겠다고들 하니까."

자마는 지브릴이 한 말에 대해 곰곰이 생각했다.

"그건 우리가 유목민이기 때문일 거예요. 어디로 가든 땅은 같으니까요. 먹을 것과 마실 물이 있느냐가 문제죠. 게르셋에서 농사를 지을 때는 이 땅이 내 거다, 이 투쿨이 내 거다, 내가 이 나무를 심었으니까 자라는 걸 보고 싶다, 그런 마음이 있었어요. 이제는 가족이 있는 곳이 우리 집이라는 생각이 들어요. 넌 카인이고 난 아벨이다! 나한테 열린 하늘과 넓은 지평선과 새 여자를 달라! 가만히 있는 사람한테 찾아오는 것은 죽음밖에 없다. 전 항상 이 생각을 마음에 새기려고 해요."(441~442쪽)

자마의 항해는 유목민으로서의 소말리아인의 운명을 받아들이고 죽음과 불행 앞에서 굴복하지 않는 용기 있는 삶을 위한 것이었다. 소말리아인의 전통적인 믿음에 따르면 별은 유목민들의 친구이자 애인이며 가족이고 조상으로 소말리아인들을 보살피는 존재다. 자마는 홀로 사막을 헤매다가도 어머니와 아버지를 떠올리게 하는 별을 보며 길을 찾고 힘을 얻었다. 아내 베들레헴과의 사랑을 지켜준 것도 별이다. 자마는 어머니가 전해준 예언처럼 '세상의 네 귀퉁이'를 모두 보고 나서 성인이 되었다. 그의 '길'은 가족을 찾아가는 길이었고 늘 '돌아오기 위해 떠나는 길'이었다. 이 소설을 쓴 나디파 모하메드는 이 작품이 곧 아버지의 이야기임을 밝히고 있다. 소말리아인으로 태어나 동아프리카 전역을 떠돌며 생활했던 아버지의 삶에 허구를 가미한 것이다. 《모래 바람을 걷는 소년》에는 별빛을 따라 가는 유목민, 별빛을 위안 삼아 돌아오기 위한 길을 떠나는 소말리아인들의 삶이 오롯이 녹아 있다.

## 세상의 첫 번째 귀퉁이: 가난한 소말리아인

자마가 모래 바람이 부는 길에서 만나게 되는 세상의 첫 번째 귀퉁이, 처음 깨닫게 된 현실은 바로 가난한 소말리아인의 모습이다. 1930년대, 자마는 고향인 소말리아 북부 하르게이사가 아닌 예멘의 아덴 뒷골목에서 어린 시절을 보냈다. 당시 예멘에는 일자리를 구하기 위해 온 소말리아인들이 많았다. 자마의 아버지 구레는 돈을 벌기 위해 수단으로 떠났고, 어머니 암바로는 자마를 키우고 생계를 유지하기 위해 아덴의 친척집에서 눈칫밥을 먹으며 커피 공장에서 일하고 있었다. 가난은 가족들을 뿔뿔이 흩어지게 했다. "다른 소말리아 여자들은 아이 아빠가 종적을 감추면 네댓 살 된 아이를 길에 버리고 창녀나 댄서나 행상이 되기도 했지만, 암바로는 힘닿는 데까지 아이를 지켰다."(39쪽)

자마는 암바로가 새벽에 일을 하러 가고 나면, 친척들의 사나운 눈초리를 피해 뒷골목을 돌아다녔다. 거리에서 만난 아이들은 자마와 처지가 비슷했다. "인도 아이들, 유대인 아이들, 예멘 아이들은 아무리 가난해도 부모와 같이 살았다. 들짐승처럼 떠돌아다니며 아무 데서나 자는 건 소말리아 아이들뿐이었다. 이 아이들은 커피 공장에서 일하는 싱글맘의 자녀인 경우가 많았다. 엄마들은 대부분 열두 시간이나 일을 하기 때문에 너무 피곤해서 말 안 듣고 굶주린 아이들을 돌볼 여력이 없었다."(58쪽) 소말리아의 싱글맘들은 커피 공장뿐만 아니라 사창가에서도 일했는데, 시데인의 어머니도 남편이 영국군의 폭탄에 맞아 죽자 항구의 사창가에서 일했다.

예멘의 다른 아이들보다 훨씬 가난했던 소말리아 아이들은 학교를 다니지도 못했다. 길거리를 떠돌며 배를 채우거나 푼돈을 모았다. "자마는 언제나 남의 집 문전에서 거지 노릇을 해야 하고, 언제나 남은 음식, 남은 관심, 남은 사랑을 구걸해야 하는 신세가 지겨웠다."(73쪽) 결국 노동에 지쳐 병든 암바로는 자마에게 "별들의 축복을 받고 태어난" 귀한 존재임을 일러주며 "돈이 있어야 살아남을 수 있(79쪽)"다는 말을 남기고 죽는다. 어린 자마의 눈에 비친 죽음은 늘 가난한 사람들 곁을 맴도는 것이었다.

자마는 부족 사람들의 도움으로 고향인 하르게이사로 돌아왔다. 친절한 이모 할머니 지노를 만나 마음의 위안을 얻기는 하지만, 자마가 확인한 것은 고향 소말리아는 텅 빈 사막만 있는 가난한 곳이라는 것이었다. "자마는 일자리를 찾아 황량한 시내를 헤맸지만, 가게나 집이나 모두 근근이 버티는 기초적인 수준으로 유지되고 있어서 급료를 주고 일꾼을 쓸 여유가 없었다."(97쪽) 뿐만 아니라 그곳에서는 부족 간의 계층 구별도 엄격해서 "다른 소말리아인들은 부족 구호품을 받아 생활할 수 있었지만, 이비르족은 인구도 얼마 안 되고 그토록 가난한데도 구호품을 받지 못했다."•(112쪽) "이곳에서 사는 건 무척 힘든 일이야. 모두들 지평선 너머를 쳐다보고 있잖니. 인샬라, 너도 곧 세상이 얼마나 넓은지 보게 되겠지."(96쪽) 자마는 돈을 벌고 아버지를 찾기 위해 조국을 떠나기로 한다.

당시 소말리아가 처한 상황에 대해 작가는 다음과 같은 설명을 덧붙이고 있다.

• 자마의 부족은 에이데갈래족으로 상류 계층에 속했다.

그의 나라는 제국을 건설하려는 자들이 재고할 부분으로 남겨 둔 지역이었다. 말하자면, 세계편 모노폴리 게임판에서 영국이 상대편들을 괴롭히기 위해 아껴 둔 작은 칸에 지나지 않았다. 영국인들은 소말리아인들을 난폭하고 통제하기 어렵고 공격적인 종족으로 여겼다. 소말리아인은 멋진 사진의 피사체는 될 수 있어도 유럽의 성숙하고 고상한 국가들과 동등한 지위를 누릴 만한 근대화된 민족이 아니라는 것이다. 조국의 영토는 프랑스, 이탈리아, 영국, 아비시니아에 의해 분할되었다. 이제 소말리아인과 영국인은 대체로 평화롭게 공존했고 매드 물라는 이미 오래전에 진압되었다. 하지만 그의 묵시록적인 경고는 아직도 소말리아인의 마음속에 떠다니며 세계가 직면할 대참사를 암시하고 있었다. 그것은 아비시니아에서 불어오는 알싸하고 얼얼한 겨자 냄새 나는 바람에서도 감지되었다. 사막에서는 유목민들이 위대한 국제연맹의 침묵에 대해 쑥덕거렸다. 지금 자마는 영국인들이 자기 영토를 쉽게 드나들려고 닦아 놓은 도로를 덜컹거리며 지나고 있었다. 트럭은 소말릴란드와 지부티 사이에 강제로 그어진 국경을 향해 천천히 나아갔다.(128~129쪽)

소말리아의 혼란과 가난은 제국주의의 침략에 의해 시작되었다. 그런데 그 원인이 꼭 외세의 침략에만 있는 것 같지 않다. 작가는 자마를 통해 틈틈이 소말리아 내부 부족 간의 갈등에 대해서도 언급한다. 세계 곳곳에서 자마를 돕는 것은 같은 부족민들이었다. 유목민으로서의 삶을 강력하게 뒷받침해주는 그들의 연대는 소말리아인들이 결코 무력하지 않음을 증거한다. 그런데 그 연대는 같은 부족 특히 상류 계층의 부족에게만 해당되는 것이었다. 자마에게는 늘 도움과 기회의 손길이 미쳤지만, 신분이 낮은 이비르족 리반에게는 그렇지 않았다. 이것이 소말리아인들의 분열이 조장되는 가장 중요한 요인이었다.

어린 아이의 시선에서 진행되는 서사인 까닭에 소말리아가 처한 정치적인 상황이나 종족 간의 차별에 대한 비판적이고 분석적인 견해, 전쟁에 대한 지식은 물론이고 자마가 처한 상황에 대한 전반적인 파악이 가능한 서술이 친절하게 제시되고 있지는 않다. 단지 자마의 비참한 생활을 보여줌으로써 당시 소말리아인들이 처했던 참혹한 삶의 한 단편을 제시하고 있을 뿐이다. 그래서 자마의 행보도 진과 혼령 등으로 상징되는 우연과 환상에 의해 결정된다. 이것이 이 소설의 한계가 될 수도 있겠으나 작가가 의도했던 바, 즉 한 아이의 성장 과정을 역사적인 배경과 함께 형상화해내고자 했다는 점에서는 적절한 서사 진행이 될 수도 있다.

### 세상의 두 번째 귀퉁이: 잔혹한 파시스트

자마가 세상의 두 번째 귀퉁이에서 찾은 것은 파시스트에 대한 증오심이었다. 자마는 프랑스령 지부티에서 '이데아'를 만났다. 교사였던 이데아는 '식민지 정부가 교육을 도구로 이용하는 데 실망해서 분필을 놓고 지부티에서 유일한 남자 주부'가 된 사람이다. 교육을 받은 적이 없던 자마 앞에 교육의 기회가 주어졌다. 한 아이의 지적 성장을 돕는 교사는 성장소설에서 빠질 수 없는 요소다. 이데아는 자마에게 "작은 차이까지 낱낱이 봐 둬."(145쪽)라고 말했다. 그를 통해 자마는 겉보기에 활기차 보이는 지부티의 어두운 면, 제국주의의 횡포와 식민지의 고달픈 처지에 대해 비교적 체계적으로 파악하게 된다. 자마는 식민지인이자 흑인이기에 받는 차별에 대해서도 인식하기 시작한다.

> "특히 파시스트를 조심해."
>
> "파시스트요? 파시스트가 뭐예요?"
>
> "정신 나간 유럽인들이 있어. 못된 짓만 골라서 하는 놈들. 파시스트들은 에리트레아에서 우리를 없애 버리려 하고 있어. 소말리아에서는 사람들을 농장에 몰아넣고 죽도록 일을 시키고, 아비시니아에서는 비행기에서 너 같은 어린아이한테 독극물을 투하했단다."(158~159쪽)

교사는 성장소설에서 중요한 역할을 담당할 수 있는 인물이지만 서사에 등장하는 이데아의 가르침은 자마의 지식을 비약적으로 향상시키기에는 터무니없이 부족하다. 서사 진행상 아직 자마가 가야 할 길이 많이 남아 있기 때문인 것으로 보이나, 이 때문에 이 소설은 마치 동화처럼 읽힌다. 그리고 그 때문에 가련한 자마는 파시스트, "그들이 정말 자신을 해칠 수 있으리라고는 믿기지 않았다."(159쪽)고 생각했고, 보다 참혹한 상황에 놓이게 된다. 이것도 자마의 '운명'이었을 것이다.

하지만 다행히도 자마는 글을 배우라는 이데아의 당부를 기억하고 교육의 중요성을 인지하여 이후 전쟁지에서 만난 어린 아이, 이와테의 교육에 열성을 보이게 된다. 자마의 다음 세대인 이와테에게는 자마와는 다른 삶이 주어질 것이다. 또한 이데아를 만나지 않았다면 자마는 에리트레아 아사브에서 만난 식민지 마스코트, 탈리아니가 아스마라를 "이탈리아인들이 그곳을 거대한 낙원으로 만들어 놓았"(174쪽)다고 한 말에 동의했을지도 모른다. "아스마라는 자마가 본 가장 깨끗하고 풍요로운 곳이었다."(179쪽) 그러나 이제 자마는 그곳이 오직 백인들을 위한 곳이고 자신이 있을 곳은 아니라는 것을 파악할 수 있었다. "아프리카인이라고는 거리 청소부밖에 보이지 않았다.(179쪽)"

에리트레아 옴하제르에서의 시간은 파시스트에 대한 자마의 증오심을 더욱 키웠다. 자마는 에스카리였던 아버지, 이탈리아 군인들의 부당한 대우를 견디지 못해 탈영했지만, 결국 그들에 의해 죽음을 맞이한 아버지에 대한 기억 때문에 이탈리아 군대에 대한 분노를 가지기 시작했다. 게다가 자마는 사냥에 따라갔다가 이탈리아 군인에게 죽임을 당할 뻔했다. "자마 생각에 이탈리아인들은 점점 더 사악해져서 그의 영혼을 타락시킬 것 같았다."(233쪽) 유대인 출신의 이탈리아 군인 로렌초는 자마에게 연민을 느껴 인간적으로 대했으나, 후임자는 자마를 매일같이 괴롭히고 모욕을 주었다.

하지만 마땅히 갈 곳이 없었던 자마는 케프티아에서 이탈리아 군대의 에스카리(용병)가 된다. "아직 어린 자마는 어른들이 자기를 사지로 보낼 것이라고는 상상하지 못했다. 이탈리아인들이 아프리카에서 일으킨 것과 같은 기계적이고 무작위적인 살육 또한 상상하지 못했다."(256쪽) 자마는 이탈리아 군대의 만행을 목도하게 됐고 이데아를 잔혹하게 살해한 것도 이탈리아 군인이라는 것을 알게 됐다. 전쟁터에서 가까스로 폭격을 피해 목숨을 부지한 자마는 전쟁과 군대에서 벗어나기로 하고 폭격으로 가족을 잃은 이와테를 구해 에리트레아 게르셋으로 갔다.

그런데 전쟁이 끝났다고 생각하고 영국 상선에서 일하게 된 자마 앞에 파시스트의 만행이 다시 한 번 펼쳐졌다. 그들의 만행이 흑인들에 대한 것이라고 생각했던 자마 앞에서 백인들은 다른 백인들을 잔혹하게 다뤘다. 영국군들은 가스실에서 탈출한 유대인들을 독일군에게 되돌려 보냈다. 이때부터 자마의 행동에 문제가 생긴다. 영국인이 다른 백인보다 강하다고 파악했기 때문일까. 자마에게는 영국인임을 증명하는 여권이 있다. 이제 자마는 영국군이나 영국인에 대한 비판을 하기보다는 영국에 도착했다는 것에 대해 기뻐하고 영국 웨일즈의 흙을 가족들에게 갖다주기 위해 주머니에 담는 것은 물론 그의 돈을 받고 백인 웨이트리스가 허리를 굽히자 만족한다. 또, 유원지에서 힘들게 번 돈을 쓰자 몰려드는 백인 여자들을 보면서 정말 영국 신사라도 된 것처럼 우쭐해한다.

출발 날짜가 다가오자 자마는 압둘라히의 말이 옳겠거니 믿으려 애썼다. 아프리카로 돌아가는 것은 인생 최대의 실수가 될 것이다. 이런 기회는 다시 없으니 지금은 당연히 캐나다로 가야 한다. 부자가 되어 집에 돌아가면 베들레헴도 모든 것을 용서할 것이다. 잿빛 바다는 우리의 금광이고 갈매기는 애완동물이며 털 많고 푸른 혈관이 비치는 영국인들은 우리의 친구다. 자마는 이 모두를 압둘라히의 말대로 '자명한 운명'으로 받아들였다. 여자들과 아프리카는 이 용감한 신세계에 들어올 자리가 없었다. 포트탤벗은 배급제, 공습으로 파괴된 지역, 빈민가 같은 주택가, 푸른 작업복을 입은 성난 노동자들을 제외하면 자마에게 여전히 약속의 땅이었다. 여기서는 가스레인지, 자판기, 최고급 라디오, 영화관 같은 신기술이 바로 손 닿는 곳에 있었다. (중략) 이렇듯 마음을 따뜻하게 해 주는 인간적인 유럽인도 많았다.(430~431쪽)

이쯤 되면, 잔혹한 파시스트는 결국 자마를 굴복시킨 것이 된다. 자마는 파시스트에 대한 증오 따윈 잊고 파시스트들이 가진 권력의 언저리에서 만족을 느끼고 있다. 가족을 위해 돈을 벌어오겠다던 마음은 돈과 권력의 세계에서 혼돈에 빠졌다. "사람들은 두려워하는 사람을 결과적으로 존경하게 된다."(244쪽) 돌아오지 않는 소말리아인들의 모습이 이와 같지 않았을까. 다행히도 자마 앞에 기적처럼 베들레헴의 편지가 도착한다. 에스카리였던 지브릴과 함께. 자마는 역시 별의 축복을 받은 남다른 운명을 가진이였다. 지브릴은 잔혹한 파시스트의 모습을 다시 떠올리게 하는 존재였고, 베들레헴의 편지는 아내에 대한 그리움을 증폭시켰다. 자마는 영국인이 아닌 소말리아인으로, 블랙 맘바의 소년으로 되돌아가기 위해 문신을 새긴다. 더 이상 유혹에 빠지지 않겠다는 각오를 다진 것이다.

## 세상의 세 번째 귀퉁이: 지켜내야 할 가족

어린 자마가 처음으로 어머니 곁을 떠났던 이유는 어머니를 지키기 위해서였다. 자마는 어머니 암바로를 괴롭히는 친척 이슬라웨인 부인에게 복수하기 위해 그의 아이들 발에 뜨거운 수프를 쏟고 도망쳤다. 돈을 모아 어머니 곁으로 돌아갔지만 어머니의 임종을 지키는 일이 되었고, 이후부터 자마의 길을 인도하는 별빛이 된 건 아버지 구레였다. 그런데 그 아버지 역시 자마를 만나기 직전 죽음을 맞이했다. 길을 떠나는 것은 어머니를 지킬 수 있는 방법도, 아버지를 만날 수 있는 방법도 아니었다.

모래 바람을 헤매던 자마에게 딱 한 번 행복한 순간이 찾아왔다. 에르트레아 게르셋에서 이와테라는 가족이 생겼고, 베들레헴을 만나 사랑에 빠졌다. 메뚜기떼가 농작물을 모두 먹어치우지만 않았다면 자마는 그곳에서 베들레헴과 이와테와 함께 풍족하고 평안한 삶을 지속할 수 있었을 것이다. 낙담한 자마 눈에 아버지의 라바바가 눈에 띄었고 아버지의 유령은 이집트로 떠나라고 말했다. 예언들은 언제나 자마에게 떠나라고 말한다. 하지만 그것은 유목인으로서의 운명과는 다른, 부와 모험을 바라는 젊은이들의 희망과도 같은 것이다.

제일라니는 자마와 리반의 모험을 못마땅해 했다.

"집으로 돌아가지 그러니. 둘 다 똑똑해 보이고 아랍어를 잘 하는 것도 알겠지만, 아랍 땅을 돌아다니며 인생을 허비하지 말고 집으로 돌아가. 여기는 너희들이 있을 곳이 아니야. 앞으로도 폭력만 난무할 테고. 마음 같아서는, 우선 요르단을 지나 사우디로 가서 성지순례를 한 다음 배를 타고 집으로 돌아가라고 하고 싶다. 너희들처럼 무언가로부터 탈출하겠다는 젊은이들이 날이면 날마다 여길 찾아온단다."

자마는 어른의 말씀에 귀를 기울이며 공감이 가서 고개를 끄덕였다.(371쪽)

사람은 나이가 들어 늙어 갈 즈음에야 운명의 밀고 당김을 선명한 눈으로 바라보게 된다. 막대한 손실을 가져오는 사소한 지연들, 삶 전체를 가치 있게 만드는 무의식적인 선택들을. 운명이 자마에게 북쪽이 아니라 남쪽으로 가라고 말한 그 순간, 오랫동안 자마를 따라다니던 부와 모험에 관한 예언들이 생생히 되살아나 그를 반대쪽으로 이끌었다.(373쪽)

하지만 길은 "돌아오기 위해 떠나는 길"이다. 유목민들은 길을 떠나도 별빛을 따라 다시 돌아온다. 부와 모험에 대한 욕망이 가족보다 중요할 수는 없다. 자마가 다른 사람과 다른 운명을 가졌다는 예언은, 별들이 축복해 주었다는 그 예언은 부와 모험을 가질 수 있다는 뜻이 아니었다. 자마의 어머니도 아버지도 할 수 없었던 일, 바로 가족에게 돌아가는 길을 간다는 의미였다. 자마는 베들레헴의 편지를 받는 순간 자신의 운명을 깨달았다. 주인공의 생각 전환이 급작스럽게 일어난다는 점이 이 서사의 한계이기도 하다.

"그래서 어쨌다고? 우리 모두 아들도 있고 딸도 있어. 그렇다고 달라질 건 없어."

자마가 고개를 숙였다. 친절한 말 한마디 건넬 줄 모르는 압둘라히의 반응에 마음이 아팠다. 압둘라히는 의견을 물을 만한 사람이 아니었다. 어차피 인생에 어떤 의미도 부여하지 않고 돈을 좇아 세상을 돌아다니는 비정한 사람이었다.

자마는 방으로 뛰어 올라가 아버지의 수트케이스에 옷을 쌌다.

"지브릴 아저씨, 아저씨가 그 사람, 게다레프에서 온 사람한테 저를 데려다 준 날 말이에요. 저 그날 아빠가 죽었다는 얘기를 듣고 날이 저물 때까지 꼼짝도 못하고 주저앉아 있었어요. 하지만 그때 제 자신과 약속한 게 있어요. 비록 비쩍 마르고 콧물 찔찔 흘리는 어린애였지만, 나는 절대로 내 아이를 버리지 않겠다고 생각했어요. 절대로."

"그럼 넌 그날 어른이 됐구나."

지브릴이 말했다.

"엄마와 제가 겪은 그 힘든 일들을, 굶주림과 모욕과 외로움을 어떻게 베들레헴과 우리 아들한테 겪게 할 수 있겠어요?(435~436쪽)

작가는 어른이 된다는 것은 곧 가족을 지키는 것이라며 서사를 마무리한다. 자마는 베들레헴에게 돌아가 가족과 함께 세상을 돌아보고 싶다는 희망을 새롭게 다진다. 그것은 소말리아인이 처한 상황이 정착생활을 하기에 녹록치 않다는 것을 의미하기도 한다. 소말리아든 베들레헴이 있는 에리트레아든 자마를 기다리고 있는 것은 가난과 굶주림일 것이기 때문이다. 그럼에도 세상의 네 귀퉁이를 돌아보고 그 깨달음을 몸과 마음에 새기고 돌아가는 길은 가족을 지키는 일이면서 "속박되지 않고, 노예가 되지도 않고, 온 세상을 약속의 땅으로 만들" 수 있게 하는 첫 발자국이 될 것이다.

자마는 "세상의 네 귀퉁이를 보는 것", 즉 넓은 세상을 경험하는 것을 통해 소말리아인을 괴롭히는 것은 가난과 파시즘이며 이를 극복할 수 있는 것은 가족에 대한 사랑과, 정착보다는 유랑을 통한 삶 즉, 유목민으로서의 운명에 순응하는 삶이라는 것을 깨닫는다. 작가는 성장소설의 형식을 빌려 소말리아인이 처한 상황을 제시하고 이를 극복할 수 있는 대안을 제시하고자 한다. 어린 아이의 시선으로 서술되고 있기에 주제 의식을 선명하게 드러내는 데는 미진한 부분이 없지 않으나 소말리아인의 강인한 생명력을 드러내는 데는 부족함이 없는 서사다.

**나디파 모하메드**

나디파 모하메드는 소말리아 하르게이사에서 태어나 1986년 소말리아에 전쟁이 일어났을 때 런던으로 건너갔다. 대학에서 역사학과 정치학을 공부하고 졸업 후 영화사에서 기획자이자 시나리오 작가로 일하다가, 소말리아의 암울한 역사가 배경이 되는 아버지의 어린 시절을 담은 소설 《모래바람을 걷는 소년(Black Mamaba Boy)》을 발표하면서 2010년 베티 트라스크 상을 수상하는 등 평단의 주목을 받았다.

**《모래바람을 걷는 소년》**

나디파 모하메드의 첫 번째 소설 《모래바람을 걷는 소년》은 1925년생 소말리아 소년이 성인이 되기까지 거쳐온 '길'에 대한 이야기다. 전쟁과 파시즘이 풍경이 되는 이 길은 어린 소년, 자마가 혼자 겪어내기에는 지나치게 가혹한 것이었다. 백인들에게 자마의 종족을 지키는 수호신 'Black Mamba'의 강력한 주술적인 힘은 식민지 태생이자 흑인인 자마를 업신여기는 데 아무런 제약이 되지 않았다. 작가는 성장소설의 형식을 빌려 소말리아인이 처한 상황을 제시하고 이를 극복할 수 있는 대안을 제시하고자 한다.

# 이곳의 무명씨들

노바이올렛 불라와요, 《우리에겐 새 이름이 필요해》•

한송이••

## 현실보다 진실한 아프리카 이야기

어떠한 사건이나 사실에 대하여 기억에만 의존할 때 우리는 그것을 불확실한 진술로 여긴다. 하여 그 기억을 증명해줄 누군가 혹은 무엇인가를 찾으며 명확한 진실을 만들어내려 애쓰곤 한다. 그래서 진실이란 마치 확실함을 인정받은 결과물로 여겨질 때도 있다.

그렇다면 허구적 상상력의 결정체인 소설이 주는 진실함은 어떻게 설명할 수 있을까? 결론적으로 소설은 증명의 지점에서 벗어나 이야기의 증명이 사실에 기초하든 상상에서 비롯되었든, 혹 그 둘을 적당히 버무렸든 중요치 않다. 우리가 소설을 통해 공감하는 진실은 허구와 실재를 넘어선 인간의 보편적 감정에의 울림에 기초하기 때문이다.

• 노바이올렛 불라와요, 《우리에겐 새 이름이 필요해》, 이진 역, 문학동네, 2016.

•• 경희대학교 후마니타스칼리지 강사. 경희대 국어국문학과 박사과정 수료.

'아프리카' 소설과의 첫 대면은 그곳과 그곳의 사람들에 관한 상념이 진실의 어느 지점에 있는 파편들인지 궁금하게 만들었다. 또한 '아프리카'라는 단어가 주는 생경함이 그곳에서 파생된 모든 것을 어색하게 하는 것은 아닌지, 아직 덜 문명화되었기 때문에 적당히 야만적일 것이라는 우매한 재단이 온전한 아프리카를 마주할 수 없도록 만든 것은 아닌지 의심하게 했다. 그리고 이 의문들에 대한 대답이 소설 《우리에겐 새 이름이 필요해》 속에 있었다.

소설의 주요 배경인 짐바브웨는 아프리카대륙 동남쪽으로부터 약간 내륙에 위치하면서 남아공을 비롯해 여러 나라와 국경을 형성하고 있다. 19세기 후반부터 영국의 직간접적 통치하에 있었으나 1980년에 치러진 총선거를 통해 로버트 무가베가 이끄는 좌경 민족주의 게릴라 단체인 짐바브웨 아프리카 민족동맹(Zimbabwe African National Union, ZANUIPF)이 의석의 과반을 차지하고 같은 해 4월 18일 국가원수인 대통령에 카나안 바나나가, 총리에 무가베가 취임함으로써 영국으로부터 정식으로 독립한 바 있다.

짐바브웨의 제2대 대통령이자 지난 2017년 12월 군사 쿠데타로 삼십여 년간의 장기집권을 마감한 무가베는 소설의 역사적 배경인물로서도 중요하다. 무가베 실권의 가장 큰 원인은 국가적인 경제 몰락에 있었다. 풍부한 자원과 활발한 무역 등으로 아프리카에서 비교적 부유한 나라에 속했던 짐바브웨는 그의 통치 기간 동안 기하급수적으로 증가한 인플레이션과 8~90퍼센트에 육박하는 실업률을 기록하며 지구상 최빈국으로 전락했다. 국민의 안녕은 돌보지 않은 채 자신과 가족의 호의호식—매년 자신의 생일파티에 평균적으로

십수 억 원을 쏟아부은 기행은 두고두고 회자된다—에만 집중하던 그는 장기집권을 위해 부정선거와 공포정치를 마다하지 않은 독재자이기도 했다.

노바이올렛 불라와요(NoViolet Bulawayo)는 1981년 짐바브웨에서 태어나 열여덟이 되던 해에 미국으로 이주한 이민자다. 아프리카 짐바브웨에서 미국으로 이주한 그녀의 이력은《우리에겐 새 이름이 필요해》가 무가베 정권하의 정치적·경제적 몰락에 처한 국민들의 현실과 소망을 핍절하게 서술할 수 있었던 이유로 짐작된다. 소설의 이야기에서 어느 부분이 실제를 차용한 것이고 어느 부분이 온전한 상상인지를 구분하는 것만큼 헛된 수고가 있을까마는, 그럼에도 자전적 소설이 주는 현실감은 독자에게 한층 더 쉽게 공감을 불러일으키는 기재로 작동한다.《우리에겐 새 이름이 필요해》는 그런 의미에서 작가의 직접경험과 가상의 현실이 적절히 혼합된 소설다운 소설이다.

소설은 주인공 달링이 짐바브웨에서 보낸 유년기를 앞부분으로, 엄마의 쌍둥이 동생 포스털리나 이모를 따라 미국으로 이주한 후의 삶인 청소년기를 뒷부분으로 삼고 있다. 이 역시 작가 불라와요가 살아온 행적과 비슷한 부분이라 달링에게 작가를 투사하거나 동일시하는 것에 별 무리가 없어 보인다.

주인공 달링은 빈민가인 패러다이스의 양철집에서 할머니와 산다. 본스 어머니(달링은 할머니를 이렇게 지칭한다)는 독실한 기독교 신자로 늘 팜베키 언덕 꼭대기의 홀리 채리엇 그리스도 교회에 올라가 예배를 드리는데, 그때마다 달링이 동행하길 강요한다. 엄마는 국경을 넘나들며 밀수입 일로 생계를 꾸리고, 달링은 엄마가 가끔 집에 들를 때면 애인과 잠자리를 나누는 모습을 애써 외면해야 한다. 젊은 엘리트층이던 아빠는 성공해 돌아오겠다는 말을 남긴 채 남아공으로 간 후 감감무소식이더니 에이즈를 몸에 싣고 갑자기 돌아와 '침대에 누워 서서히 익사하고 있'다.

원래 달링은 난민이 되기 전까지 부촌인 부다페스트에서 대학 교육을 받은 아빠와 지극히 가정적이던 엄마의 보호를 받으며 꽤 평범하고 행복한 날들을 보내고 있었다. 그러다가 어느 날 갑자기 들이닥친 불도저가 집을 통째로 밀어버린 후 모든 일상이 바뀌었다. 달링의 일상은 그녀처럼 갑자기 난민이 된 친구들과 배고픔을 해결하기 위해 걷고 또 걷는 것이며, 꿈의 나라 미국의 미시간 디트로이트에 사는 이모 포스털리나가 자신을 하루빨리 이곳에서 꺼내주길 바라는 소망으로 가득 차 있을 뿐이었다.

소설에서 달링의 삶을 전반부와 후반부로 나누는 부분에 삽입된 작중화자의 서술은 그토록 바라던 미국에서의 삶이 어떻게 채워질지 예상할 수 있게 하는 독백으로 가득 차 있다. 당시 짐바브웨의 현실에 지친 아이들이 '환영받지 못할 걸 알면서도' 미국과 같은 좀더 강한 나라로 무리지어 떠나는 모습을 담담히 읊조리는 그 부분에서 우리는 달링의 미국에서의 삶이 결코 녹록치 않을 것임을 예견하며 조심스레 책장을 넘기게 된다. 그럼에도 불구하고, 조국에서도 주인일 수 없던 아이들이 새로이 찾은 땅에서도 여전히 타인으로 머물러 있어야 함을 알면서도 떠나려 했던, 떠나야 했던 이유는 무엇이었을까.

## 위선적 환대 앞 아이들의 가면 놀이

소설의 전반부는 열한 살 소녀 달링의 시각에서 서술된다. 어린 화자의 목소리를 빌려 서술한 소설들에서 기대하는 바는 천진함이 가져다주는 웃음과 깨달음일지도 모른다. 주요섭의 《사랑손님과 어머니》에서 옥희의 말과 행동으로 인해 벌어지는 상황들을 구구절절 따지지 않는 것이 어린아이의 유치찬란한 행동 속에 담긴 순수를 이해하기 때문인 것처럼 말이다. 그러나 달링의 모습에서는 미성숙한 자아가 대면한 폭력적 현실만이 적나라하게 열거될 뿐이다. 아이의 시각에서 복잡한 사건을 단순한 순진함으로 무장해제시키거나 다소 허무맹랑한 희망적 메시지로 채우는 문장들을 찾아볼 수 없다. 오히려 진흙탕 속 어른의 삶을 꿰뚫고 있는 아이들의 말과 행동에서 지극한 현실의 서글픔이 묻어난다.

달링과 친구들이 하는 놀이에도 현실이 투영되어 있다. 아이들은 술래잡기 형식의 '나라 놀이'를 지어 함께 노는데, 이때 놀이의 규칙에는 '쉽게 무찌를 수 있는 나라를 골라'야 한다거나 '전쟁할 때 처음부터 센 나라와 싸우지 않는다'라는 등의 실제 전쟁을 방불케 하는 원리들이 존재한다. 이렇듯 삶을 지속하기 위한 방법을 배우는 것이 아닌, 하루하루의 생계를 이어가는 방식만이 가득 찬 아이들의 일상은 놀이를 할 때도 생존경쟁만이 난무한 방식으로 나타난다. 즉, 달링이 친구들과 종종 하는 '나라놀이'의 규칙은 실제 지구상에서 일어나는 약육강식의 축소판에 다름 아니다. 아이들은 땅 위에 선을 긋는다. 이쪽과 저쪽이 나뉘고, 발을 딛고 있는 곳이 내 땅이 된다. 무시로 여러 개의 발이 들락거리며 강하고 큰 나라를 내 나라로 삼기 위해 친구의 디딘 발을 밟는다. 점점 발가락이 얼얼하고 발등이 붓는다. 아파서 떼는 순간 내 땅은 내 땅이 아니다.

약한 나라부터 공격해야 한다는 건 어린 그들도 아는 사실이다. 세상의 나라들은 미국, 영국, 캐나다, 호주 등과 같은 '제대로 된 진짜 나라들'과 두바이, 남아공, 보츠와나 등과 같은 '제대로 된 나라는 아니지만 우리나라(짐바브웨)보다 살기 좋은 나라들', 그리고 콩고, 소말리아, 이라크, 수단 등과 같은 '걸레 같은 나라들'로 나뉜다. '세상의 누구나 다 아는 강한 나라 미국'을 저마다 차지하고 싶지만 그것은 '운이 좋은 날'에만 가끔씩 가질 수 있는 특권일 뿐이다.

일견 어린아이들의 놀이라고 하나, 나고 자란 나라에 대한 뿌리 깊은 불신과 부정, 그리고 인간의 기본적 욕구의 결핍이 국가주의나 민족주의를 바탕으로 사회를 결속시키려는 위정자들의 계획을 얼마나 위협하는지 보여준다.

타자에 대한 윤리적인 책임을 이야기한 레비나스의 '환대'는 사회적 동물로 지정된 인간이 각 주체로서 어울림을 실천하는 이상적인 모습을 말한 것이다. 그러나 이상적 이론은 그저 이론에 지나지 않는다는 불신이 들 만큼 현실에서 순정한 환대를 찾기란 어려운 일이 아닐 수 없다. 전쟁이나 기아 등 재난의 현장을 찾아 도움의 손길을 내미는 사람들은 대부분 많이 풍족하거나 좀 덜 부족한 삶을 사는 경우가 많다. 그래서 환대를 베풀 수 있는 사람들은 달링과 아이들이 지정한 것처럼 제대로 된 진짜 나라들이나 살기가 좀 더 나은 나라들에서 오는 것인지도 모르겠다.

따라서 진정한 결핍을 경험하지 않은 사람들의 공감과 선의는 때로 그 행위로부터 혹은, 베풂을 받아야 하는 자들로부터 얻고자 하는 자위에 지나지 않을 때도 있다. 소설에 나오는 NGO 단체 사람들도 이와 같다.

달링은 그런 NGO 단체 사람들의 행태에 대해 '우리가 더럽고 옷이 찢어져서 창피해하건 말건, 사진 찍는 걸 싫어하건 말건, 그들은 아랑곳하지 않'는다고 일갈한다. 그러고는 이내 '우리는 투덜댈 처지가 아니다. 사진 촬영이 끝나면 선물을 나누어주기 때문'이라고 현실을 직시한다.

이렇듯 구호물품을 나눠주러 온 NGO 사람들을 향한 달링의 고백은 그들의 봉사가 타인에 관한 순수한 선의에서 촉발된 것이 아님을 지적한다. 아이들의 반응에는 '아랑곳하지 않고' 자신들의 기록에만 매달리는 봉사자들에게 미소를 지어준다거나, 직접 몸에 닿지 않도록 조심하는 행동 등에서 몸으로 체득한 거짓된 환대에 대응하는 방식을 읽을 수 있다.

어른들이라고 다르지 않다. 그들은 아이들과는 다르게 나름대로 '심드렁한 표정'을 지으려고 애쓰지만 NGO 사람들을 기다리며, 아니 그들이 가져오는 구호물품인 콩과 설탕과 옥수수 가루 같은 것들을 '기필코' 챙겨 양철집으로 돌아가기 위해 줄을 선다. 오히려 강대국을 선망의 대상으로 삼고 그곳에서 온 사람들에게 미소로 환심을 사려는 아이들이 더 솔직해 보일 뿐이다. 굶주림과 가난이 어른, 아이 할 것 없이 모두에게 공평한 것과 같이 변질된 환대에 대응하는 가면 놀이도 그곳 누구에게나 일상이 된다.

삶이 치욕이고 구걸이 일상인 곳에서 탈출할 수 있는 방법이란 '나라다운 나라'로 가는 것밖에 없다고 여기는 아이들은 NGO 트럭 뒤 꽁무니에 '저 좀 데려가주세요!'라고 외친다. 정말 그곳에는 희망이 있다는 듯이.

### 소설이 고발한 실제 상황

짐바브웨는 1980년에 영국으로부터 독립했지만 영국의 통치 아래 일궈놓았던 경제적 성장의 뿌리들을 단숨에 포기하기가 쉽지는 않았을 터이다. 따라서 독립 초반에는 백인 기업들과의 상생을 도모하기도 했는데, 특히 식민지 시절 백인들에 의해 운영되던 거대 농장에 대한 토지정책은 유상환수 후 재분배라는 절차를 통해 비교적 정상적으로 이루어지는 듯했다. 그러나 재향군인 등이 경제적 궁핍을 이유로 소요사태를 일으키자 이를 잠재우기 위해 백인들의 강제퇴거 등 무력을 동원해 토지를 환수하게 되고, 이로써 강대국들과의 관계가 소원해지면서 경제적 쇠퇴에 직면하게 된다.

소설에서도 백인 농장주들을 향한 습격과 무단 점거 등의 당시 사회상이 자세히 묘사되고 있다. '아프리카는 아프리카인에게!'를 외치며 백인들인 보어인과 농장주와 키와들을 '너희' 나라와 집으로 돌아가라고 죽음으로써 종용 내지는 협박을 한다. 특히 아프리카에서 자고 나란 백인 농장주가 흑인 폭도들에게 자기 역시 피부색만 다를 뿐 '당신들과 똑같'은 아프리카인이라며 선의를 기대하지만 무참히 짓밟아 버리는 장면은 당시 짐바브웨의 폭력적이고 혼란한 정국을 그대로 묘사하고 있다. 폭도들은 백인들의 집에 마구잡이로 들이닥쳐 보이는 대로 깨고, 부수고, 오물로 뒤덮어 버린다. 마치 그들의 가난이 온전히 백인들 때문이라는 듯이.

그러나 백인 농장주들을 향한 습격과 무단 점거 등의 집단 폭력 행위는 결국 그들에게 부메랑이 되어 돌아오고 달링과 같은 수많은 난민을 양산한다. 독립 당시 흑인 소유의 농지는 단 5퍼센트에 지나지 않았을 만큼 대부분의 농토는 백인들의 것이었다. 따라서 백인을 향한 분노의 폭력적 행위는 백인농장주에 고용되어 풍족한 삶을 누리던 흑인들에게도 전가됐고 수많은 사상자와 실업자를 양산하는 결과를 초래했던 것이다.

소설은 이러한 짐바브웨의 정치·경제적 현실을 대변한다. 짐바브웨 정권을 긍정하거나 부정하지도, 그렇다고 급진적 야당파의 정책을 옹호하는 노선을 띠는 것도 아니다. 그저 그때 실제 짐바브웨의 땅을 터전 삼던 대부분의 사람들이 어떠한 절망 속에서 어떻게 삶을 지속시켜야만 했는지를 서술할 뿐이다.

고통이 만연한 땅에서 아이들의 희망은 '배부르게 먹는 것' 자체에 있었고, 어른들의 희망은 '배부름을 어떻게 이룰 것인가'에 있었다. 이런 난민마을 패러다이스에도 잠시 동안이지만 희망이 찾아온다. 본프리 등 몇몇의 마을청년들은 진정한 자유에 기반을 둔 '변화'를 외치며 현 정권에 맞서 새로운 시대를 열자면서 마을사람들에게 야당을 지지하는 투표를 독려한다. 그들은 인권과 자유를 갈망하며 민주주의적 현실로 진입하고자 총선 투표에 총력을 기울인다. 그러나 이마저 역사가 알려주듯이 부정선거의 짙은 의혹 속에 또다시 무가베가 정권을 연장하면서 변화의 불길은 피워보지도 못한 채 사그라지고 만다. 특히 정적들을 무자비하게 처단했던 무가베의 잔혹함은 어른들을 무기력한 침묵 속에 빠트리고 만다. 결론적으로 팍팍한 현실에 매몰되었던 사람들이 희망에 부풀어 변화를 기대하며 투표했지만 이는 또 다른 고통을 낳을 뿐이었다.

아이들은 이러한 현실을 고스란히 목격한다. 소설 속에서 정권에 앞장서서 대항했던 본프리가 살해당하는 장면은 굉장히 사실적으로 묘사되는데, 아이들이 이러한 현장 안에 함께 한다. 그렇게 눈앞의 폭력적 역사는 다시 아이들에게 실제를 방불케 하는 연극 놀이가 되고 만다.

아이들이 노는 모습을 지켜본 BBC 취재진은 '그게 도대체 무슨 놀이'냐며 묻는다. '놀이가 아니고 실제 상황이에요. 그것도 몰라요?'라고 답하는 배스터드의 대답은, 실체적 현실을 외면한 채 편집된 화면 속 아프리카에 연민을 베풀던 우리의 위선을 자각하게 해준다. 그리고 마침내 달링은 폭력 앞에 순응해버린 어른들의 모습을 보면서 '몸 안에 갇힌 분노'는 마치 '이빨 없는 개와 다를 게 없다'면서 희망이 사그라진 땅을 과감히 등지고 미국으로 날아간다.

### 부유하는 정체성 : 명명되는 것에 대하여

때로 이름은 한 인물의 정체성이 되어 준다. 이름 몇 글자 안에 한

생을 살아갈 이에 대한 바람과 축복, 혹은 가족의 역사와 의미가 담기기도 한다면 너무 거창한 얘기일까마는, 이 소설을 논하면서 이름에 대한 이야기를 하지 않을 수는 없다. 소설의 제목에서 말한 '새 이름'이 뜻하는 바까지 탐구하지 않는다고 하더라도 문맥 곳곳에 담겨 있는 이름에 대한 작가의 의중을 찾는 것은 그리 쉬운 일이 아니다.

그것은 첫 머리에서부터 시작된다. 주인공 달링에서부터 배스터드, 치포, 스브호, 스티나, 갓노즈 등의 이름은 아이들이 짓궂은 장난으로 지은 별칭 같아 보이지만 실제 그들의 부모가 붙여준 이름이다. 그들은 단어의 의미를 알지도 못한 채 영어로 이름을 지었다. 그야말로 그저 무리 속에서 구분해 '부르기' 위한 명칭 그 자체로의 역할에만 충실한 이름들은 식민지하의 껍데기처럼 그들을 감싸 안았던 강대국의 허물에 지나지 않는다. 이름에 의미를 담고, 가문을 기리는 것은 마치 온전한 국가를 가진 사람들만이 누리는 특권처럼 여겨진다.

그래서였을까. 표면적으로 아프리카 짐바브웨에서의 달링보다 미국에서의 달링이 합이 맞아 보이는 것은 영어가 모국어인 곳에 편입된 것으로부터의 어울림 때문이었다. 그러나 딱 거기까지일 뿐, 이름은 달링의 정체성이 되어 주지 못했고, 미국인과 거의 흡사한 발음까지 흉내 냈던 영어는 끝내 달링의 모국어가 되어 주지 않았다.

짐바브웨의 다른 소녀들처럼 달링도 어린 나이에 조국을 등지고 미국행을 선택했다. 그곳에 도달하기만 하면 나라놀이에서처럼 미국이 '나의 나라'가 되어 줄 거라고 생각했다. 그러나 미국은 '네가 태어난 나라로 꺼져버리라고 말하는 것 같은 추위'(192쪽)를 머금은 나라일 뿐 '나의 미국'은 아니었다.

미국에서의 삶은 상상으로 그리던 것과는 정반대였다. 예쁘고 따뜻한 집다운 집에서 학교를 다닐 거라고 믿었던 일상은 아프리카를 하나의 나라로 치부하는 미국인들의 놀림과 조롱 속에 '결국 내 피부색이, 내 몸이, 내 옷이, 내 말투가, 내 머리가, 내 모든 것이 잘못되었단 생각'(214쪽)들을 하는 것으로 채워졌다. 소설의 후반부에서 미국으로 이주한 달링의 주변인들이 등장하는데, 모두 온전한 미국인이 되지 못한 채 그곳에 그저 '있다'. 선망했던 이모의 미국인으로서의 삶은, 영어로 온전한 대화조차 하지 못한 채 미국인이 되고자 애쓰는 몸부림에 지나지 않았다. 이모의 동거남인 코조 이모부는 퇴근 후 매일 하는 일이라고는 미식축구 중계를 보는 일이지만 자기 나라인 가나에서의 생활을 그리워하며 아들 TK가 미국의 문화에 물드는 것을 경계한다. 그래서 사촌 TK는 미국에서 미국인 엄마로부터 태어났지만 온전한 미국인이 되지 못한 채 방황하다가 결국 미군에 입대해 아프가니스탄으로 파병을 가고, 코조 이모부는 그런 아들의 모습을 뒤쫓으며 점점 미쳐 간다. 소설은 달링의 눈을 통해 미국인이 되고자 했으나 절대 동화될 수 없던 막막한 현실을 여러 방면으로 그리고 있다.

짐바브웨의 달링은 배가 고픈 궁핍한 현실에 대한 구원자로 미국을 희망했고 마침내 그곳에 도달해 배고픔을 해결했으나 '고국에 대한 굶주림'이라는 새로운 허기에 직면한다. 그래서 자신이 겪고 있는 현실에 대해 실망감을 느끼며 짐바브웨를 '그 지경'으로 망가뜨려 놓은 사람들에게 분노를 느끼기도 한다. 그러나 오랜만의 통화에서 고국에 남아 있는 친구 치포는 짐바브웨의 현실을 염려하는 달링에게 '여기가 네 조국이면 떠나지 말고 남아서 사랑했어야' 한다며 '무슨 일이 있어도 바로잡으'면서 그곳에서 함께 머물렀어야 한다고 일갈한다. 그렇게 돌아갈 수도 머무를 수도 없는 불법체류자의 신분으로 달링은 조국을 잃어버린 채, 분해되어버린 자신의 상태를 깨닫게 된다. 그렇기에 마지막 부분에 이르러 떠오른 어린 시절 거대한 로벨스 트럭에 깔려 죽은 개 은컨쿠의 모습은 달링의 현재와 오버랩된다.

식민을 경험했던 나라들이 겪는 혼란 중의 하나로 국가나 민족 정체성의 온전한 독립 여부를 들 수 있다. 단순히 공간의 벗어남이나 되찾음이 탈식민의 완성이 되어 줄 수 없다는 것을 우리는 이미 많은 나라들의 경험을 통해 알고 있다. 식민시대 때 누렸던 정치, 경제, 종교 등의 경험과 체제가 잔존을 넘어 일상이 되어 버렸기에 식민 이전으로 온전히 돌아가라는 움직임은 이후를 살아가는 자들에게 또 다른 폭력일지도 모른다.

결국 불라와요의 《우리에겐 새 이름이 필요해》는 달링이라는 소녀의 시각을 통해 식민과 탈식민과 신식민을 경험한, 혹은 경험하는 사람들에게 당신들의 정체성을 어디에서 완성시킬 것이냐고 묻는 것만 같다.

한편, 소설을 읽는 동안 지구 반대편에 위치한 나라, 그래서 마치 꿈결처럼 아득하게 짐작만 했던 짐바브웨의 현실이 공감되는 이유는 무엇보다 그들과 우리의 역사가 어느 정도 닮아 있기 때문임을 부정할 수 없다. 식민의 경험에서부터 강제적 이산, 자유에의 투쟁,

아메리칸드림을 향한 이주를 거쳐 최근에 경험하고 있는 국가 위정자들의 횡포와 몰락에까지 정도의 더하고 덜함만이 있을 뿐이다. 그래서 인정할 수밖에 없다. 아프리카라는 먼 곳의 사실들이 결국엔 이곳의 진실이기도 함을.

**노바이올렛 불라와요**

노바이올렛 불라와요는 1981년 짐바브웨 촐로초에서 태어나 열여덟 살 때 미국 미시간 주로 이주했다. 2009년 단편 〈스냅숏〉이 남아프리카 펜/스터드진스키 상 후보에 오르며 주목을 받기 시작했다. 2013년 첫 장편인 〈우리에겐 새 이름이 필요해〉를 발표해 펜/헤밍웨이 신인소설상을 수상했으며, 이 작품으로 아프리카 여성 최초로 맨부커 상 후보에 올라 화제의 중심에 섰다. 스탠퍼드대학교에서 소설을 강의하고 있다.

**《우리에겐 새 이름이 필요해》**

노바이올렛 불라와요의 첫 장편소설이자 자전적 소설로 분류되는 작품으로, 2011년에 발표된 단편 〈부다페스트 가는 길〉에 살을 붙인 속편 격이라 할 수 있다. 열 살 소녀 '달링'은 친구들과 함께 구아바 열매를 훔쳐 먹기 위해 부다페스트 거리를 활보한다. 가난하고 배고픈 삶에서 달링을 버티게 해주는 유일한 희망은 '미국에 가는 것'이다. 이모를 따라 미국에만 가면 배불리 먹으며 학교도 다니는 평범한 삶을 살 수 있으리라 꿈꾸며 버티는 달링. 그러나 정작 이주한 미국 땅에서는 '불법체류자'라는 또다시 냉엄한 현실이 기다리고 있을 뿐이었다. 이 작품은 작가의 이력에서 짐작하듯 직접 겪지 않고는 서술할 수 없는 날 것의 내용을 바탕으로 한 자전적 성장소설이다. 어린 소녀가 조국 짐바브웨에서 겪은 가난과 폭력, 이주한 미국에서 겪은 소외와 냉대를 간결하고 흡입력 있는 필체 속에 생생하게 그리고 있다. '가혹하면서도 서정적이고, 냉정한 동시에 시적이고, 날카로운 한편 깊이 생각하게 하는 작품'이라는 찬사와 같이 암울한 현실에의 고통과 천진난만한 유쾌함이 적절히 혼재되어 있다는 평을 받고 있다.

제 2 장

# 여성

# 철새의 운명을 끝내 넘어서지 못한 어느 아프리카인의 비극

## 타예브 살리흐, 《북으로 가는 이주의 계절》•

이석호••

뭇 생명들은 무릇 '이주'의 운명을 타고난다. 더 좋은 곳과 더 나은 것을 찾아 떠나는 일이 유기체의 본질이기 때문이다. 하여 이주는 본래 아름다운 것이다. 그러나 모든 유기체의 유전자 안에 각인되어 있는 이주의 본능을 특정한 방향으로만 몰아갈 때, 그 이주는 딱히 아름답기만 한 것이 아닌 추악하기도 하고 슬프기도 한 것으로 변주된다. 어떤 미래가 펼쳐질지 모르는 이주의 결과가 특정한 정치적 선택과 결합하는 순간, 다소 예측이 가능한 몇 가지 변수의 하나로 환원되기 때문이다. 목적론적 진화가 낳은 우울한 미래의 초상이다.

타예브 살리흐(Tayeb Salih)의 소설 《북으로 가는 이주의 계절》은 진화의 방향을 사방으로 펼쳐야 할 한 유기체가 그 방향을 '북'으로

• 타예브 살리흐, 《북으로 가는 이주의 계절》, 이상숙 역, 아시아, 2014.

•• 카이스트 대우교수. 문학평론가. (사)아프리카문화연구 소장. 옮긴 책으로 응구기와 시옹오의 《정신의 탈식민화》, 누르딘 파라의 《지도》, 베시 헤드의 《마루》, 리처드 리드의 《현대아프리카의 역사》 등이 있고, 창작 희곡으로 《사라 바트만과 해부학의 탄생》 등이 있다.

만 고정해 뭇 생명의 본성을 위배하면서 치르게 되는 애달픈 퇴화의 자화상을 그리고 있다.

이 소설의 주인공 무스타파가 진화의 방향을 '북'(유럽)으로만 고정하여 불러일으키는 폐해는 너무나 자명하다. 먼저, '남'(아프리카) 쪽의 모든 것을 잠정적인 것으로 만들어 궁극에는 자기부정을 하게 만든다. 남쪽의 모든 것을 곧 북으로 날아갈 '철새'의 시선으로 바라보게 함으로써 그 존재의 의미를 탕감하고 있다는 뜻이다. '북'의 모든 것을 망상한 무스타파가 이 소설의 화자에게 남긴 유언장의 내용을 보자.

제가 남는 것과 떠나는 것, 둘 가운데 어느 것이 더 이기적인지 저는 모릅니다. 어찌 되었든 제게는 선택의 여지가 없습니다. 그날 밤 제가 말한 것을 더듬어 기억해 보신다면 제가 뜻하는 바를 짐작할 수 있을 겁니다. 자신을 기만하는 것은 어리석은 일이지요. 그 아득한 외침이 제 귓전을 맴돌고 있습니다. 이곳에서의 생활과 결혼이 그 외침을 잠잠하게 가라앉혀 줄 것이라고 생각했습니다. 그러나 저는 이렇게 태어났나 봅니다. 아니면 제 운명이 그렇게 정해져 있었는지도 모르지요. 어찌 되었든 저는 그 의미를 알 수 없습니다. (중략) 그렇지만 제 영혼과 피에 흐르고 있는 희미한 그 무엇들이 제 앞에 드러난 아득히 먼 곳 , 하지만 모른 체 간과할 수만은 없는 그곳으로 저를 재촉했습니다.(73~74쪽)

유기체의 운명은 이주하는 것이지만, 모든 이주의 궁극적 목적은 정착이다. 그러나 그토록 소망하던 '북'에서 끝내 둥지를 틀지 못한 철새에게 남겨진 선택은 보다 '철저한' 철새가 되는 것이다. 자기동일성을 기반으로 하는 정주민과는 영원한 '차이'로 남는 것이다. 하나의 의미로 소급 및 고정되지 않고 끊임없이 부유하는 시니피앙• 으로 떠도는 것이다. 하여 "당신 혀는 적도 지방의 해질 무렵 빛깔인 진홍색이군요. (중략) 당신의 검은 피부는 정말 놀라워요. 마법과 신비, 음란의 색이죠."(146쪽)라고 말하는 북의 여인 셸라에게 구속되지 않는 것이다. 뿐만 아니라 "나와는 반대로 적도의 기후와 타오르는 태양, 자줏빛 지평선을 동경"한 북의 소녀 사우산에게도 "북쪽과 얼음을 갈망하는 남쪽"의 철새(148쪽)로 영원히 남아야 하는 것이다. 그리고 그런 그녀를 보다 확실하게 매혹하기 위해 자기 자신을 보다 철저하게 차이의 시니피앙으로 타자화해야 하는 것이다.

> 우리의 만남은 이러했고, 그녀는 시에 취하고 술에 감동했다. 그녀는 달콤한 거짓말로 나를 즐겁게 해 주었고 , 나는 뒤얽힌 환상의 실로 그녀에게 이야기를 엮어 나갔다. 그녀는 내 두 눈에서 찌는 듯한 사막 한가운데 빛나고 있는 신기루를 보았으며, 내 목소리에서는 밀림 속에서 포효하는 사나운 맹수들의 울음소리를 듣는다고 했다. 나는 그녀의 푸른 두 눈에서 무변대해로 펼쳐진 머나먼 북쪽 바다를 본다고 이야기했다. 런던에서 나는 아주 세심하게 거짓 위에 거짓을 덧발라 지은 치명적인 거짓의 우리인 나의 집으로 그녀를 데리고 갔다.(152쪽)

• 소쉬르의 기호 이론에서 사용한 것으로, 말이 소리와 그 소리로 표시되는 의미로 성립된다고 할 때 소리를 이른다.

둥지를 찾지 못한 철새의 이주가 목적 없는 탈주가 되기 위해서는 마르지 않고 흐르는 차이의 화수분이 필요하다. 하여 그는 자신의 '우리'를 무한한 차이들의 경계로 '발명'한다.

> 백단향, 항목, 타조의 부드러운 깃털, 상아와 흑단으로 만든 조상들, 나일 강가를 따라 우거진 대추야자 숲, 비둘기의 날갯짓처럼 물 위를 소리 없이 미끄러져 가는 작은 배들, 홍해에서 바라다 보이는 산맥 너머로 스러지는 낙조, 예멘 국경선의 모래 언덕을 따라 걷는 낙타들의 대상 행렬, 코르도판의 나무들, 잔디, 누에르, 쉴크 부족의 벌거벗은 소녀들, 적도 근방의 바나나와 커피 농장, 누에바 지역의 오래된 사원들, 화려한 고대 아랍 문양을 장식한 회화 장정을 씌운 아랍 서적들, 페르시아 융단과 장밋빛 커튼, 벽에 걸린 커다란 거울들과 구석에서 빛나는 색색의 조명등을 그린 그림과 스케치들.(152~153쪽)

'북'을 향해 날았지만 끝내 '북'에 안주하지 못해 보다 철저한 철새로 살기로 다짐한 그가 다시 '남'으로 내려와 삶을 마감하게 된 일은 어찌 보면 당연한 귀결이다. 차이를 통해 존재의 형식을 구현하던 철새에게 동종의 존재들에게로 돌아가는 귀소본능은 곧 죽음의 다른 이름이기 때문이다.

《북으로 가는 이주의 계절》은 종종 조셉 콘라드의 《암흑의 핵심》과 비교된다. 《암흑의 핵심》에서 콘라드는 화려한 수사와 의뭉스러운 형용사 그리고 중층적인 서사구조를 통해 아프리카라는 '남'을 암흑과 공포 그리고 원죄의 대륙으로 재현했다. 그리고 아프리카를 정신적으로 성장이 멈춘 '유아'의 이미지로 드러냈다. 게다가 아프리카인의 육체를 "괭음을 내지르고 펄쩍펄쩍 내뛰었으며 빙빙 돌기도 하고 무서운 표정을 지어보이기도 할" 뿐만 아니라 "승마용 바지에 깃털 달린 모자를 쓰고 두 발로 떡 버티고 서서 걷는 개"와 같은 "먼 친척"의 것으로 치부했다. 그런데 타예브 살리흐는《북으로 가는 이주의 계절》에서 이런 콘라드의 아프리카를 수단인의 관점으로 철저하게 다시 쓴다. 아프리카를 생명과 원기, 인정과 정감, 흥과 멋이 넘치는 대륙으로 재생한 것이다. 사막의 땅 수단을 철새의 시각이 아닌 내부인의 관점에서 볼 때 어떤 모습을 띠게 되는지를 아래의 인용문은 잘 보여준다. 이를 통해 작가는 '북'으로의 '이주'가 모든 문제의 해결책이 아니라 비극의 출발점이 될 수도 있음을 강력하게 암시한다.

> 그리고 나는 수백만 인류와 마찬가지로 사막을 오르고 내리며 짐을 부리고 숙영을 하고 다시 길을 떠나는 기다란 대상 행렬의 틈에 끼여 습관적으로 생활한다. 대상의 삶이 전부 나쁜 것만은 아니다. 여러분도 분명 이를 깨달았을 것이다. 낮 동안의 행군은 고될 수도 있다. 황야는 망망대해와도 같이 끝없이 우리 앞에 펼쳐져 있다. 우리는 비 오듯 땀을 흘리고 목은 갈증으로 바짝바짝 타오른다. 이제 우리는 한 발자국도 나아갈 수 없다고 여길 지역에 다다른다. 그때 해가 뉘엿뉘엿 넘어가고 공기는 서늘해지며 하늘에는 무수히 많은 별이 빛난다. 우리는 먹고 마시며 일행 중에 있던 가수는 노래를 부르기 시작한다. 일부는 셰이크를 따라 무리 지어 기도를 올리고, 몇몇은 둥그렇게 원을 그

리며 춤추고 노래 부르며 손뼉을 친다. 우리 머리 위에는 따뜻하고 자비로운 하늘이 있다.(68쪽)

**타예브 살리흐**

타예브 살리흐는 1929년 영국 식민지의 수단에서 태어났다. 그는 영국으로 건너가 런던대학교에서 수학한 후 아랍어 신문에 주간 칼럼을 연재했으며, 1956년 수단이 독립한 이후에도 영국에 머물면서 BBC방송국의 아랍어 파트에서 일했다. 생애 마지막 십년은 파리 유네스코에서 페르시아 만 아랍국가들의 이익을 대변하며 보냈다. 대부분의 시간을 해외에서 보냈으나 그의 소설의 뿌리는 유년기를 보냈던 고향 마을이었다. 이를 바탕으로 아랍-아프리카인의 정체성 문제를 깊이 있게 탐구했다는 평을 받는다.

**《북으로 가는 이주의 계절》**

진화의 방향을 사방으로 펼쳐야 할 한 유기체가 그 방향을 '북'으로만 고정하여 뭇 생명의 본성을 위배하면서 치르게 되는 애달픈 퇴화의 자화상을 그리고 있다. 이 소설의 한 주인공(무스타파)이 진화의 방향을 '북'(유럽)으로만 고정하여 폐해를 일으킨다. 남쪽의 모든 것을 곧 북으로 날아갈 '철새'의 시선으로 바라보게 함으로써 그 존재의 의미를 탕감시킨다. 뭇 생명들은 무릇 '이주'의 운명을 타고난다. 더 좋은 곳과 더 나은 것을 찾아 떠나는 일이 유기체의 본질이기 때문이다. 하여 이주는 본래 아름다운 것이다. 그러나 모든 유기체의 유전자 안에 각인되어 있는 이주의 본능을 특정한 방향으로만 몰아갈 때, 그 이주는 딱히 아름답기만 한 것은 아닌 추악하기도 하고 슬프기도 한 것으로 변주된다.

# 비구름이 모인 동화 마을

베시 헤드, 《비구름이 모일 때》•

이정선••

## 망명한 여성 작가 : 남아공에서 태어나 보츠와나에 정착하다

베시 헤드(Bessie Head)는 특이한 인생과 그 경험이 녹아든 작품으로 주목받는 작가이다. 헤드는 지독한 인종차별의 대명사인 아파르트헤이트의 칼날이 서슬 퍼런 시기에 남아공에서 흑인 아버지와 백인 어머니 사이에서 태어났지만, 엄마가 백인이라는 것도 모른 채 유년기를 보냈다. 혼혈이라는 점만으로도 그 삶이 녹록치 않았을 텐데 이후 정치적인 이유로 남아공을 떠나 보츠와나로 망명하고 그곳에서 10년 넘게 무국적자로 살 수밖에 없었던 사정까지 더하면 그 삶 자체가 소설적이라고 할 만하다. 헤드는 48세에 사망했기 때문

• 베시 헤드, 《비구름이 모일 때》, 황은철 역, 문학동네, 2016.

•• 경희대학교 범아프리카문화연구센터 연구원. 경희대학교 후마니타스칼리지 강사. 문학박사. 〈중앙아시아 고려인 소설 연구〉로 박사학위를 받았다. 공저로 《고려인 문학》이 있다.

에 보츠와나에서 산 기간은 그리 길지 않다. 하지만 사망 당시의 국적이 보츠와나였을 뿐만 아니라 대부분의 작품이 보츠와나에서 그곳을 배경으로 집필되었기 때문에 보츠와나 작가로 불린다. 헤드는 특이한 인생여정 때문인지, 작품 안에 자신과 비슷한 주인공을 설정해 놓는다. 한국에 번역되어 소개된 《마루》와 《비구름이 모일 때》에는 흑백혼혈인(컬러드 coloured), 망명자, 이주민 등이 주요인물로 등장하며, 아프리카에 대한 독특한 관점도 담겨 있다. 두 작품 모두 아프리카 내부의 부족주의를 다루고 있는데, 이것은 아프리카 사회 내부의 차별에 주목하고 있는 것이다. 아프리카의 문제라고 하면 서구와의 갈등과 그 과정에서 발생하는 피해를 떠올리는 대부분의 경우와 차이를 보이는 부분이다. 이 같은 이유로 헤드는 "성찰의 방향을 아프리카 내부로 돌리게 만든 이"라는 평가를 받기도 한다.

헤드에게는 혹독했지만, 보편적으로 보츠와나는 이방인들에게 관대하다고 알려져 있다. 보츠와나는 17세기에 츠와나족이 이주해온 후, 원래부터 살던 코이산족이 쇠퇴하고 츠와나족이 지배하게 된 데서 국명이 유래됐다. 헤드는 보츠와나를 '고대 아프리카'의 특징들이 '거의 손상되지 않은 채로' 남아 있는 곳으로 표현하기도 했다. 보츠와나는 1880년대에 이웃한 나미비아에서 세력을 넓혀오는 독일을 견제하기 위해 자발적으로 영국의 보호령이 되기를 요청했는데 보츠와나를 보호령으로 삼은 영국이 보츠와나에 별로 관심이 없어서 그대로 방치했다고 한다. 그래서 보츠와나는 기본적으로 백인의 악랄한 식민통치의 경험이 없다. 게다가 독립 다음 해인 1967년에 세계 최대 다이아몬드 광산이 발견되는 행운까지 겹쳐서, 다른 아프리

카 국가들에 비해 정치적으로나 경제적으로 비교적 안정된 국가로 성장했다.•

《비구름이 모일 때》의 이야기 뼈대는 단순하다. 남아공에서 정치적인 문제로 탈출한 마카야가 보츠와나로 망명한 후 좋은 사람들을 만나 새로운 삶을 살아가는 이야기다. 헤드 자신은 보츠와나로 망명하고 나서 오랫동안 시민권을 획득할 수 없었지만, 자신의 소설 속 인물에게는 다른 상황을 부여한 것이다. 망명 전에 신문사에서 일했던 마카야는 그곳에서의 경험을 다음과 같이 증언한다.

> "…한 가지 확실한 것은 그들이 일어서려 해도 인간이 만들어놓은 법들이 그들을 그곳에 주저앉힌다는 거예요. 그러다보면 미치기 시작하죠. 술을 너무 많이 마시든지, 아니면 첩자가 도처에 있는 지하조직에 가담하게 되죠. 그러고는 뭔가를 폭파할 계획이 담긴 종이를 호주머니에 넣고 있다가 그것을 실행에 옮기기도 전에 잡혀서 이 년 동안 감옥에서 썩게 되고요."(53쪽)

대부분의 남부 아프리카인들은 이런 식으로 반응해서, 멀쩡한 정신을 지닌 흑인 남자라면 누구도 백인과 백인의 세계라는 차가운 벽을 부러워하거나 그 속으로 침투해 들어가려 하지 않았다. 흑인은 자기 세계로 물러나 쓰레기와 오물과 소음 속에 있는 편이 나았다. 거기에는 편안하고 따뜻한 감정을 느끼게 해주는 익숙한 사람들이 많았

• 보츠와나의 역사에 대해서는 최선령의 〈베씨 헤드의 《비구름이 모일 때》가 개척한 "미래를 향한 새로운 길"〉, 〈영미문학연구〉 28집, 2015, 132쪽 참고.

다.(200쪽)

남아공에서 마카야는 증오만을 키우며 살다가, "흑인을 '보이, 개, 캐퍼(깜둥이)'라고 부르는 나라에서 결혼해 자식을 낳을 수는 없"(24쪽)다는 생각으로 그곳을 벗어나, 보츠와나에서 '마음의 평화에 이르는 길'(31쪽)을 찾아 떠난다. 마카야가 보츠와나에서 새로운 삶을 찾아가는 과정을 따라가보자.

## 전통이라는 이름의 장애들: 부족주의, 남성우월주의

남아공을 떠난 마카야가 새롭게 정착한 곳은 보츠와나의 골레마음미디 마을이다. 마을 이름이 '곡물을 기른다'는 뜻일 만큼 농사가 중요한 마을이고, 농사는 공동작업이 필요한 일이기에 공동체적 삶이 유지되고 있는 곳이다. 그렇기 때문에 이방인을 받아들이는 것에 큰 거부감이 없고, "삶의 비극들을 피해 그곳으로 도망온 개인들로 구성된 마을"이기도 하다. 그런데 골레마음미디 마을이든 보츠와나든, 인간이 사는 곳인 바에야 문제가 없을 수 없다. 전통이라는 이름하에 지속되는 관습인 남성우월주의, 부족주의 등이 그것인데, 물론 이것들은 보츠와나에만 국한된 문제는 아니다. 주인공 마카야가 정착한 마을도 이런 문제들을 안고 있다. 그중 부족주의는 길버트의 시선을 통해 제시된다. 길버트는 아프리카에 대해 매우 순수하고 우호적인 감정을 갖고 있는 백인 영국인인데, 이 마을에 변화를 일으켜 생활수준을 높이고자 애쓴다. 하지만 그런 그에게도 "아프리카 사회는 새롭고 낯선 것이라면 무엇이든 배제하는 치명적이고 오싹한 사회"로 비친다. 이는 부족주의를 통해 드러나며, 부족주의의 폐해를 단적으로 보여주는 것은 농작물에 대한 태도이다. 길버트가 확인한 바로는 유해식물이나 새들, 심지어 적은 강수량의 영향을 받지 않는 기장이 아프리카에 가장 적당한 농작물이다. 이것을 기르면 굶주림을 면할 수 있다. 그러나 마을 사람들은 그 사실을 알면서도 기장이 아닌 수수와 옥수수만을 기르려고 한다. 그 이유는 '전통적으로 열등하다고 여겨온 소수 부족들이 오랫동안 기장을 좋아했고 그것을 주곡으로 심어왔기 때문'이다. '그들은 굶어죽어도 전통과 그것이 주는 안정감 너머를 보지 못했'(68쪽)던 것이다. 그래서 마을 사람들에게 호의적으로 받아들여진 길버트조차 기장 농사를 도입하는 것까지는 주장하지 못하고 상품작물인 담배농사를 도입하는 것에 머무른다.

길버트는 이런 현실에 안타까움을 느끼던 중이었는데, 마카야가 마을에 들어오면서 새로운 희망을 품게 된다. '마카야'는 부족 이름일 뿐 '맥'이라고 불러도 상관없다고 말하는 그는, '무엇보다도 부족주의로부터 정신적으로나 감정적으로나 거리를 둔' 인물이기 때문이다. 길버트는 마카야가 '흑인으로 보이지만 오싹한 집단적 태도를 전혀 보이지 않는 사람', 즉 아프리카의 문제점에서 비껴나 있는 인물이기 때문에 자신의 계획을 실현시킬 적임자라고 느낀다.

다음으로 이 작품에서 아프리카의 문제로 꼽는 것은 남성우월주의이다. 남성우월주의는 남성과 여성의 관계 맺음에 부정적으로 작용한다. 그래서 "남자는 일정 시기가 되면 여자를 사야 했다. 그리고는 마치 뒷방에 넣어두고 별로 신경 쓰지 않게 될 탁자를 사는 것과 같"(201)은 관계를 맺을 뿐이다. 북부에서 이 마을로 들어온 이주민인 폴리나 역시 이런 남성우월주의를 장벽으로 느낀다.

> 그녀가 두려워하는 것은 여자들과 그들의 음모가 아니라, 힘도 없고 도덕적 가치도 없고 신뢰할 수도 없는 남자들이었다.
>
> 사회 전체가 남자들의 우월성을 강조하고, 그것이 그들 개개인에게 어떠한 영향을 미치는지를 간과함으로써 타락한 남자들로 된 부족을 만드는 데 공모하고 있는 것 같았다.(150쪽)

이런 부정적 인습들은 아프리카인의 삶이 나아지는 것에 걸림돌이 되는 요소들이다. 이에 대해 비판의식을 가지고 있으면서도 한편으로는 그런 인식의 틀에 묶여있기도 한 폴리나는, 이런 문제의 해결이 간단하지만은 않음을 보여준다. 오히려 길버트와 마카야가 이런 남성우월주의에서 벗어난 사람들이다. 마카야는 아버지가 세상을 뜨자 동생들에게 자신을 과도하게 떠받드는 것을 그만두고 동등하게 대할 것을 요구한다. 또한 불은 여자의 영역이라고 생각하는 폴리나에 맞서, 남자도 차를 끓이고 청소를 할 수 있다며 솔선한다. 소를 키우는 것에 관습적으로 집착하는 폴리나를 설득하는 것도 마카야다. 마카야는 이렇게 아프리카의 문제에 대해 가장 비판적인 인식을 가지고 '날마다 세상을 거꾸로 뒤집어 놓았다.' 마카야는 "죽음이나 마찬가지인 모욕적인 삶을 사느니" "총에 맞아 죽는 편"을 택하는 게 낫다고 생각한다. 그래서 변화를 이루기 위해 적극적으로 애썼다. 하지만, 남아공에서는 "괴로움이 쌓여 분노의 급류"가 되고 거기에 자신이 매몰되어 그 땅을 떠날 수밖에 없었다. 그리고 새로운 땅 보츠와나에서 다시 한 번 힘을 내보고 있다.

## 변화의 실질적 힘과 희망, 여성

남아공과 골레마음미디 마을은 이런 아프리카의 문제를 공유하지만, 골레마음미디 마을은 새로운 장소가 된다. 무엇이 골레마음미디 마을을 남아공과 다른 공간으로 만드는 걸까.

마을의 변화를 위해 새로운 계획을 세우고 사람들을 가르치는 일을 주도하는 사람은 마카야와 길버트이지만, 이 마을을 변화시킨 실질적인 힘은 여성들로부터 나온다. 마을의 남자들은 소나 염소를 기르기 위해 집을 떠나 있어 마을에서 농사를 짓는 사람은 여자들이기 때문이다.

마리아는 조용하고 일견 소극적으로 보이기도 하지만, 진지하게 배우려는 자세를 지녔다. 그녀는 길버트의 청혼을 받아들이고 그에게 중요한 버팀목이 되어준다. 나이가 지긋한 음마밀리페디는 마카야가 느끼기에 지나치다 싶을 정도의 너그러움을 지닌 사람이다. 마을의 누구에게나 자비로운 음마밀리페디의 삶은, 마카야가 자기 삶을 지배해온 증오와 모욕의 늪에서 벗어날 수 있는 실마리를 품고 있는 것으로 여겨진다. 폴리나 세베소는 북부 출신의 과부로, 남편이 명예자살한 후 아이들을 데리고 이 마을에 들어와 산 지 일 년 반이 지났다. 골레마음미디 여자들과 달리 정열적이고 충동적인 폴리나는 "생생한 호기심과 모험을 마다하지 않는 정신"으로 이 마을 여성들을 행동으로 이끈다.

골레마음미디 마을도 앞서 살펴본 아프리카의 문제들을 지니고 있다. 마을 사람들을 먹여살리는 농사를 담당하는 것이 여자들인데도, 길버트가 농사와 관련한 강의를 하려고 하면 "강의실엔 남자들만 들어올 수 있"다. 이러한 남성우월주의 아래 이 마을 여자들은 "성적인 좌절감 속에서 너무 오랫동안 스스로에게 거짓말을 해와서" 큰 좌절감 속에 갇혀 다른 사람에게 "교활하고 악의적인 말들"을 하고 "강력하고 소소한 패거리 의식"에 빠져 있다. 그러나 이들은 마리아, 폴리나, 음마밀리페디를 중심으로 마을의 변화에 동참하기 시작한다. "모든 변화는 이 나라의 여자들한테 달려" 있었다.

> 그들은 세계의 다른 곳에 사는 여자들이 축제나 다과회를 준비하면서 경험하는 즐거움과 거의 같은 감정으로 가장 힘들고 지속적인 일 속으로 뛰어들 능력이 있는 사람들이었다. 어떤 남자도 보츠와나 여자들보다 더 열심히 일하진 않을 것이다. 가족에게 식량을 공급하는 짐은 전적으로 여자들 어깨에 지워져 있었다.(169쪽)

마을 여자들은 앞장서는 폴리나와 함께 차와 음식을 나누어 먹으며 농장을 일구어 나간다.

## 좋은 사람들이 모여 있는 동화 마을

변화의 중심에는 마을 여자들의 잠재력이 있었던 것이 분명하지만, 이 잠재력이 발산될 수 있는 조건들이 이 마을에 모여 있었던 것도 무시할 수 없다. 골레마음미디 마을에는 마치 "비구름이 모"이듯이, 긍정적인 요소들이 모이고 모여들었던 것이다.

앞서 살펴보았듯이 마카야는 부족주의나 남성우월주의의 편견으로부터 벗어나 있을 뿐만 아니라, 잘생기고 매력적이기까지 해서 마을 여자들을 교육하는 데 유리했다. 폴리나는 외지인이고 과부이면서도 마을 여자들을 이끌 수 있는 당찬 여성이다. 마을의 노인 세대인 디노레고와 음마밀리페디는 자신들이 살아온 방식을 고수하며 다음 세대와 갈등을 빚는 것이 아니라, 지혜와 넓은 아량으로 다음 세대를 품는다. 음마밀리페디가 받아들인 서구의 종교도 갈등을 일으키지는 않는다. 추장이 있는 계급사회이지만, 추장 세코토는 '삶에 대한 낙천적인 태도'를 지니고 세상이 변화하고 있다는 것을 받아들이는 유연성도 지니고 있다. 그는 아무렇지도 않게 규칙들을 깨며, 어떤 사람의 마음도 소유하려 들지 않는 쾌활한 사람이다.

작품 속에 등장하는 백인들도 지배하고 억압하는 것과는 거리가 있다. 백인인 길버트는 순수하고 선한 마음으로 보츠와나의 삶이 개선되기를 바라며, 헌신적이다. 경찰인 조지 애플비스미스도 마카야 같은 망명자를 위해 모험을 하다가는 자신의 출세길이 막힐 수 있음에도, 마카야를 위해 모험을 감행하며 마카야가 보츠와나에 정착할 수 있도록 돕는다. 물론 그는 "낡은 질서가 무너진 것을 유감스럽게 생각"한다. 하지만 그것은 "한 사람의 손에 권력이 있을 때라야 모든 결정이 더 간단"하다는 편의주의적 생각일 뿐, 강고한 주장으로 나아가지 않는다. 이런 선한 백인들이 등장하기 때문에 이 작품에서는 아프리카 문학에서 흔히 두드러지는 흑백의 갈등이 보이지 않는다.

이 작품에서 악인으로 등장하는 것은 세코토 추장의 탐욕스러운 동생 마텐지 부추장뿐인데, 그는 형의 영향력을 넘어서지는 못하고, 마을 사람들의 변화에 스스로 무너진다.

이처럼 이 작품에는 좋은 사람들이 모여 있고, 갈등의 요소가 될 만한 것들이 그다지 등장하지 않는다. 그래서 골레마음미디 마을은 동화 속 마을처럼 보인다. 마리아의 아버지 디노레고는 외로워서 "이 나라를 매력적으로 생각하는 사람은 거의 없"다고 하지만, 거부당하고 내쫓긴 경험이 있기에 땅의 필요성을 알고 그것을 중심으로 사는 사람들은, 이 마을을 함께 살아가기에 좋은 공간으로 변화시킨다.

## 계속 되는 꿈꾸기

이런 동화 같은 마을의 이야기는 작가의 소망이 표현된 것일 텐데, 헤드는 그 꿈을 동화적으로만 마무리하지는 않는다. 그는 《비구름이 모일 때》의 결말에 굉장히 비극적인 장면을 배치해 놓고 있다. '음식이나 물 없이도 오랫동안 버틸 수 있'는 츠와나 소들마저 죽어가는 끔찍한 가뭄이 재앙처럼 닥쳐온 것이다. 아프리카인 백만장자로 가득한 대륙을 꿈꾸던 마카야는 고통스럽고 끔찍한 현실과 대면할 수밖에 없었다. 그는 몇 백 마리의 소들이 죽고 독수리가 그것을 먹는 방목지의 참상을 마주하게 된다. 폴리나의 어린 아들도 가뭄과 결핵을 홀로 외로이 견디다가 희고 깨끗한 뼈들로만 남는다.

그는 평생 일종의 유토피아를 갈구하면서 속으로는 우환과 결점이 가득한 세계를 거부한 채 살아왔다. 그는 그것으로부터 달아나고 또 달아났지만 더 이상 달아나서 숨을 수 없는 때가 왔고, 이제 몸을 돌려 자신이 달아나려 했던 모든 것에 맞서야 할 때가 되었다. 한 여자를 사랑하게 되면서 그는 이러한 깨달음에 도달했다. 삶에 대한 진정한 보상을 가져올 수 있는 것은 사람뿐이고, 사랑과 행복을 주는 것 역시 사람뿐이라는 깨달음이었다.(264~265쪽)

마카야는 폴리나를 대신해 아이의 비극적인 죽음을 마주하면서 이 같은 인식을 보여주는데, 이는 작가의 내면과 일치한다. 마카야가 이 비극을 사랑의 힘으로 함께 극복하고자 했듯이, 헤드는 삶의 비극적인 일면을 외면하지 않으며 꿈꾸기를 계속한다. 그것은 사람에 대한, 사람 간의 사랑에 대한 긍정적 인식에 뿌리를 두고 있다. 아프리카의 민주주의에 대한 마카야의 생각 역시 작가의 이런 꿈과 맞닿아 있다.

"맥, 민주주의에 대해 얘기해서 어쩌겠다는 거죠? 그것의 장단점을 논의할 시간은 선진국에나 있는 거라고요. 여기에서 우리에게 필요한

건 사람들을 먹이고 입히고 교육시킬 독재예요. 나는 독재자가 나한테 빈곤퇴치 방안을 세워보라고 하면 기꺼이 할 거예요."

(중략)

"이 나라, 아니 아프리카 전체가 시행착오를 겪게 놔두는 게 어떨까 싶어요. (중략) 사람을 위해서든 아니든, 나는 어떤 형태의 독재도 싫어요. 제아무리 더디더라도 아프리카를 위해서는 민주주의가 필요해요."(131~133쪽)

당장 사람들을 빈곤에서 구하기 위해서라면 독재라도 마다할 이유가 없다는 길버트에 맞서, 마카야는 시행착오를 겪더라도 민주주의를 이뤄야 함을 역설한다. 이것은 삶이 언제나 동화적일 수만은 없음을 인정하고, 그 삶의 마디마디에서 실패와 좌절을 겪을 수 있음을 받아들이며, 계속해서 꿈을 꾸고자 하는 헤드의 목소리이다.

# 다하지 못한 이야기 하나.

이 작품에서 언급되고 있는 부족주의, 즉 아프리카 내부의 종족적 위계에 대한 인식을 '내부 식민지' 문제와 연결해서 생각해볼 수 있다. 내부 식민지는 과거에 식민지를 겪은 곳에서, 피식민자들이 식민자들에게 당한 것을 자신들 내부의 약자에게 반복하는 것으로 이해되는데, 이것을 식민 경험의 부정적 결과라고 판단하는 것이 정당할까. 아프리카 내에서 컬러드나 다른 종족에 대해 보이는 차별은, 과연 백인이 흑인을 차별한 것을 답습하는 것일까. 원래 인간은 그런 속성을 갖고 있는 게 아닐까. 혹은 단지 각 지역의 역사적 맥락 속에서 형성된 것은 아닐까. 그것이 백인에게서 배운 못된 짓을 답습하는 것이라고 할 때, 흑인들의 주체성이 훼손되는 것은 아닐까. 내가 궁금한 것은, 마치 흑인 내부에는 우정과 환대만 존재하다가, 백인의 식민체험 이후로 다른 종족이나 인종에 대한 차별과 거부가 발생했다는 것이 사실인가 하는 점이다. 식민지를 겪기 전에도 신분에 의한 차별은 공공연했다. 백인 역시 유색인에 대해서만 차별한 것이 아니라, 그들 내부에서 신분에 의한 차별이 있었다.

과거를 함부로 미화하면 안 되는 것처럼, 아프리카 그리고 아프리카의 과거도 함부로 미화하면 안 될 것이다. 그리고 아프리카의 이야기를 아프리카만의 것으로 한정해서도 안 될 것이다. 그것이 흑백의 갈등을 내세우지 않으면서 아프리카 내부의 차별을 문제 삼은 베시 헤드의 작품을 읽는 윤리적 자세가 아닐까.

**베시 헤드**

베시 헤드는 백인과 흑인 사이의 결혼을 금지하는 법이 시행되던 남아공에서 백인 어머니와 흑인 아버지 사이의 혼혈로 태어났다. 아파르트헤이트가 한창 극렬하던 1960년대에 남아공에서 기자활동을 하다가 아프리카주의를 강하게 표방하는 신문을 자체 제작하기도 했다. 범아프리카회의에 가입해 활동하던 중에 체포·구금되었으며, 석방 이후 보츠와나로 넘어가 작가로서의 길을 걷는다. 대표작으로 《비구름이 모일 때》, 《마루》, 《권력의 문제》가 있다.

**《비구름이 모일 때》**

베시 헤드의 첫 작품으로, 정치적인 이유로 남아공을 떠난 주인공 마카야가 보츠와나에 정착해 새로운 삶을 살아가는 이야기이다. 작가의 인생이 투영되어 있지만, 암울했던 자신의 삶과는 달리 사랑과 희망이 가득한 마을을 그리고 있다. 개혁적인 주인공을 비롯해 지혜롭고 자애로운 노인들과 선량한 백인, 낙천적인 성격의 추장과 진지하고 생활력 강한 여성들이 어우러져 변화를 이루어낸다. 글을 쓰는 것은 별에 이르는 계단을 만드는 일이라고 생각한 작가 의식을 엿볼 수 있는 작품이다.

# 차별과 혐오를 넘어서는 목소리

샤무엘 시몽 편, 《아랍 여성 단편소설선》•

이소정••

## '나'의 외침:
## 라치다 엘 차르니, 〈양귀비 거리로 가는 길〉

"뒤로 물러서요. 무기를 들고 있어요!" "어리석네요! 도둑이 칼로 당신의 얼굴을 그을 건데요." "당신이 더 약하잖아요, 어찌 당할 수 있냐고요?" "고집이 센 여성이구만!" "당신도 죽고 싶으세요? 그녀를 그냥 내버려두세요. 그녀가 이토록 고집을 부려서 생긴 일은 그녀가 책임질 일이지 누가 대신 책임질 일이 아니지요." "이렇게 위험한 상황까지 만들지는 말았어야 했는데 말이에요." "왜 그렇게 집요하세요? 제 무덤을 제가 판 꼴이 되었네요." "창피하지도 않은가 보지! 스스로가 자신을 웃음거리로 만들어 놓고도 안됐다!"(109~113쪽)

• 샤무엘 시몽 편, 《아랍 여성 단편소설선》, 조애리 외 역, 글누림, 2012.

•• 경희대학교 범아프리카문화연구센터 연구원. 경희대학교 후마니타스칼리지 및 경희사이버대 강사

위의 글은 튀니지 출신의 작가 라치다 엘 차르니(Rachida El-Charni)의 작품인 〈양귀비 거리로 가는 길〉에 담겨 있는 무수한 사람들의 목소리이다. 이것은 자신의 목걸이를 훔쳐간 소매치기를 붙잡기 위해 노력하는 여성을 향해 있다. 이 소설을 읽은 독자는 누구나 이 방관자들에게 불편을 느낄 것이다. 비난의 화살이 소매치기가 아닌, 그를 잡으려는 목걸이의 주인에게 향해 있기 때문이다. 그들은 그녀를 도와주지 않는다. 한 걸음 물러서서 관망하며 몸을 사릴 뿐 아니라, 자신의 것을 지키려는 사람을 어리석다고 비웃는다. 졸지에 목걸이 주인은 도둑에게 맞서면서 동시에 자신을 비난하는 방관자들을 상대해야 한다. 그녀는 아무런 도움을 받지 못하는 고립된 상태에서 자신의 목소리를 내야 한다. 이는 자신들의 삶에서 경험하게 되는 사회의 문제점에 대해 언급하고자 하는 《아랍 여성 단편소설선》 작가들의 상황과 같다.

위험한 상황에 처한 사람을 보면 나는 무슨 말을 할 것인가에 대해 생각하며, 다시 한 번 읽어보길 부탁한다. 이 무수한 말들이 어떻게 읽히는가. 도움을 주지 않으며 오히려 어려운 상황 속에 있는 사람을 탓하는 방관자들 속에 당신은 정말 없는가. 이것이 멀리 아프리카의 피해자만이 듣는 말들이라고 치부하고 책장을 넘기기에는 우리가 늘 인터넷상에서 보아온 비난조의 댓글들이 너무도 가까이에 그리고 사방에 깔려 있다.

《아랍 여성 단편소설선》은 먼 이야기가 아니다. 그렇기에 그들의 문제에 대한 목소리를 듣는 일은 우리와 상관없는 것에 대한 참견이 아니다. 우리는 우리 자신들을 돌아보기 위해서라도 '아랍여성'이 받는 가혹한 차별과 혐오를 직시할 필요가 있다. 도둑에게 맞서던 여성은 자신을 도와주지 않고 비난하던 자들에게 당당하게 외치며 반박한다. "당신들은 자신을 위해 당당히 맞서는 것을 언제부터 그렇게 창피한 일로 여겼소?" 그 어떤 문제에 대해 본인의 목소리를 내는 것은 당연한 권리이며, 그것을 들은 우리는 이에 화답할 필요가 있다.

이 소설집은 총 20편의 아랍권 여성 작가들의 개성적인 글들로 구성되어 있다. 이 책이 '키워드로 읽는 아프리카 소설'인 만큼, 이 책에서는 아프리카 출신 작가의 작품 8편• 만을 다루고자 한다.

### 억압의 논리 아래서:
### 사하 토피그, 〈기자의 유칼리 나무 두 그루〉
### 라티파 바카, 〈형편없는 수프!〉

이집트 출신의 작가 사하 토피그(Sahar Tawfig)의 소설 〈기자의 유칼리 나무 두 그루〉는 짧은 소설이다. 작가는 자연과 조화를 이룬 삶을 살아가던 마을에 타인들이 들어와 살기 시작하면서 개발이라는 이름의 변화를 겪게 되는 과정을 서술한다. 이때 외부인에 대한 설명을 통해 작가는 사회적 문제와 모순을 지적한다. 처음 들어온 외

• 사하 토피그의 〈기자의 유칼리 나무 두 그루〉, 와파 마리흐의 〈이건 아냐!〉, 리비아 라이하네의 〈붉은 얼룩〉, 나지와 빈샤트완의 〈공허(空虛) 대장 각하〉, 라치다 엘 차르니의 〈양귀비 거리로 가는 길〉, 라니아 마문의 〈일년 열세 달 동안의 해돋이〉,만수라 에즈-엘딘의 〈부트루스〉, 라티파 바카의 〈형편없는 수프!〉

지인은 나이트클럽의 음악가로, '소음'을 생산해내는 인물로 표현된다. 그 뒤 상인, 일꾼, 선생님, 곧이어 군인들이 이주한다. 이들의 이주로 인해 그 자리에 있던 '나무'와 기존 삶의 방식은 파괴되고 살해당한다.

외부에서 들어온 사람들이 나무를 죽이는 것은 당장의 편익을 위해서이기도 하지만, 자신들의 생활 방식을 주입하는 것이기도 하다. '선생님'과 '군인' 들은 소년들에게 "난 너희를 남자로 만들 거야. 너희 불평은 듣고 싶지 않아!" "너희들 저 두 그루 보이지? 너희가 남자라는 거 아니까, 너희 불평 듣지 않게 하렴!"과 같은 강압적인 명령과 교육을 내린다. '나무'를 죽이고 '남자'가 되어 사회의 일원이 되어야 하는 것, 여기서 '남자'라는 것은 무엇인가. 단순히 성별의 구별을 하는 단어로서의 기능이 아닐 것이다. 소설 속의 남자들은 사회의 규제 내에 들어간 자들이다. 억압의 논리 안에 강압하는 것으로부터 보호받으며, 자신들의 체계를 더욱 확고히 하기 위해 차별을 생성해내는 권력자들의 논리 안에 들어간 자들이다.

즉, '여성'이라는 지점은 그들의 소설에서 단순히 성별의 다름이 아니라는 것을 생각해야 한다. 이런 점을 유념하며 모로코 출신의 작가 라티파 바카(Latifa Baqa)의 글을 읽어보자. 〈형편없는 스프!〉는 엉망인 하루에 대한 이야기이다. '나'는 주변 사람들로부터 "남자다움"을 지닌 "허영심"에 가득 찬 여자라는 평가를 받는다. 그런 그녀의 하루가 서술되는 동안 우리는 일상에서의 '짜증'을 함께 겪게 된다. 그녀는 '사회학' 분야의 학위를 가졌지만 제과점에서 일을 하며, 형편없는 급여를 받고 있다. 자신의 독립적인 삶을 원하는 그녀가 전자기구 가게에 일자리를 얻으러 방문할 때면, 사장은 매번 자리에 없다. 수위는 그녀가 아무 말도 하지 않았음에도 '청소부'자리를 구하러 온 사람이라고 생각한다.•

> 나의 '남자다움'에 대해, 그리고 말도 안 되는 내 허영심에 대해 소문을 들었음에도 불구하고 나와 살고 싶어 하다니. 그는 이를 위해 영원히 고국으로 돌아와 집을 세얻어 살면서 나를 일에서 해방시키겠다고 말했다는 것이다.
>
> "이게 정답이야. 너는 다른 결혼한 여자들처럼 여주인이 되는 거야. 청소도 하고 빨래도 하면서, 애를 낳고(애를 낳는 것은 정말 중요한 일이고 그래야 다른 생각을 안 하게 된다는 것이다), 맛있는 요리도 하고."그는 이렇게 잘라 말했다.
>
> 요리를 한다고! 매일 밤 수프를 요리한다고! 파티마가 만드는 그런 요리를 한다는 것인가?(라티파 바카, 〈형편없는 수프!〉(216쪽)

오빠와 새언니와 함께 살아야하는 자신의 상황을 한탄하며 귀가한 그녀를 기다리는 것은 맛없는 스프뿐이다. 때문에 그녀는 이 모든 일들이 새언니가 끓인 맛없는 스프 때문이라고 절규한다. 하지만

• 근대화 이후 교육이 확대되면서, 소녀들이 학교에 다니기 시작했다. 몇몇 국가는 초등학교에 재학 중인 남녀 학생의 비율이 비슷했다. 젊은 여성들이 학문적 소양을 갖추고 도시의 현대 공장들은 여성을 고용했으나 일이 불안정했다. 불황이나 과잉고용의 상황에서는 여성들이 먼저 해고되었으며, 미숙련 여성들은 가정부 일을 찾으려 했다. 여성은 남성과의 경쟁에서 여전히 불리한 입장이었다.(앨버트 후라니, 《아랍인의 역사》, 김정명·홍미정 역, 심산, 2010, 741~743쪽.)

당연하게도 이것은 스프 탓이 아니다. 그녀는 여자로서 겪어야 하는 상황을 당연하게 생각하는 새언니(파티마)에 대해 분노하는 것이다. 사회에서 요구하는 태도에 저항하는 자신에 대한 새언니와 오빠의 평가에 대해 화를 내는 중인 것이다. 그녀는 '변화'를 원하며, 이것을 스프맛에 대한 변화로 표현한다. 맛이 없는 것을 그대로 먹듯이 사회의 암울한 상황과 요구를 그대로 수용할 수 없다는 거부의사를 표현하는 것이다.

사람들은 사회활동을 하고 자신의 능력을 발휘하며, 집 밖에 있는, 변혁을 꾀하는 것을 '남자다움'이라고 평가하고, 아이를 낳고 음식을 하며 남자를 기다리는 것을 '여자다움'이라고 말한다. '여자다움'을 거부하고 '남자다움'을 추구하는 그녀를 사람들은 '허영심'에 가득 차 있다고 평가한다. '형편없는 스프'를 뜻하는 이 논리, 이 맛은 너무도 낯익게 자주 반복되는 문제이다. 차별을 당연하게 받아들여야 한다고 가르치며, 기존의 것을 그저 받아들이라고 말하는, 자신들의 지위를 확고하게 만드는 권력자들의 계산법이 아닌가.

## 재산이기를 거부한다:
## 와파 마리흐, 〈이건 아냐!〉
## 리비아 라이하네, 〈붉은 얼룩〉

권력자들의 계산 아래 그녀들은 손익을 따질 수 있는 물건이 된다. 그들에게 이익을 가져다줄 물건이 못된다면, 그녀들은 혐오의 대상으로 취급당하거나, 짓밟히고, 파괴되며, 그들의 힘을 증명해줄 가학의 대상이 된다.• 모로코 출신의 작가 와파 마리흐(Wafa Malih)의 소설 〈이건 아냐!〉는 다리에 장애가 있는 여자에 대한 가족의 냉대에 관한 이야기이다. '나'는 장애를 가진 여성이지만 지식과 그림에 대한 재능과 열정이 있다. 그러나 가족들은 그녀가 갖고 있는 지식과 재능을 쓸모없는 것으로 치부해버린다. 여성으로서 뿐만 아니라 장애인으로서도 이중의 차별을 당하는 그녀를 대하는 아버지의 태도는 혐오에 가깝다.

• 여기서 우리가 흔히 사용하는 '혐오'라는 말에 대해 짚고 넘어가야 할 것이다. 상대를 거부하는 '혐오'라는 말이 난무하는 시대. 우리는 왜 '혐오사회'를 살아가게 되었는가. 우리는 혐오의 대상이 우리와 같은 사람이라는 것을 망각한 채 본인의 안위가 안전하다는 것에 만족하며 그들을 배척한다. 강렬한 거부의 감정으로서의 혐오는 전혀 위험하지도 불쾌하지도 않은 대상을 향해 있다. 그 감정에 대한 이유를 물었을 때 뚜렷하게 설명하는 사람은 없다. 이것은 단지 개인적으로 다른 느낌을 갖고 있는 것일까. 그렇게 치부하기에는 '혐오'로 인해 벌어지는 사회의 문제들이 너무도 심각하며 즐비하다.
마사 누스바움(마사 누스바움의 '혐오'에 관한 글은 다음 두 저서에서 찾아볼 수 있다. 《감정의 격동》(새물결, 2015)과 《혐오와 수치심》(민음사, 2015)에서는 혐오스러운 대상을 만들어내 자신과 분리해서 떼어놓으려고 하는 태도에 대해, 이러한 행위가 자아의 견고함과 자신의 권력을 확산시키는 것에 도움이 되는 것처럼 보이기 때문에 행해지는 것이라고 말한다. 즉 혐오는 개인적인 것이 아닌, 자신의 권력 확산의 한 방도로 이용되는 사회적 논리와 가르침 속에 포함된 문제라는 것이다.
이렇게 형성된 혐오감은 외부로 번져나간다. 점차 혐오스러운 사람은 전형적으로 나와 다른 사람으로 취급되고 오염자로 간주시켜 격리한다. 그 대상이 동등한 가치와 존엄성을 가지고 있다는 것을 잊은 채 위협을 가한다. 이미 오랜 역사 속에서 혐오로 인한 잔혹한 일들을 경험해 왔으며, 그것이 잘못되었다는 것을 배워왔음에도, 이 무의미한 경계는 모습을 바꿔가며 현재에 이르기까지 지속되고 있다.
혐오스러운 대상자를 상정한 권력자는 사회에 이를 퍼트리며, 그들에 동조한 방관자들의 태도가 형성되면서 점차 혐오의 대상자가 된 오염자를 배척하는 분위기가 굳어지는 것이다. 이러한 관계 속에서 우리는 '혐오'와 그로 인한 '차별'에 관한 무수한 신조어들을 생산해 낸다.

그녀는 집안에서 "아버지의 잔인하고 불쾌한 시선"을 피하기 위해 최대한 걸음걸이에 신경 쓰며 눈에 띄지 않으려고 한다. 그럼에도 그녀를 향해 아버지는 '장애인'이라는 말을 서슴없이 하며, 여성으로서 아무 일도 안하는 것을 비난한다. 그녀가 장애를 갖게 된 것이 아버지의 가정폭력(네 아버지가 내 배에 주먹질을 했다는 어머니의 회고) 때문임에도, 아버지는 양심의 가책을 느끼지 않는다. 그녀가 "여자 영아 살해"의 대상이었으나 태어난 딸이기 때문이다. 이러한 상황들 속에서 그녀는 자신의 목소리를 낼 수 없다. 아버지를 향해 부당함을 주장할 수 없다. 그러나 그녀는 자신만의 방법을 찾아낸다. 색채와 빛에서, 스토리텔링에서 "그녀는 칠흑 같은 어둠 속에서 이야기의 실타래를" 짜고 꾸미며, 그것을 그림으로 표출한다.

그녀는 사회가 덧씌워 놓은 부당함 속에서 벗어나기 위해 예술의 세계로 들어간다. 사회 속에서 그녀는 관리의 대상일 뿐이기 때문이다. 손익 계산의 논리에 속해 있지 않은 그림이라는 부분은 그녀가 집안에 있는 재산(물건)으로 취급당하는 것에서 도망치는 방법이기도 하다. 정형화된 틀에서 벗어나는 행위, 그것은 사회가 만들어 놓은 틀 밖으로 나가는 것이다.

사회가 만들어 놓은 틀은 여성에게만 해당되는 것은 아니다. 이는 교육을 통해 남성들에게 세습되는 것이며, 남성이라는 성별이 갖고 있는 권력을 유지하기 위해 여성은 지배당하는 입장으로 길러진다. 그러니까 이는 성별의 문제를 넘어, 사회의 권력체계에 대한 문제로 접근해야 한다. 그렇다면 단순히 손상된 물건 취급당하는 장애를 가진 그녀만이 혐오의 대상이 되는가. 여기서 그들이 만들어 놓은 '손상'에 대한 논리를 주목해야 한다.

> 가령 너무 높이 뛰는 것도 피해야 하고, 뾰족한 모서리가 있는 데에는 앉지도 말아야 하고 (중략) 좀 더 나이든 소녀들이 우리들 더 어린 소녀들에게 혀를 내밀어 보라고 할 때면 (중략) '조사'하면서 우리들 하나하나에게 말하곤 했다. 그냥 말도 안 되는 장난이라고 해도 누가 처녀이고 누가 처녀가 아닌지 가리는 이런 혐오스러운 방식 때문에 우리가 참아내야만 했던 고통을 한번 상상해 보라.(와파 마리흐, 〈이건 아냐!〉, 53~54쪽)

모로코 출신의 작가 라비아 라이하네(Rabia Raihare)의 소설 〈붉은 얼룩〉은 처녀가 아닌 여성에 대한 혐오가 어떻게 형성되며, 혐오감이 발현되었을 때 생겨나는 가혹행위에 대해 언급한다. 14세에 결혼을 하게 될 것이라는 얘기를 들은 '나'는 동네에서 자신의 또래인, 먼저 결혼식을 했던 '마리암'의 사례를 떠올린다. 결혼 첫날 밤 처녀가 아닌 것으로 판명됐을 때 마리암이 겪었던 상황에 대한 서술들은 그녀가 속해 있는 사회가 얼마나 강압적으로, 아니 강압을 넘어 강박적으로 여성에게 '처녀성'을 요구하는가에 대한 문제를 보여주고 있다. 이러한 사회 기저에는 '시집보내'는 '딸'이 가족 안에서 갖는 위치를 보여준다.

처녀가 아닌 물건은 손상된 것으로 취급된다. 그것이 관리의 대상이고, 재산(물건)이며, 팔려간 이후에는 '노예'가 되어버리는 여성의 모습이다. 소녀들은 '처녀'라는 강박 속에서 자라나 노예가 된다. 그러한 상황에서도 필사적으로 그녀들은 목소리를 낸다. 소설의 마지막에 이르러 '나'는 울음을 터트리며 말한다. "난 결혼하고 싶지 않아. 정말로 안하고 싶다고." "만약 엄마가 날 억지로 결혼시키려고 한다면 난 도망갈 거야." "그건 난 누군가의 노예가 되고 싶지 않기 때문이에요."

단편소설 속에 등장하는 수많은 '나'는 가까스로 목소리를 내며 끊임없이 자신들의 주변에서 일어나는 문제점을 말한다. 그녀들은 차별을 받는 수많은 '나'이며 '우리'이다.

### 탄원서를 쓰는 손:
### 나지와 빈샤트완, 〈공허(空虛) 대장 각하〉

어느 관계에서도 하위자일 수밖에 없는 입장에 서 있는 서술자들은 그런 위치에서도 자신들이 하고자 하는 말을 전달하고자 한다. 리비아 출신의 작가 나지와 빈샤트완(NaJwa Binshatwan)의 〈공허(空虛) 대장 각하〉는 조카딸에게 탄원서 대필을 부탁한 퇴역군인의 이야기이다. 소설의 중심은 고모부로 보이지만, 그의 불만이 고모 댁에 방문한 '나'를 통해서만 전달이 가능하다는 점에서 소설의 중심에는 조카가 있다고 볼 수 있다. 이 소설의 서술자이자 편지를 작성하는 사람인 '나'가 없다면 고모부의 말은 글로 작성되지 못했을 것이기 때문이다. 그녀는 고모부의 편지를 대필하고 있다고 말하고 있으나, 사실상 편지의 문장을 정리하는 것뿐만 아니라 내용까지 결정한다. 겉으로는 고모부의 말이라고 은근슬쩍 몸을 피하고 있지만, 정부에 대한 비판을 적나라하게 진행해 나가는 것은 '나'다.

퇴역 군인인 삼촌의 말은 논리적이지 못하다. 그는 다만 자신이 보상으로 받았어야 할 '땅'을 받지 못한 것에 화가 나 있다. 반복해서 '도둑'이라는 말을 구체화시키는 사람은 편지를 작성하는 '나'다. 그녀는 편지를 작성하면서 군부정권의 내각이 부패한 부분을 직접적으로 지적하고 비판한다. 이 과정에서 '도둑'이라는 부분을 반복하며 '너네는 도둑이래.' '도둑이야.' '도둑이라고!'의 어조로 바뀌어 간다. 이 부분은 얼마나 잘못된 정치를 하고 있는지에 대한 비판을 제기하기에 앞서 시동을 거는 과정으로 보인다. 작가는 퇴역 군인의 입을 빌려 장교를 비난하는 것을 넘어 '나'를 통해 이를 구체화시키고, 이를 통해 작가가 소설에 직접 개입하여 조소의 독백을 감행한다.

> 위대한 영도자 사령관님께서는 퇴역 장교들로부터 받은 수많은 탄원서에 조금도 관심을 기울이지 않을 것이다. (중략) 내가 탄원서를 쓰고 있는 동안 영도자께서는 풍요와 안락 속에서 주무시고 계시거나, 아니면 대추야자가 익기를 기다리시거나 (중략) 그가 저지른 짓거리와 같은 웃기는 얘기에 불과할 것이다. 당시 그는 온갖 러시아제 무기를 사들였다. 심지어 서사하라의 사라위족 군대를 궤멸시키기 위해 군사용 잠수함까지 사들이려 했다. 그러자 러시아인들은 사막에서 싸우는 데는 굳이 잠수함이 필요하지 않다는 점을 지적했다. (중략) 그리고 사람들은 잠수함 없이도 얕은 하수구에서 익사했다. 결국 그는 여러 가지 바닷말들을 구별하기 위해 잠수함을 산 것이나 마찬가지였

다.(나지와 빈샤트완, 〈공허(空虛) 대장 각하〉, 88~89쪽)

물론 그녀는 자신의 외침이 실질적 효과를 가져 오지 못한다는 것을 안다. 그녀의 탄원서는 아무에게도 읽히지 않을 것이며, 고모부는 땅을 얻지 못할 것이다. 탄원서는 무의미하게 버려질 것이고 위대한 영도자께서는 풍요와 안락 속에서 계속 살아갈 것이다. 탄원서를 쓰는 것은 바닷말이 무성하게 자라나는 쇳덩이가 된 잠수함처럼 무의미한 것일지도 모른다. 그러나 그녀는 자신의 손을 내려다본다. "탄원서를 쓴 바로 그 손" 그것은 무의미하지 않다. 그 "손은 조그맣고 힘도 없"을지 몰라도 "중요한 일"을 행한, 자신의 "신조"를 따라 목소리를 내는 일을 해낸 '손'이다. 탄원서가 찢긴다고 해도 이 손은 파괴되지 않는다. 때문에 그녀는 탄원서를 쓸 펜조차 넉넉하지 않은 상황에서 (그녀가 탄원서를 쓰는 동안 사촌동생들은 숙제를 멈춰야 한다.) 또 다른 탄원서를 작성할 것이다. 그 편지는 "위대한 영도자 사령관님께"는 아무런 의미가 없을지 몰라도, "너무도 낮은 하층 계급 사람들에게 유용하게 쓰일 수 있기 때문이다." 그렇기에 그녀들은 당당하게 자신의 목소리를 낸다.

이 두 작품은 모두 직접적으로 자신이 비판하고자 하는 대상을 향해 기교를 쓰거나 돌려 말하지 않고 목소리를 낸다. 그렇기에 우리에게 강렬한 인식을 주며, 글을 읽은 사람들 사이를 퍼져나갈 것이다. 그리하여 그녀들의 말은 힘을 지니게 되며, 그녀들은 이 행위를 멈추지 않을 것이다.

## 차별이 아닌 차이에 대한 '우리'의 대화:
## 만수라 에즈-엘딘, 〈부트루스〉
## 라니아 마문, 〈일년 열세 달 동안의 해돋이〉

문제는 차별에 대한 고발만으로는 이 문제들이 해결되지 않는다는 것이다. '나'와 '너'로 나누어진 이 관계에서 벗어나 차별을 차이로 바꾸고, 각각의 차이를 인정하는 '우리'가 되어야 그나마 살만한 상황이 되는 것이다. 완전한 합일과 행복한 해피 엔딩만이 있는 세상은 어차피 불가능하다. 그렇다면 차이라는 것은 무엇인가. 그것은 어느 한쪽이 옳고 그른 것이 아닌, 서로 같지 아니하고 다른 상태를 의미한다.

이집트 출신의 작가 만수라 에즈-엘딘(Mansura Ez-Eldin)의 〈부트루스〉에는 두 소녀가 등장한다. 그들은 토속신앙을 믿는 토착민과 기독교 신앙을 지닌 콥트인으로서 서로가 다르다는 것을 알고 있다. '부트루스'라는 이름의 귀신을 믿는 '나'와 성모마리아를 방 안에 걸어놓은 이디스는 서로가 가진 것을 부러워하면서, 한 남자를 두고 경쟁하는 관계이다. 이 관계 속에서 소녀들은 차이를 동경하고, 신기해하며 질투한다. 차후에 그들의 사이가 망가지더라도 그 둘은 누가 틀렸다고 생각하거나 서로를 시기하고 혐오하지 않는다. 그녀들은 서로가 불완전하다는 긴장감 속에서 상대를 관찰하며, 갖고자 하는 대상을 통제하려 드는 순수한 욕망을 드러낸다. 이것이 가능한 것은 아마 각자가(자신과 상대, 그리고 욕망의 대상인 남자아이까지) 개별적인 존재라는 것을 인정하기 때문일 것이다. '질투'는 상대보다 자신이 우위를 차지하려는 것이 아니며, 상대를 격하시키려는 것도 아니다. 이 점에서 우리는 앞서 상대에게 '혐오'를 드러내고 억압하려던 행위와 소녀들의 '질투'가 다르다는 것을 눈여겨봐야 한다.

수단 출신의 작가 라니아 마문(Rania Mamoun)의 소설 〈일년 열세 달 동안의 해돋이〉에서는 수단 사람과 에티오피아 사람의 우정 이야기가 펼쳐진다. 그들은 대화를 통해 각자가 지니고 있는 비슷한 점과 다른 점을 찾아가면서 관계를 형성해나간다. 차이점이 있으면 신기해하고, 공통점이 있으면 기뻐한다.

> 처음 며칠 동안은 내 이름을 제대로 발음하지 못했다. 나를 라야나(앞의 철자 r의 발음을 제대로 굴리지 못하며)라고 나는 그 남자를 키다네라고 불렀다. 그에 의하면 에티오피아에서 키다네라는 이름은 여자에게 사용하는 이름이라고 했다.
>
> "마지막 철자가 a로 끝나는 것만 다를 뿐, 그 이름은 여기서도 여자 이름이에요"내가 말했다.(라니아 마문, 〈일년 열세 달 동안의 해돋이〉, 127쪽)

서로의 이름을 정확하게 발음하지 못하는 사이이지만 그들은 어설픈 영어로 서로에게 궁금한 것을 묻고 대답한다. 나의 에티오피아에 대한 궁금증은 음식에서부터 "이탈리아가 임의로 설정한 국경 때문에 생긴 에리트레아와의 국경 갈등", "소수민족들에게 가해지는 분리정책에 이르기까지 실로 다양"하다. 이 내용 속에서 우리는 차이에 대한 잘못된 인식이 가져올 수 있는, 외부의 강제적 구별이 가져온 문제점들을 발견하게 된다.

차이는 그들이 서로를 알아가면서 발견해야 할 문제이지, 규격을 통해 강제적으로 선을 그어 만들어낼 대상이 아니다. 이 강제적 구별을 통해 서로를 바라보게 될 경우 상대를 거부하는 시선이 형성되고 이것이 '혐오'를 가져오는 것이다. 그렇기에 우리에겐 서로를 바라보며 차이를 찾고, 서로를 올바르게 바라볼 수 있는 시선을 갖기 위한 노력이 필요하다. 이러한 태도에는 연습이 필요하다. 우리는 편견을 갖기 위해, 혹은 '차별'을 알기 위해 그들을 알아가는 것이 아니다. '너'와 '나'의 동등한 입장에서 서로를 마주볼 시간을 갖고자 한다. 그렇기에 그 시선에 권력자의 의도가 묻어 있지는 않은지, 내가 이미 갖고 있는 지식이 상대를 바라볼 때 방해가 되진 않는지, 의심해 볼 필요가 있다. 다른 이들이 상정해 놓은 시선을 덧씌웠을 때 우리는 서로를 온전히 바라보지 못하기 때문이다.

이런 점에서 《아랍 여성 단편소설선》은 '아랍'이라는 문화와 '여성'이라는 문제에 국한된 것이 아니다. 그들이 받는 '차별'과 우리가 인식해야 하는 '차이'를 그들의 목소리로 전달해주는 이야기이다. 이것은 누군가가 자신들의 기득권을 유지하기 위해, 교묘한 수법으로 혐오를 발생시키고 퍼트리는 것에 대한 문제를 지적하는 목소리의 모음이다.

**아랍 여성 작가들**

이 소설집은 총 20명의 아랍권 여성 작가들의 개성적인 글들로 구성되어 있다. 이 책에서 다룬 8명의 작가들을 정리하면 다음과 같다.

라치다 엘 차르니는 1967년 튀니지에서 태어났다. 법학을 공부한 후 잡지와 신문에 단편소설을 발표했으며, 첫 단편집으로 튀니지의 아랍 여성 문학상을 받았다. 2011년에는 첫 장편소설 《그녀의 고통에 대한 찬가》가 출간됐다. 사하 토피그는 1951년 이집트 카이로에서 태어났으며 1985년에 영어 단편소설집 《나침반의 점들》을 미국에서 출간했다. 라티파 바카는 1964년 모로코에서 태어났으며 1992년 발간한 첫 단편집 《우리는 무엇을 해》로 모로코 작가회의에서 젊은 작가상을 수상했다. 와파 마리흐는 1975년 모로코에서 태어나 대학을 졸업한 후 기자로 활동했고, 2007년 첫 장편소설 《남자가 울 때》를 출간했다. 라비아 라이하네는역시 모로코에서 태어나 교육부에서 일하며 8권의 단편집을 출간했다. 나지아 빈샤트완은 1970년 리비아에서 태어나 2002년 첫 시집을 발표한 후 극작가가 되었으며, 네 권의 단편집과 장편소설을 발표했다. 만수라 에즈 엘딘은 1976년 이집트에서 태어나 두 번째 장편소설 《낙원을 넘어서》를 통해 2010년 아랍 소설상 후보에 오른 바 있다. 라니아 마문은 1979년 수단에서 태어나 현재 수단의 문학잡지에서 일하며 창작활동을 하고 있다.

**《아랍 여성 단편소설선》**

이 책은 주로 서구 중심 문학을 접해온 독자들을 위해, 가치의 기준과 삶의 시각을 확장하기 위한 취지로 출간됐다. 편집자는 여성작가들의 단편을 선정함에 있어 주제와 문체의 독창성과 금기에 도전하는 작품, 표현의 자유를 최우선시하는 작품들을 선정했다고 한다. 그만큼 작가들의 어조는 용감하고 자유로우며, 그들은 작품을 통해 인간 보편의 영원한 난제들을 개방적이고 신선하고, 때로는 유머러스하게 전달한다.

제 3 장

# 인종

# 두 개의 세계 사이에 선 늙은 흑인의 어리석음

페르디낭 오요노, 《늙은 흑인과 훈장》•

추선진••

## 백인의 언어로 알린 카메룬의 현실

페르디낭 오요노(Ferdinand Oyono)는 카메룬의 대표 작가로, 자신의 고향 카메룬이 프랑스와 영국의 식민지였던 1950년대에 반식민주의 소설을 발표했다. 그는 프랑스 유학 당시 파리에서 전개되고 있던 프랑스 식민통치에 저항하는 문학운동 네그리튀드(Negritude)에 동참해 《늙은 흑인과 훈장》을 발표했으며 그 후 1960년에서 1961년에 걸쳐 카메룬의 독립과 병합이 완성될 때까지 파리에서 프랑스어로 쓴 반식민주의 소설을 발표했다.

15세기 카메룬을 발견한 백인들이 가장 먼저 한 일은 원주민인 흑

• 페르디낭 오요노, 《늙은 흑인과 훈장》, 심재중 역, 창비, 2014.

•• 경희대학교 후마니타스칼리지 강사, 문학박사. 《한민족 문화권의 문학 1·2》, 《한국현대문학 100년 대표소설 100선》, 《문학비평용어사전》, 《문학과 역사의 경계에 서다》, 《이병주 문학의 역사와 사회 인식》, 《8090 한 페이지 전의 문화사》 등의 집필에 참여했다.

인들을 납치해 백인들에게 노예로 팔아넘기는 일이었다. 그리고 19세기 노예무역이 불법화된 이후부터는 이 지역의 풍부한 자원을 노리고 종교, 문화, 산업을 앞세워 카메룬을 공략해 점령하기 시작했다. 많은 부족들이 각자의 토속 신앙과 그에 기반한 언어와 문화를 향유하고 있었음에도 백인들은 그들의 것을 자신들의 것보다 열등하고 미개한 것으로 여겼다. 백인들은 자신들의 종교인 기독교를 전도했는데, 개종하는 원주민의 수가 점차 늘어나 현재 전체 인구의 40%를 차지하고 있다. 개종과 함께 원주민들의 전통적인 삶의 방식이 서구화되었음은 물론이다.

페르디낭 오요노의 《늙은 흑인과 훈장》은 이러한 카메룬의 슬픈 역사와 현실, 원주민들을 착취하고 차별하는 백인들에 대한 분노, 백인들의 오만과 욕망에 동조했거나 이를 통해 새로운 권력을 얻고자 했던 원주민들의 자기비판과 반성 그리고 결코 백인들에게 비하당해서는 안 되고 서구화에 떠밀려 포기되어서도 안 될 전통적인 원주민들의 삶의 방식이 집약되어 있는 수작이다.

## 고통을 해결하는 방법, 저항의 몸짓

1950년 즈음, 둠 지역 음베바족의 늙은이 메카가 백인 우두머리에게 훈장을 받게 된다. 《늙은 흑인과 훈장》은 메카가 훈장을 받기로 한 날인 프랑스 혁명 기념일 7월 14일 전후를 시간적 배경으로 한다. 단 며칠 안에 메카는 자신의 어리석음을 철저히 깨닫는다. 7월 14일이전까지 메카에게 훈장을 받는 일은 '영광스러운 일'이었고, 그동안 그들의 새로운 '우두머리'인 백인에게 순종했다. 백인들이 들어오자 그들처럼 세례를 받았고, 과거 백인과의 싸움에서 승리한 기념으로 간직했던 독일인의 두개골을 버렸다. 두 아들을 백인들의 전쟁터로 보냈고, 자신의 땅을 모두 백인의 교회에 바쳤다. 그런 메카에게 드디어 백인들이 "우정과 사랑과 존경의 훈장"을 준다는 것이었다.

> 당신은 이 고장에서 프랑스가 하는 일에 많은 도움을 주었다. 땅을 선교단에게 기증했고, 두 아들을 전쟁터에 보내 영광스러운 죽음을 맞이하게 했다……(메카는 짐짓 눈물을 닦는 시늉을 했다.) 당신은 친구다.(30쪽)

메카를 바라보는 동족들은 그는 물론 그의 가족과 친구들 모두 "특별한 사람"이 되었다고 환호한다. 여기서 "특별한 사람"은 백인처럼 특권을 누릴 수 있는 사람을 뜻한다. 메카가 살고 있는 둠 지역은 침략자인 백인에 의해, 백인이 사는 구역과 원주민이 사는 구역으로 나뉘어 있다. 아프리카의 다른 나라들처럼 이 구획은 철저한 차별을 위한 것이다. 카메룬의 원주민들은 백인들을 위해 식량이 되는 작물이 아닌 카카오를 재배하고, 값싼 바나나 술과 옥수수 술이 아닌 "중앙상가에 넘쳐나는 유럽산 포도주와 리큐어"(18쪽)를 마셔야 한다. 그들에게 허락된 것은 오직 "빠뉴"(카메룬 전통 의상으로 "허리에 두르는 간단한 옷", 12쪽 각주) 하나만을 걸친 헐벗고 가난한 삶이었다. 이에 반해 백인들은 흑인들에게는 금지되어 있는 술 베르제를 마시고

값비싼 흰색 정장을 차려 입고 원주민들을 시동(侍童)으로 부리며 풍족한 생활을 영위한다. 원주민을 멸시하는 백인들은 그들이 자신들의 구역에 드나드는 것조차 용납하지 않는다.

> 메카는 맨머리에 양팔을 몸에 붙인 채 바닥에 석회로 그려놓은 원 안에 부동자세로 서 있었다. 백인들 우두머리가 도착할 때까지 그 원 안에서 기다리라는 지시를 받았던 것이다. (중략) 처음 이 나라에 왔을 때 '유령'이라고 불렀던 사람들의 세계와 자신이 속한 세계, 그 두 개의 세계 사이에 서 있어본 적이 없었다. 그는 지금 자기 세계의 사람들과 같이 있는 것도 아니었고 다른 세계의 사람들과 같이 있는 것도 아니었다.(105~106쪽)

그런데 훈장을 받는 날, 백인처럼 옷을 입고 가죽 신발을 신은 메카는 자신의 예상과는 다르게 백인들이 있는 곳이 아닌, 백인과 원주민 두 구역의 사이, 중간 지대에 서 있게 된다. 그리고 그곳에서 메카가 깨달은 것은 '고통'이었다. 그 고통은 발에 맞지 않은 신발로 인한 발가락의 아픔과 생리적 욕구를 해결할 수 없는 데서 오는 괴로움으로 은유된다. 고통은 메카가 이 모든 것을 인내하는 것을 통해 한동안은 해결된 것으로 보인다. 그러나 그의 아내 켈라라는 백인 구역은 물론 원주민의 구역에도 서 있지 못하는 그를 보면서 두 아들의 죽음에 대해 환기하고, 그가 훈장을 받는다고 해서 백인이 되거나 백인을 용서할 수 없으며, 그 일이 오히려 원주민으로서 치욕스러운 일임을 깨닫는다.

캘라라와 달리 메카의 깨달음은 한참 뒤, 폭우와 함께 찾아온다. 훈장 수여 후 행사가 치러진 "아프리카의 집"에 홀로 남겨져 폭우로 죽음을 맞이할 뻔한 메카는 훈장도 잃어버리고 백인 구역을 헤매다가 무단침입을 이유로 경비들에게 폭행당한 후 감금된다. 부당한 대우를 받으며 메카가 깨달은 것은 어떠한 이유로도 백인과 원주민은 "친구"나 "형제"가 될 수 없는 현실이다.

> "어제까지도 백인들의 우정을 믿었던 멍청이 중의 멍청이라고 말해주시오……(중략) '이 땅에서 오래 견디는 법을 알아야 해.' 그는 생각했다. '어떤 때는 그게 아주 힘든 일이지……어제의 주인이 오늘은 노예가 될 줄 누가 알았겠나? 메카 집안사람들이……' 그가 속으로 중얼거렸다. '사자인간, 천둥인간, 하늘인간이었고, 신비한 힘의 화신들이었고, 이 지방에서 하늘과 땅을 다스리던 사람들이었는데……' (161~162쪽)

> "난 백인들이 두렵지 않아!" 그가 큰 목소리로 말했다.
>
> 그는 그 독일인의 두개골을 생각했다. 그는 세례를 받던 날에 그 두개골을 강물에 던져버렸다.
>
> "그날이 내가 노예가 된 날이지!" 그가 큰 소리로 말했다.(163쪽)

"신비한 힘의 화신들", "이 지상에서 하늘과 땅을 다스리던 사람들"이었던 카메룬의 원주민들은 이제 그저 백인들의 "노예"일 뿐이었다. 노예에서 벗어날 수 있는 방법, 메카의 고통을 해결하는 방법은 순종과 인내가 아니라 투쟁을 통해 자신을 찾는 것에 있었다. 중간 지대가 아닌 원주민 구역으로 돌아가는 것, 좀 더 발전적으로는 더 이상 구역이 나뉘어져 있지 않은 원래의 상태를 회복하는 것이 그 '고통'에서 벗어나는 방법이었다. 메카는 "격투 상대들에게 도전의 표시로 그랬던 것처럼, 한쪽 무릎을 바닥에 대고 보이지 않는 적수를 향해 자기 오른팔을 뻗었다." 저항의 몸짓을 시작한 것이다.

각성 이후 그의 마음속에서 되살아난 것은 백인의 기독교로 인해 "미신들"이라고 격하되었던 부족의 전통적인 믿음이었다.

> 그의 마음속에서 그런 종류의 온갖 미신들이 되살아나 수년에 걸친 기독교의 가르침과 관습을 썰물처럼 휩쓸어가버렸다. (중략) 요컨대 우정의 훈장을 받으러 오라는 소환장을 받은 이후로 메카에게 결핍되어 있었던 아프리카 땅 특유의 삶 전체를 다시 생각나게 했다. 이미 그는 짐승들이 풀 위에 남겨놓은 흔적들을 눈여겨보았다. 그는 숲의 그 지역에 영양들이 많다는 사실에 기뻤고, 이내 그 지역에 '귀로(歸路)의 숲'이라는 이름을 붙였다.(170~171쪽)

메카는 집으로, 그리고 카메룬인으로 돌아왔다. "기독교의 가르침과 관습"을 그가 이름 붙인 "귀로의 숲"에 버렸다. 훈장을 받았음에도 백인들에게 부당한 폭력을 당하고 돌아온 메카의 일은 메카뿐만 아니라 그의 가족과 원주민들 모두에게 백인들의 행동에 분노하지 않았던 것을 반성하고 저항심을 일으키는 계기가 되었고 또한 아프리카인으로서의 정체성을 재인식하게 하는 사건이 되었다. 메카와 그의 이웃들은 이제 백인이 되려하기보다는 아프리카인, 카메룬인으로서의 삶을 살아가고자 할 것이다.

메카의 일화를 보여주는 작가의 의도는 다분히 교시적이다. 지식인으로서 어리석은 카메룬인을 계몽시키겠다는 태도다. 서사 속에는 백인에게 저항하거나 메카의 훈장 수여에 대한 반감을 표시하는 인물이 거의 나타나지 않는다. 메카의 이웃들은 그저 메카가 이제 새로운 권력을 얻고 백인과 동등한 위치에 서게 되었다는 사실을 부러워할 뿐이다. 이렇듯 작가에게 카메룬의 기성세대는 주체성의 상실조차 자각하지 못하는 무지한 이들이다. 때문에 작가는 카메룬이 처한 역사적 상황이나 독립 혹은 주체성 회복에 대한 당위성을 설명하기보다는 간략하고 이해하기 쉬운 서사 구성을 통해 카메룬인의 어리석음을 지적하고 사상과 행동의 교정을 요구한다.

작가는 메카가 훈장을 받고 난 후 우정의 표시로 고등판무관•을 자신의 집에 초대한 후 백인의 술을 마시고 만족스러운 낮잠에 빠져들었을 때, 메카와 같이 우매한 동족들을 향해 백인들의 비열함을 인식시켜 주기 위한 일장연설을 직접 서술하기도 한다.

> 백인들이 부풀려 말한 것이다. 백인들은 어떤 점에서 자기들이 원주민들에게 형제 이상이라는 것인가? 고등판무관과 둠의 프랑스인 백인들은 연단 위에 그리스인들과 함께 앉아 있었고, 그리스인들은 흑인들이 부자가 되지 못하게 방해하는 자들이었다. 원주민은 아무도 그들과 함께 연단에 오르지 못했다. 고등판무관은 어떤 원주민하고도 무람없

• 영연방(英聯邦)을 구성하는 여러 나라가 서로 파견하고 받아들이는 대표.

는 대화를 나누지 않았다. 모든 것은 공식적이었다. 고등판무관과 대화할 때는 법정에서처럼 말해야 하는데, 어떻게 우정을 거론할 수 있겠는가? 그 백인들은 정말 웃기는 사람들이었다. 심지어 거짓말할 줄도 모르면서 원주민들이 믿어주기를 바랐다. 물론 백인들이 도로, 병원, 도시를 건설한 것은 맞다……그렇지만 원주민들 중에는 자동차를 가진 사람이 아무도 없었다. 게다가 병원에서는 사람들이 다반사로 죽어서 나왔다. 또한 주택은 백인들 자신들을 위한 것이었다. 우정의 토대가 축배주밖에 없는가? 그리고 축배주를 마시면서도 백인들은 자기들끼리만 잔을 부딪쳤다……그러니 그 우정은 도대체 어디 있단 말인가?(136쪽)

## 남성적 세계관에 대한 비판

《늙은 흑인과 훈장》은 풍자적이어서 시종일관 유머러스하다. 당시 카메룬 기성세대들을 희화화하는 것은 그들의 무력함과 어리석음을 강조하고, 카메룬의 현실을 타개할 수 있는 방법을 찾아야 한다는 사실을 일깨우기 위한 작가의 문학적 장치다. 작가는 그러는 가운데 카메룬의 전통적인 생활 방식도 틈틈이 보여준다. 춤과 음악, 울음으로 감정과 일상을 공유하는 그들의 공동체 의식, 자연과 교감하는 삶의 방식이 백인의 시선에 동화된 카메룬의 기성세대에 의해 열등하고 무가치한 것으로 비춰지고 있는 현실을 보여준다.

그녀가 바닥에 몸을 굴릴 수 있도록 몇몇 손님들이 뒤로 물러났다. (중략) 그녀는 두 발과 두 손을 흔들었고, 기었고, 무릎을 꿇었고, 길게 누웠고, 숨을 몰아쉬었고, 침을 뱉었고, 옷을 찢어 늙은 몸을 드러냈고, 요란하게 울었고, 잠시 일어났다가는 한층 더 격렬하게 바닥에 몸을 던졌다. 아말리아와 다른 여자들이 따라했다. 남자들은 마지못해 조용히 하라는 말은 하면서도, 두 눈을 반짝이면서 그 광경을 지켜보았다. 모두의 시선이 에송바의 아내에게 집중되었는데, 그녀는 이제 원피스가 벗겨진 상태에서 두 발로 격렬하게 허공을 걷어찼다.

메카는 두 손을 가슴에 모은 채 멍하니 지붕의 라피아야자 잎을 바라보면서 바닥에 등을 댄 자세로 시체처럼 누워 있었다. (중략) 그러나 에송바의 젊은 아내 차례가 되어서 그녀가 침상 머리맡에서 몸을 비틀자, 재빨리 돌아누워 곁눈질로 흘낏 그녀를 쳐다보았다.(178쪽)

카메룬의 여자들은 같은 소리를 내거나 행동을 하는 것으로 삶을 공유한다. 이웃이 어려운 일을 당했을 때 그와 함께 몸을 굴리고 소리 내어 우는 것으로 위로한다. 그것이 그들의 고유한 삶의 방식이다. 그런데 이들과 함께 하는 남자들의 태도는 다르다. 고유한 삶의 방식은 하나의 눈요깃거리로 전락한다. 그들이 기독교인이 되지 않은 다른 원주민을 부러워하는 가장 큰 이유도 전통적인 삶의 모습을 지켜나가고 있기 때문이 아니라 여럿의 부인을 거느릴 수 있기 때문이다. 이웃을 위해 모인 남자들의 관심은 공감보다는 술과 음식에 있다. 작가는 메카가 훈장을 받는 것이 카메룬의 슬픔을 외면하는 수치스러운 일이라는 것을 가장 먼저 깨달은 인물 역시 메카의 부인인 켈라라로 설정하고 있다.

> "당신들은 메카한테 백인들이 저지른 못된 짓거리에 분노하기는커녕, 멍청한 말들이나 늘어놓으면서 그저 종려주 마실 생각밖에는 안하는군요! 나는 당신들이 어떤 사람들인지 도무지 모르겠소!"(193쪽)

소설 초반부, 전도사 이냐스는 메카에게 "또 다른 훈장, 진짜 훈장을 얻을 수 있었으면 좋겠다"고 말한다. 메카는 백인들의 오만과 그 앞에 선 자신들의 위험을 강조하며 백인과의 전쟁에서 승리해 동족이 주는 영광의 훈장을 받아야한다는 이냐스의 말을 외면했다. 외면의 결과 얻게 된 것은 '고통'이었고, 이 때문에 메카는 반성과 함께 백인에 대한 투쟁 의식을 회복한 것으로 보인다. 그러나 작가는 "이미 엎질러진 물은 담을 수 없는 법이고, 백인들은 여전히 백인들이오."라고 탄식하는 메카와 같은 카메룬의 기성세대에게서 비판의 시선을 끝까지 거두지 않는다. 공감, 연대 의식, 공동체 의식을 와해시킨 백인들에게 동화된 원주민 남자들의 왜곡된 시선을 보여줌으로써 힘의 논리로 상징되는 남성적 세계관에 대한 비판적 시각을 드러낸다. "진짜 훈장"은 이러한 남성적 세계관을 극복한 새로운 세대의 몫이 될 것이었다.

페르디낭 오요노는 카메룬을 침탈한 그 백인들의 나라, 프랑스의 중심에서 《늙은 흑인과 훈장》을 발표함으로써 카메룬의 삶과 그것을 파괴하고 있는 프랑스의 만행을 폭로했으며 카메룬인의 각성과 저항을 촉구했다. 그 시도는 문학적으로도 정치적으로도 성공적인 것이었다. 카메룬은 1961년 마침내 독립했다.

**페르디낭 오요노**

페르디낭 오요노는 고향인 카메룬이 프랑스와 영국의 식민지였던 1950년대에 반식민주의 소설을 발표한 카메룬의 대표 작가다. 프랑스 유학 당시 파리에서 전개되었던 프랑스 식민통치에 저항하는 문학운동 네그리튀드(Negritude)에 동참해 《늙은 흑인과 훈장》을 발표했고, 그 후에도 1960년에서 1961년에 걸쳐 카메룬의 독립과 병합이 완성될 때까지 파리에서 프랑스어로 쓴 반식민주의 소설을 발표했다.

**《늙은 흑인과 훈장》**

1956년 작품인 《늙은 흑인과 훈장》은 카메룬의 슬픈 역사와 현실, 원주민들을 착취하고 차별하는 백인들에 대한 분노, 백인들의 오만과 욕망에 동조했거나 이를 통해 새로운 권력을 얻고자 했던 원주민들의 자기비판 및 반성 그리고 결코 백인들에게 비하되어서는 안 되고 서구화에 떠밀려 포기되어서도 안 될 전통적인 원주민들의 삶의 방식과 문화가 집약되어 있는 수작이다.

# 아직 메우지 못한 틈으로, '추락'

존 쿳시, 《추락》•

김원경••

## 불안한 틈 사이에서

존 쿳시(John Maxwell Coetzee)의 《추락》은 한 작가에게 상을 두 번 주지 않는다는 전례를 깨고 부커상을 두 번이나 수상하고, 2003년에는 노벨 문학상을 수상했다. 쿳시는 이 소설에서 아파르트헤이트 "종식 이후 인간들"의 적대적 태도 또는 연대의 불가능성을 보여주지만, 그러한 적의 속에서도 희망의 의지를 놓지 않는다. 가령, 엘리엇과 같은 작가들은 '우리는 일상 이상의 것에 관여할 수 없다.'고 말하지만, 쿳시에게 있어서 인간은 때로 역사에 관여하고, 그럼으로써 일상 이상의 문제들, 이를테면 무엇이 진정한 화해인지, 무엇이 진정한 윤리인지 등의 문제를 파헤친다.

• 존 쿳시, 《추락》, 왕은철 역, 동아일보사, 2000.

•• 경희대학교 후마니타스칼리지 강사. 시인. 공저로는 《한국 현대시의 공간연구-박재삼 시에 나타는 장소성 고찰》, 《너의 아름다움이 온통 글이 될까봐》 등이 있다.

추락으로 번역된 원제 "Disgrace"는 추락, 치욕, 불명예, 모멸 등의 뜻을 담고 있는데, 과연 무엇이 치욕이며, 무엇이 추락했는지 따라가다 보면 이 소설이 단순히 억압하는 자와 억압당하는 자의 뒤틀린 이야기가 아니라는 것을 알게 된다.

소설의 배경은 아파르트헤이트가 형식적으로 사라진 남아공, 진실과 화해 위원회 활동이 마무리 되던 즈음(1999), 여전히 농지의 대부분을 백인이 소유하고 있고, 사회질서나 윤리는 엉망진창이 되어버린 사회. 흑인들이 정권을 세웠다고 해서 이 질곡이 쉽사리 해소되지는 않을 것이다. 아파르트헤이트 체제 속에서 소수의 백인 정권이 다수의 흑인들에게 가한 정치적 억압과 무차별적인 탄압은 흑인들에게 잊을 수 없는 폭력이었기에 그 아픔의 얼룩을 지우기에는 많은 문제들이 남아 있다. 이러한 상황을 두고 쿳시는 "남아프리카가 과거를 청산하고 정말로 새로운 역사적 장에 들어섰는지 의심할 필요가 있으며 그런 의미에서 현재 남아프리카인들은 옛것과 새것이라고 희망했던 것 사이의 불안하고 점점 더 편치 못한 틈에 끼어 있다."• 고 본다. 이 틈은 백인이 그어놓은 경계선과 흑인이 그어놓은 경계선 사이의 "틈"이라고 볼 수 있다. 다시 말해 아파르트헤이트 폐지 이후 백인들은 기득권을 상실하지 않으려는 마음과 흑인들에게 자행한 폭력에 대한 보복의 두려움으로 흑인들에게 경계선을 긋는다. 흑인들 역시 과거에 경험한 폭력에 대한 억눌린 분노로 백인과의 경계를 분명히 하고 있다. 여기서 비롯된 경계선 사이의 "틈"이다.

이 불안한 틈을 메우고자 남아공에서는 '진실과 화해위원회'라는

• 왕은철, 《J.M. 쿳시의 대화적 소설》, 태학사, 2004, 202쪽.

국가기관을 설치해 과거청산을 유도했다. 그러나 실제로 아파르트헤이트 가해자들이 '진실과 화해위원회'에서 한 증언들은 자신의 과오를 뉘우치는 '진정한 참회'라기보다는 사면을 얻기 위한 통과의례에 불과했다. 가해자와 피해자를 골라낸다고 진실이 밝혀지고 화해가 이뤄지지 않는다는 것을 우리는 잘 알고 있다. 어떻게 용서를 구해야 하고, 어떻게 용서해야 하는가의 과제가 아직 틈을 메우지 못하고 얼룩처럼 남겨져 있는 것이다.

이 소설을 통해 쿳시는 제도적 절차나 정치적 해결만으로 뿌리 깊은 인종적 갈등이 해결되지 않는다는 것을 드러내고 있으며, 그러한 갈등을 극복한 새로운 미래의 도래가 가능한지, 또 가능하다면 어떠한 노력과 조건들이 요구되는지를 깊이 있게 탐구하고 있다.

## 형식적 화해와 실질적 찬탈

《추락》의 주인공 데이비드 루리는 케이프타운 케이프테크니컬대학교에서 커뮤니케이션과의 부교수로 재직 중이다. 아파르트헤이트가 폐지되기 이전 남아공의 백인과 흑인의 커뮤니케이션은 완전히 단절된 상태라고 해도 과언이 아니다. 따라서 아파르트헤이트가 폐지된 이후 남아공 흑백사회에서의 '소통', 즉 '커뮤니케이션' 방법을 이해하는 것은 무엇보다 중요하다. 하지만 루리는 '커뮤니케이션 기술'과 '고급커뮤니케이션 기술'이 전공과목임에도 이 과목들 자체가 말이 안 된다고 생각하며 낭만주의 시인 중심으로 수업을 구성한다. 이를 통해 루리가 아직 구시대의 인식에 머물러 있다는 것을 단적으로 알 수 있다. 수업 이외의 생활에서 그를 들여다보면, 루리는 두 번 이혼한 남성으로 창녀를 통해 성적 욕망을 해결한다. 책임지지 않아도 되는 창녀 소라야와의 관계에서 그는 육체적 쾌락을 즐긴다. 하지만 제자 멜라니와의 육체적 관계는 제자와 교수 관계에서 일어난 일이기 때문에 다르다. 루리의 "추락(Disgrace)은 예견된 일이다. 제자 멜라니와 그의 관계는 교수와 학생이라는 상하권력 관계에서 이루어졌다. 소라야와의 만남은 돈을 매개로 암묵적인 합의에서 시작된 것이지만 루리와의 만남은 루리의 일방적인 접근으로 이루어진 것이다. 저녁 먹고 가라고 했을 때 그녀가 망설이자 그는 "그렇게 하겠다고 말해."라고 강요한다. 그리고 밤을 함께 보내자고 했을 때 그녀가 왜 그래야하는지 묻자 "그래야 하기 때문에"라며 명령한다. 루리는 교수이자 백인 남성이라는 권력 장치로 멜라니를 성폭행하고 통제한다.

이 소설에서 주목할 점은 루리의 욕망의 대상이 "유색 여성들"이라는 점이다. 창녀 소라야는 "태양에 그을리지 않는 갈색꿀 같은 몸"으로 묘사되는 인도계 여성이고, 멜라니는 "중국인처럼 광대뼈와 크고 검은 눈을 가진", "검은 여성"으로 표현된다. 이는 백인 남성으로 대표되는 식민주의자들이 여성으로 상징되는 검은 아프리카를 침범한 행태를 비유한 것으로 볼 수 있다.

백인 남성이 흑인 여성을 유혹해도 면책을 받았던 지난 수세기의 식민 역사를 루리는 고스란히 답습한다. 이제 남아공 사회는 백인중심 사회가 아니며 더 이상 백인 남성이 흑인 여성을 유혹해도 면책을 받을 수 있는 사회가 아님에도 불구하고 말이다. 결국 멜라니와의 사건으로 루리는 책임을 져야 하는 입장에 처하게 된다. 즉, 케이프타운의 대학교수이자 백인인 데이비드 루리가 학생과의 스캔들로 추락(disgrace)에 직면하게 된 것이다. 학교에서는 그가 진심으로 '참회'하면 구명해주려고 하지만 그는 반성을 거부한다. 혐의사실을 인정하고 그 대가를 받겠으나, 당국이 개인의 고백이나 참회까지 요구할 수는 없다는 것이다. 책임에 대한 그의 입장은 너무나 "형식적"이다. 그는 혐의를 인정하니 자신의 행위에 더 이상 왈가왈부하지 말고 각자의 삶으로 돌아가자고 말한다. 또한 행위에 반성을 요구하는 사람들에게 "참회는 다른 세계 다른 우주의 담론에 속하는 것" 이라고 주장하며 조금의 반성도 하지 않는다.

> 나는 학칙에 따라 공식적으로 구성된 위원회에 출두했어. 나는 세속적인 위원회 앞에서 세속적인 유죄를 인정했어. 유죄 인정만으로 충분해야 해. 참회는 여기서도 아니고 저기서도 아니야. 참회는 다른 세계, 담론의 다른 세상에 속하는 거야.(89쪽)

아파르트헤이트 종식 이후 '진실과 화해위원회'에서 백인들이 형식적으로 사과했듯이, 루리는 형식적으로만 유죄를 인정할 뿐 진심어린 참회를 거부한다. 이러한 관점은 식민주의자들이 식민지를 점령할 때 내세운 논리를 여실히 드러낸다. 루리는 후에 자신의 딸 루시에게 멜라니와의 사건은 '욕망의 권리'에 관한 것이었다고 이야기하지만 루리가 말한 이 '욕망의 권리' 야말로 식민주의가 성립할 수 있었던 이념과 같은 선상에 있다. 제국주의자들은 더 많은 땅을 가지고 더 많은 부를 누리고자 하는 욕망을 정당화하며 많은 국가들을 침해하고 찬탈했다. 루리는 강의에서 '찬탈하다'(usurp)는 '침해하다'(usurp upon)의 완료형이라고 설명하면서 "찬탈하는 것은 침해하는 행위를 완성하는 것이다."라고 말한다. 그는 멜라니를 침해했고 마침내 그녀를 찬탈해 버렸다. 마찬가지로 남아프리카를 침입한 식민주의자들도 그들의 끝없는 욕망을 채우기 위해 한 국가를 침해하고서는 끝내 찬탈해 버렸다. 이후 그들은 자신들이 저지른 행위에 물리적인 책임은 졌지만 진심 어린 사과를 한다거나 용서를 구하려 하지 않았다. 루리 역시 식민주의자들이 그러했던 것처럼 형식적인 죗값은 물되 진정한 사과와 용서는 필요 없다고 생각했다. 멜라니를 찬탈한 남자로서 그는 멜라니와 멜라니 가족들이 받았을 상처에는 관심이 없다. 이 같은 기득권을 가진 백인 남성의 자기중심적인 모습은 일반적으로 피식민지에 대한 식민주의자들의 사후처리 모습과 유사하다. 식민주의자들이 피식민지에서 물러날 때 그들은 피식민지인들에게 진정한 사과나 용서를 구한 적이 없다. 대부분의 식민주의자들이 스스로 욕망을 접고 식민지를 포기한 것이 아니라 루리처럼 법의 강제에 의해서 어쩔 수 없이 행한 일임에도 피식민지에서 자신들이 물러서 준 것만으로도 피식민지인들에게 자신들이 할 도리를 다한 것처럼 행동하고 있다. 루리는 아파르트헤이트 폐지 이후 없어져야 할 식민주의 사고를 버리지 못하고 있으며, 따라서 멜라니와의 사건 해결 역시 형식적으로만 해결하려 할 뿐 진실한 사과는 하지 않는다.

위원회 위원은 말한다. "자네가 성실하고 안 하고자 아니야. 그것은 자네 양심의 문제야. 문제는 자네가 공적으로 자신의 잘못을 인정하고 그것을 개선할 조치를 취할 준비가 되어 있느냐 하는 것이야. 아냐 우리는 그 이상을 원해. 엄청나게 많지는 않지만, 더 많이, 자네가 그렇게 해주면 문제는 해결되는 거야."

"미안하지만 난 그럴 수 없어."(85쪽)

루리의 이러한 태도는 자신의 죄에 대해 외적으로만 인정할 뿐 내적으로는 죄의식을 느끼지 못하고 있는 것을 보여준다.

이렇듯 남아공의 식민지 역사 속에 깊이 뿌리박힌 백인 남성의 인종적 성적 우월의식은 아파르트헤이트의 폐지와 동시에 쉽사리 사라지는 것이 아니다. 자신의 죄의 명분이 욕망에 충실했을 뿐이라는 루리의 비합리적인 사고와 그 죗값을 형식적으로만 치르려고 하는 모습은 여전히 남아공에 남아있는 식민주의 잔재이며 해결해야 할 과제다.

## 폭력에 대한 미러링(mirroring)

형식적 죄의 대가로 교수직에 물러난 후 루리는 딸 루시가 살고 있는 동부 케이프에서 지내게 된다. 그가 죗값을 형식적으로 치르고 있다는 것은 그 사건 이후 멜라니에 대한 죄책감을 언급하지도 않고 루시가 왜 그런 일을 했는지 물었을 때도 여전히 '욕망의 권리(135

쪽)' 때문이라고 말하는 점에서 알 수 있다. 이렇듯 과거사에 대한 책임감이나 죄의식 없는 루리와 달리 흑인들의 삶 속에서 동부케이프 공동체의 일원으로 살아가고자 하는 루시는 그들과 함께 생활하며 직접적인 커뮤니케이션을 시도하고 있다. 즉 루리가 '커뮤니케이션 기술'을 이론적으로 강의를 했다면, 루시는 흑인 공동체의 일원들과 직접적으로 소통하고자 흑인 마을에서 농장을 가꾸며 동물들과 함께하는 삶을 살려고 한다. 이러한 삶을 꾸려가기 위해 루시는 흑인 공동체 내에 머물며 그들과 커뮤니케이션을 추구한다. 그러나 백인 여성 루시가 '백인'의 몸으로 흑인 공동체의 일원이 되기는 쉽지 않다. 남아공에 남아 있는 백인들의 식민주의적 의식만큼이나 흑인들의 백인을 향한 분노도 쉽게 사라지지 않는다. 건드리면 터질 것처럼 아슬아슬한 상태에 있다. 왜냐하면 아파르트헤이트 이후, 흑인들은 지금까지 억압당한 것에 대한 분노의 감정을 표출할 것이며, 강탈당한 권리를 다시 복권하기 위해 응집력을 키우고 있기 때문에 더 똘똘 뭉쳐있을 것인데 과연 그녀가 들어갈 "틈"이 있을까? 흑인 공동체에서 소통을 시도했던 루시는 결국 그 "틈" 에 끼이게 된다.

지금까지 흑인들이 '흑인'이라는 이유만으로 고통을 받아온 것처럼 루시 역시 '백인'이라는 이유로 세 명의 흑인 남성들에게 강간을 당한다. 루리가 멜라니에게 자신의 집에 잠깐 들어가 차를 마시자고 하며 멜라니를 침범한 것과 비슷하게, 세 명의 흑인들은 루시에게 잠깐 전화를 빌려 쓰자며 들어가 그녀를 강간한다. 그들은 그녀를 차례로 강간하는 동안 한 명은 개들을 쏘아 죽이고, 또 한 명은 아이스크림을 먹는 등 자신들이 저지르는 일에 그 어떤 죄의식도 느끼지 않는다. 이들의 이러한 행동은 식민주의자들이 피식민주의자들에게 죄의식 없이 육체적·정신적으로 가한 폭력을 거울삼아 고스란히 비춰진다. 지금까지 가해자 입장에서 피해자의 고통과 아픔을 전혀 느끼지 못한 남아공의 백인 식민주의자들에게 각성을 촉구하듯, 그들이 행한 모습을 적나라하게 재구성해 보여주고 있다.

> "제가 왜 경찰에 그 문제를 밝히지 않았는지 알고 싶어 하시죠? 아버지가 그 문제를 다시 꺼내지 않겠다고 약속하시면, 말씀 드릴게요. 그 이유는 제게 일어난 순전히 저 개인의 문제이기 때문이에요. 다른 때, 다른 곳에서는 공적인 문제가 될 수도 있겠죠. 하지만 이곳, 이 시점에서는 그렇지 않아요. 그것은 제 일이에요. 전적으로 제 일이에요."
>
> "이곳이 어때서?"
>
> "이곳이 남아프리카이기 때문에 그래요.(174쪽)"

루시는 강간사건을 개인적인 일로 생각하는 이유가 자신이 살고 있는 곳이 남아공이기 때문이라고 말한다. 남아공의 식민 역사에서 백인 남성이 흑인 여성을 강간하는 일은 빈번한 일이었고, 흑인 여성들은 그 사건을 개인적으로 받아들일 뿐 백인 남성을 고소하는 일은 있을 수 없는 일이었으며 고스란히 흑인 여성이 떠안아야 할 문제였다. 루시는 이 전복된 상황을 통해 백인으로서의 역사적 과오를 흑인 여성들이 그러했듯이 개인적으로 떠안으며 책임을 지려고 한다.

루리와 달리 루시는 자신이 직접 저지르지는 않았지만 과거 식민 역사에 '책임감'을 느끼고 있다. 그리고 바로 이러한 책임감을 '죄의식과 같은 추상적인 것'들이 아닌 구체적이고 실제적인 행동을 통해서 나타내고자 한다.

"아버지 그만두세요. 전염병이나 불에 관한 이야기는 듣고 싶지 않아요. 저는 저만 살려고 하는 게 아니에요. 그렇게 생각한다면 전적으로 잘못 짚으신 겁니다."(생략)

"네가 현재 고통을 겪음으로써 과거의 죄를 속죄하기를 바라는거니.'

"아니요. 아버지는 저를 계속 오해하시네요. 죄의식과 구원은 추상적인 것들이죠. 나는 추상적인 관점에서 행동하지 않아요. 아버지가 그 점을 알려고 노력하셔야만 제가 도와 드릴 수 있어요."(186쪽)

추상적인 행동이 아닌 실제적인 행동으로 과거사에 대한 책임을 지고자 하는 루시는 강간으로 임신한 아이를 낳겠다고 결심한다. 그녀는 페트루스의 세 번째 부인이 되는 조건으로 자신이 소유한 모든 땅을 그에게 넘기기로 한다. 루시의 이러한 결정은 흑인 공동체로 완전히 편입하려는 시도라고 볼 수 있다. 루리의 입장에서는 전혀 이해가 되지 않는 결정이지만 루시는 남아프리카의 결혼의 전통적인 방법을 따르고 있는 것이다. 남아프리카의 결혼 제도에 있어서 남성이 부인을 여럿 거느리는 것은 당연한 일이며, 부인이 시집올 때 지참금을 함께 가져가는 것 또한 관례이다. 즉 루시는 흑인의 아이를 낳아 흑인 공동체에서 살아가기 위해 흑인 공동체의 규율을 따르고, 물질적으로 자신의 소유라고 생각했던 아프리카의 땅을 아프리카인에게 다시 돌려주고 있는 것이다.

루리는 멜라니 사건으로 실직과 불명예를 안고도 강간에 대한 자신의 죄는 인식하지 못했다. 그러나 자신의 딸을 강간한 자들이 아무런 죄책감 없이 돌아다니게 될 것에 대해서는 분노한다. 그리하여 결국에는 루리가 딸과 같은 멜라니에게 한 일을 반성하게 하는 계기를 마련해주는데, 루리는 멜라니 아버지인 아이삭스에게 진심어린 '사과'를 구하게 된다.

## 깨어지지만 않는다면 추락하는 것도 나쁘지 않은 일

백인 우월적이며 자기중심적인 사고는 루시가 추천한 동물보호소의 일을 하는 과정에서 차츰 바뀌게 된다. 처음 이 일을 맡을 때만 해도 남아공에서 지식인층으로 일했던 그가 하층계급의 일이라고 할 수 있는 개 장의사 일을 맡아 스스로 "어리석고 삐뚤어져가는 인간이 된다."고 생각한다. 하지만 생각했던 것과 달리 베브와 함께 일하면서 동물들에게 애정을 느끼고 교감하게 되어 점차 타자 지향적인 사고로 의식이 전환된다. 이러한 의식의 전환은 특히 그가 아끼던 불구의 개를 안락사 시키는 부분에서 잘 나타난다. 이전의 루리였다면 자신이 사랑한다는 이유로 그 개를 계속 소유하려고 했을 것이지만 불구의 몸으로 고통의 나날을 살고 있는 개의 고통을 하루라도 빨리 줄여주기 위해서 그 개를 단념한다. 이는 타자 지향적인 사고에서 비롯된 것이라고 볼 수 있다. 그가 멜라니의 아버지에게 말한 것처럼 "깨어지지만 않는다면 추락하는 것도 나쁘지 않은 일"이라는 것을 보여주고 있는 것이 아닐까. 비록 사회적 잣대로 보았을 때 루리가 신분상으로는 추락했을지 몰라도 그의 인격은 한층 더 성숙했다고 볼 수 있다. 그는 딸이 지향하는 삶을 인정하고 할아버지가 되기 위해 무언가 배우려고 시도한다.

> "할아버지가 되는 덴 뭐가 필요할까? 그는 대부분의 사람들보다 더 열심히 노력했지만, 아버지로서는 별로 성공적이지 못했다. 어쩌면 그는 할아버지로서도 평균 이하의 점수를 맞을 것이다. 그에게는 침착함과 관용 등 나이든 사람이 갖게 되는 미덕이 없다. 하지만 어쩌면 다른 미덕들이 사라지면서, 예를 들어 정열의 미덕 같은 게 사라지면서, 다른 미덕들이 나타날 수도 있을 것이다. 그는 할아버지에 관한 대표적 시인, 빅토르 위고를 다시 읽어볼 필요가 있다. 배울 게 있을지 모른다.(328쪽)

루리의 정체성은 남아공 사회 속에서 '되어감'(becoming)을 통해 문제를 해결할 수 있다는 것을 시사한다. 죄의식을 가지고 기존에 하지 않은 '사과'를 하듯, 딸의 삶을 인정하고 할아버지가 되어가듯, 어떤 움직임들이 조금씩 일어나고 있다. 이러한 인물의 지속적인 변화에 의해 변모되어가는 남아공을 꿈꿔볼 수 있지 않을까?

쿳시의 주인공들은 끊임없이 자신의 내면을 파고들면서 은밀한 억압의 정체를 캐내고 때로는 자멸에 가까운 고백을 하며 작가 자신의 고뇌를 투영함으로써 "글쓰기는 윤리적일 수밖에 없다."는 쿳시의 문학관을 드러낸다.

《추락》은 좀 복잡한 소설이다. 한편의 영화를 보고 있는 착각이 들 정도로 독자들을 빨아들이는 흡입력을 가지고 있지만 그 저변에 흐르는 진지한 질문들이 만만치 않다. 사실 좋은 소설은 인생이 그리 간단치 않으며 복잡한 맥락에서 이해할 수밖에 없다는 것을 여실히 보여줄 때 빛을 발하지 않던가. 평온하던 삶에 균형이 깨어진 뒤, 그 균형을 회복하려고 투쟁하는 인간의 이야기를 통해 우리는 아직 도래하지 않은 생의 균열과 '미리' 마주한다. 물론 균열이나 틈 없이, 평탄하고 평온한 삶을 사는 것이 이상적이겠지만 균열은 어떤 측면에서 인간을 "재탄생"시킨다. 균열이 깨지는 순간, 그것을 회복하기 위해 인간은 투쟁한다. 여기서 드라마가 탄생한다. 소설 『추락』도 마찬가지다. 쿳시 소설이 지향하는 것은 본인이 밝힌 바와 같이 "벌어진 틈, 거꾸로 된 것, 아래쪽에 있는 것, 베일에 가려진 것, 어두운 것, 묻힌 것, 여성적인 것 등" 타자를 읽는 데 있다. 이 소설은 균열을 통해 타자를 이해할 수 있다는 점에서 윤리적이다. 이를 통해 『추락』은 식민주의 역사의 어둡고도 가려져 왔던 타자의 아픔을 수면 위로 끌어올리고 있다는 점에서 의미가 있다.

**존 쿳시**

2003년 노벨 문학상을 수상한 존 쿳시는 1940년 남아프리카공화국 케이프타운에서 네덜란드계 백인의 아들로 태어났다. 1974년 첫 소설 《어둠의 땅》을 발표한 이래로 아파르트헤이트를 비롯한 흑백 인종 간의 갈등이 첨예한 남아프리카공화국의 혼란스러운 상황을 다루면서 잔인하고 야만적인 서구 문명을 비판했다. 《마이클 K》와 《추락》으로, 한 작가에게 두 번 주지 않는다는 부커 상을 2회 수상한 최초의 작가가 되었다.

**《추락》**

《추락》에서는 아파르트헤이트 이후의 남아프리카공화국을 재현하고 있다. 속물적인 백인 남성 교수인 주인공 루리는 여제자를 성폭행해서 결국 대학에서 쫓겨난다. 이후 딸인 루시가 사는 곳으로 가게 되는데 그곳에서 딸 루시는 흑인 남성들에게 성폭행을 당한다. 하지만 루시는 담담하게 하던 일상을 이어간다. 아버지와 딸은 서로를 납득시키지 못한 채 부녀관계를 유지하고 주인공 루리는 끊임없는 추락(Disgrace)을 경험한다.

# 악과 차별을 넘어
## : 역사적 진실과 보편적 정의에 이르는 남아공의 여정

품라 고보도 마디키젤라, 《그날 밤 한 인간이 죽었다》,•

에드윈 캐머런, 《헌법의 약속》••

차선일•••

### 진실과 정의를 요구하는 사회

'세월호 7시간의 진실'은 박근혜 전 대통령 탄핵 과정의 핵심 이슈였다. 그 의혹을 제기했던 사람들은 세월호 참사가 일어난 이후 7시간의 대통령 행적을 안다고 해서 비극적 사태를 되돌릴 수 없다는 것을 모르지 않았다. 7시간 동안의 행적을 근거로 대통령에게 참사의 책임을 전가할 수 없다는 사실도 납득했다. '세월호 7시간의 의혹'은 세월호 참사의 본질에서 비껴나 있었고, 탄핵 사유의 근거로도 불충분했다. 그럼에도 많은 사람들은 끊임없이 '세월호 7시간의 진실'을 요구했다. 왜냐하면 그것이 피해자의 목소리에 응답하는 정

• 품라 고보도 마디키젤라, 《그날 밤 한 인간이 죽었다》, 방춘호 역, 달금, 2017.

•• 에드윈 카메론, 《헌법의 약속》, 김지혜 역, 후마니타스, 2017.

••• 경희대학교 범아프리카문화연구센터 선임연구원. 문학평론가. 논문으로는 〈프란츠 파농 담론의 한국적 수용 양상 연구〉, 공저로는 《조선의 풍경, 근대를 만나다》, 《한국 소설의 추리 기법》 등이 있다.

의로운 행동이라고 믿었기 때문이다. 세월호 희생자의 유족들은 세월호 참사의 모든 진실을 알고자 했고, 그 요구는 정당한 권리였다. 그러나 국가는 침묵했다. 국가에게 책임을 물은 것이 아니라 국가가 앞장서 원인과 책임을 밝히고 보상과 대책을 해결해주길 원했지만, 국가는 애도조차 인색했다. 진실을 안다고 해서 희생자가 생환할 수는 없지만, 진실을 모른 채 희생자 유가족들을 살아가게 할 수는 없다. 피해자의 목소리를 듣고도 침묵하는 국가는 정의를 배반한 괴물〔Leviathan〕처럼 보였다.

촛불혁명은 정의를 요구했다. 촛불민심의 지지로 탄생한 문재인 정부는 '적폐청산'을 최우선의 국정과제로 삼으며, 촛불의 요구에 응답했다. '적폐청산'은 이른바 '전환기 정의'(transitional justice) 세우기의 한 사례다. '전환기 정의'는 과거 정권의 압제적인 권력 행사로 희생당한 사람들에게 피해를 배상하고, 진실을 바로잡으며, 가해자를 처벌하고, 희생자의 명예를 복권함으로써 불행한 과거를 청산하고 사회 정의를 확립하는 것이다. '전환기 정의 세우기'는 일반적으로 식민과 독재와 내전 등 폭력적인 억압 상태에서 평화의 시기로 이행하려는 민주화의 과도적 단계에서 나타나는데, 이는 안정적인 민주사회로 진입하기 위해 반드시 거쳐야 하는 필수 관문이다.

오늘날 '전환기 정의 세우기'는 보편적 현상이다. 1974년 이래 세계 각국에는 과거사를 청산하는 공식 기구인 '진실위원회'가 최소 35개 이상이 조직됐고, 과거 정권의 최고 권력자와 핵심 범죄자들을 법의 심판대에 세우는 '전환기 재판'(transition trials)이 다수 설치됐다. 한국은 남아공, 아르헨티나, 칠레와 함께 진실위원회와 전환기

재판이 모두 설치된 17개국 중 하나다.• 그렇지만 한국의 '전환기 정의 세우기'는 몇몇 성과를 거두었음에도 성공했다고 보기 어렵다. 문재인 정부의 '적폐청산'은 과거 민주정부에서 실패한 과거사 청산을 다시 시도하는 작업이며, 이 과제 앞에도 여러 가지 난관이 기다리고 있다. 무너진 정의를 다시 일으켜 세우기 위해 우리는 어떤 덕목과 가치를 지켜내야 할까?

《그날 밤 한 인간이 죽었다》와 《헌법의 약속》은 '진실과 화해 위원회'(Truth and Reconciliation Commission, TRC)를 통해 전환기 정의를 세웠던 남아공의 알려지지 않은 이야기를 들려준다. 남아공의 과거사 청산은 '전환기 정의 세우기'의 성공적인 사례로 손꼽힌다. 1995년 설립된 '진실과 화해 위원회'는 아파르트헤이트 정권 동안 남아공에서 일어난 모든 국가범죄와 인권침해를 광범위하게 조사하여 아파르트헤이트의 실상을 밝혀내고 진실을 규명했다. 아파르트헤이트 정부만이 아니라 아프리카민족회의(African National Congress, ANC)와 범아프리카회의(Pan-African Congress, PAC) 등 반아파르트헤이트 세력과 흑인테러집단들을 모두 조사해 반인륜적 범죄에 대한 책임을 묻고 처벌과 배상을 시행했다. 2만 1,000명의 인권피해자들이 증언하고, 7,112명의 조사대상자들 가운데 5,392명이 처벌받았다.

위원회의 권한과 활동에는 한계도 있었다. 특히 가해자들에 대한 직접 사면권이 논란거리였다. '국민 통합과 화해 증진법'의 사면 조

• '역사 바로 세우기'를 추진한 김영삼 문민정부에서 전두환과 노태우 두 전직 대통령을 심판한 것이 '전환기 재판' 사례다. 또한 박근혜 전 대통령의 탄핵 심판과 현재 진행 중인 재판도 여기에 속한다. '진실위원회' 사례로는 2000년과 2005년에 각각 결성된 '대통령 소속 의문사 진상 규명 위원회'와 '진실·화해를 위한 과거사 정리 위원회'가 있다.

항은 진실 규명보다 화해 조성을 위한 수단이라고 비난을 받기도 했다. 그렇지만 사면권이 남용되거나 위원회의 독단으로 처리되지는 않았다. 7,112건의 사면신청 중 5,392건은 접수가 거부됐고, 849명만이 사면받았다. 무엇보다 사면을 받기 위해서는 공청회에 나와 위원회와 희생자 유족 및 피해자로부터 직접 질문을 받고 사실을 답변해야 했다. 사면을 인정받기 위해서 과오를 뉘우치거나 사죄할 필요는 없었다. 진실을 말하는 것만이 사면의 조건이었고, 용서는 오직 피해자의 몫이자 권리였다.

피해자들은 어떻게 가해자들을 용서할 수 있었을까? '진실과 화해 위원회'의 활동이 종료된 2000년 이후 남아공은 아무런 갈등과 마찰 없이 사회통합을 이루었을까? 과연 가해자와 피해자, 백인과 흑인은 하나의 공동체 안에서 공존할 수 있을까?

《그날 밤 한 인간이 죽었다》와 《헌법의 약속》은 진실과 정의를 요구하는 험난한 여정을 통과한 남아공 사회의 내면과 그 이후의 상황을 보여준다. '악의 화산'으로 불린 아파르트헤이트 정권의 인물에 대한 면담 기록과 동성애자이자 HIV 감염자인 남아공 헌법재판소 재판관의 회고록은 사뭇 다른 이야기이지만 '전환기 정의 세우기'에 관한 사적 기록이자 후일담이라는 점에서 서로 연결된다.

품라 고보도 마디키젤라는 '진실과 화해 위원회'에 소속되어 위원으로 활동한 임상심리학자이자 아파르트헤이트 정권의 차별을 받은 흑인 여성이다. 그녀는 아파르트헤이트의 학살을 주도한 가해자 유진 드콕을 마주하고 용서의 가능성과 의미를 되묻는다. 그녀의 이야기는 용서가 진정한 화해의 조건이자, 악을 넘어서는 유일한 길이라는 사실을 깨닫게 한다. 또, 에드윈 캐머런의 이야기는 '전환기 정의'가 어떻게 남아공 사회에 안착되어 작동하는지 잘 보여준다. 아파르트헤이트의 과거를 청산한 '전환기 정의'는 남아공의 헌법으로 명문화되는데, 이 헌법의 정신은 남아공의 민주주의를 위협하는 또 다른 위기인 에이즈의 확산에 맞서 차별을 철폐하고 인권을 보호하는 강력한 버팀목이 된다. 품라 고보도 마디키젤라의 성찰과 에드윈 캐머런의 고백은 정의를 세우고 그것을 지키기 위해 개인과 사회가 갖추어야 할 덕목과 가치가 무엇인지, 악과 차별에 맞서는 무기가 무엇인지 우리에게 알려준다.

## 악의 내면으로

아파르트헤이트는 끝나지 않는 비극의 역사다. 1994년 아파르트헤이트의 공식 철폐 이후에도 그 잔혹한 폭력이 남긴 상처와 고통, 잔재와 후유증은 여전히 지속되고 있다. 아파르트헤이트의 비극이 종결될 수 없는 이유는 세 가지다. 첫째, 극단적인 인종차별 정책은 흑인들이 살아가는 터전을 송두리째 파괴했다. 흑인들은 오랜 세월 거처하던 보금자리에서 내쫓겨 '흑인 자치구역'으로 강제 분리됐고, 그곳에서 노골적인 차별과 탄압을 받으며 '백인들을 위한 국가'의 도구로 착취당했다. 흑인들에게 남은 것은 가난의 대물림뿐이었다. 지금도 랑가와 같은 흑인 거주 지역은 여전히 가난한 촌락으로 격리되어 있다. 랑가의 빈곤은 아파르트헤이트의 슬픈 유산이다.

아파르트헤이트의 진실 규명이 어려운 까닭은 인종차별의 희생자인 흑인들이 가해자이기도 하다는 사실 때문이다. 백인 정권의 차별에 저항하는 과정에서 반아파르트헤이트 집단 역시 숱한 백인들을 살해했다. 폭력이 또 다른 폭력을 낳는 폭력의 악순환이 반복되었다는 점에서 아파르트헤이트의 폭력은 더욱 참혹했다. 이 비극적 악순환의 역사를 단절시키는 유일한 방법은 폭력 자체를 중단하는 용서와 화해의 행위뿐이다. 아파르트헤이트의 비극이 종식될 수 없는 가장 큰 이유는 바로 이 용서와 화해의 어려움과 연관이 있다.

품라 고보도 마디키젤라의 《그날 밤 한 인간이 죽었다》는 아파르트헤이트 정책의 행동대장으로 활동했던 악명 높은 '유진 드콕'과의 면담과정을 기록한다. '악의 화신'으로 불린 인물을 만나기 위해 "아파르트헤이트의 심장이자 영혼이었던 프리토리아"(15쪽)의 교도소로 향하는 품라는 알 수 없는 불안과 공포에 휩싸인다. 그것은 단지 '악의 화신'을 직접 대면해야 한다는 두려움 때문만은 아니었다. 그 불안과 공포의 근저에는 그녀 자신 역시 아파르트헤이트 폭력의 가해자이기도 하다는 사실을 마주해야 하는 두려움, 자기 내부의 악과 대칭적으로 '유진 드콕'에게서 선한 인간을 발견할 것이라는 당혹스런 예감, '유진 드콕'이라는 악마를 동정하고 공감할지도 모르는 자신에 대한 섬뜩한 낯섦 등이 복합적으로 깔려 있다. '유진 드콕'과의 면담 과정에서 부딪히는 품라의 내면적 곤경들은 곧 아파르트헤이트의 비극을 종식할 수 있는 윤리적인 방법에 대한 모색과 연결된다. 희생과 차별을 강요받은 흑인들의 권리와 재산을 복원하기 위해서는 무엇보다 아파르트헤이트의 진실 규명과 과거 청산이 선행

되어야 한다. 그러나 그 진실마저 폭력으로부터 자유롭지 못한 것이 아파르트헤이트의 비극이다. 때문에 정의에 앞서 도덕이 요구된다. 아파르트헤이트의 진실은 용서와 화해의 윤리적 실천을 통해서만 규명될 수 있다. 《그날 밤 한 인간이 죽었다》는 용서가 곧 정의로운 행동이 될 수 있다는 것을, 화해가 진실을 드러내는 방법이라는 점을 증언한다.

## 용서, 인간의 길

품라는 유진 드콕과의 수차례 면담에서 그를 '평범한 인간'으로 바라보는 자신의 감정을 깨닫고 당혹스러워한다. 자신의 죄를 뉘우치고 회한에 빠진 드콕을 이해하고 동정하는 것이 과연 가능한 일인가? 품라는 괴물과 인간적인 유대를 맺고 있다는 사실을 인정하고, 그러한 자신의 인간성을 도리어 회의하며 두려워한다. 드콕의 반성과 회한이 진심인지 끊임없이 의심하며 '괴물과의 인간적 유대'를 부인해 보지만, 결국 품라는 현재의 드콕이 인간성을 회복할 수도 있다는 가능성을 받아들인다.

품라가 느낀 두려움의 근원은 무엇일까? 그것은 악의 내부에 인간적인 것이 깃들 수 있다는 놀라움 때문도, 반대로 인간 내부의 잠재적인 악에 대한 깨달음 때문도 아니다. 품라의 두려움은 악의 화신이 내민 '인간적인 손'을 받아들이지 못할 때 아파르트헤이트의 폭력에 훼손당한 자아와 산산조각난 삶이 영구적으로 회복될 수 없다는 사실을 어렴풋이 깨닫게 되면서 생겨났다.

품라는 '진실과 화해 위원회'의 위원으로 일하며 아파르트헤이트의 피해자가 가해자를 용서하는 기적과도 같은 순간을 목격한다. 피해자는 사랑하는 가족을 살해한 가해자를 어떻게 용서하는가? 먼저 가해자가 자신의 죄를 고백하고 반성하는 의사를 표현해야 한다. 품라는 이를 회한의 순간이라고 표현한다. 가해자의 회한은 피해자와 다시 인간적인 관계를 회복하는, 가해자가 인간공동체로 다시 편입되기를 청원하는 의사다. 가해자의 회한이 표현될 때, 비로소 용서의 가능성이 열린다.

그러나 단지 반성한다고 해서, 가해자에 대한 피해자의 용서가 보장되지는 않는다. 용서의 결단은 전적으로 피해자의 몫이다. 피해자는 가해자를 구제하기 위해, 또는 가해자에 대한 도덕적 우위를 차지하기 위해 용서하는 것이 아니다. 피해자들은 다시 '인간'이 되기 위해 용서를 필요로 한다. 끔찍한 폭력의 트라우마를 안고 살아가는 피해자들은 말 그대로 산산조각난 삶을 영위한다. 피해자의 삶은 비인간적이다. 트라우마에 갇힌 채 공동체와의 유대가 파괴되었기 때문이다. 피해자는 자신의 삶을 구원하기 위해, 다시 인간적인 세계로 걸어나오기 위해 가해자를 용서한다. 용서는 "자아 기능을 되찾는 과정"(260쪽)이다. 그것은 "말 그대로 인간적이 된다는 것이다."(237쪽) 용서는 인간을 보다 높은 차원으로 이행하게 하는 놀라운 능력이다.

## 악마의 법

품라 고보도 마디키젤라는 나치즘과 아파르트헤이트에 관한 흥미로운 비교 분석을 내놓는다. 체제가 종식된 이후, 두 정부 지도자들은 서로 다른 방식으로 자신의 무죄(?)를 변호했다. 나치 지도자들은 유대인 학살을 인정하면서도 자신이 직접 관여한 바가 없다고 주장했다. 그들은 유대인 학살이 정말로 정의로운 일이라고 믿었다. 반면 남아공의 지도자들은 아파르트헤이트의 존재 자체를 부인함으로써 아파르트헤이트의 폭력에 대한 책임을 회피했다. 그들은 인종 차별 정책이 부정의하다고 생각했기 때문에 아파르트헤이트를 옹호하거나 인정하는 방식으로 자신을 변호할 수 없었던 것이다.

인종 학살이 정당하다는 믿음은 경악스럽다. 어쨌거나 그 신실한 믿음 덕분에 나치 지도자들은 인류 역사에 남을 만한 악행을 과감하게 실행에 옮겼다. 유대인 청소는 그 자체로 정당했으므로 별다른 합법적 조치나 제도적 보완 따위는 필요 없었다. 남아공의 지도자들에게는 아파르트헤이트의 정의에 대한 굳건한 믿음이 없었다. 때문에 아파르트헤이트의 인사들은 "자신들의 가혹한 부정의에 '법'이 정당성의 외피를 입혀 주기를 간절히 바"(87~88쪽)랬다. 무법적이었던 나치의 인종 말살과 달리 표면적으로 아파르트헤이트는 법치주의를 따른 체제였다. 아파르트헤이트는 다름 아닌 법의 이름으로 자행된 차별이었다.

"기본적으로 아파르트헤이트"는 "법을 도구로 삼아 만든 프로젝트였"(83쪽)다. '테러리즘 법', '사보타주 법', '주거분리법', '통행법' 등 백인과 다른 피부색을 가진 사람들을 지배하고 차별하는 법을 제정함으로써 비로소 작동했다. 더 정확히 말하자면 아파르트헤이트는 "백인을 위한 법체계와 흑인을 위한 법체계"(85쪽)가 따로 존재했던 두 개의 법이었다. 법체계를 분리함으로써 백인의 영역과 흑인의 영역을 구분하는 근거가 제공됐다. 백인 거주 지역과 흑인 거주 지역을 영구적으로 분리하고자 했던 '대아파르트헤이트'의 원대한 이념은 바로 법에 기초한 설계였고, 그런 점에서 실현 가능성이 낮은 공상은 아니었다.

합법적 절차를 통해 실행되는 야만에 저항하는 것은 어렵다. 무력을 앞세워 법에 대항할 때 아무리 정의로운 의도라도 명분을 잃기 쉽다. 악법도 법이라는 이유로 악법의 테두리 안에서 저항하는 일은 미력하기만 하다. 그러나 '합법적 야만'에 맞설 수 있는 유력한 무기가 없는 것은 아니다. 야만적인 차별을 자행하는 체제의 지배도구로 전락한 법에 맞서고, 또 그 법체계를 무너뜨릴 수 있는 것은 다름 아닌 법이다. 남아공 민주화의 역사가 이를 증명한다. 넬슨 만델라, 시드니 켄트리지, 아서 차스칼슨, 조지 비조스, 피우스 랑가 등 아파르트헤이트에 저항하며 그 체제를 종식시키는 민주화에 앞장섰던 민주화의 투사들은 모두 변호사들이었다. 법을 통해 실현되었던 아파르트헤이트는 법에 의해 무너졌다. 아파르트헤이트 종식 이후 새로운 남아공의 법질서 수립에 앞장선 것도 법조인들이었다. 법은 지배의 도구이자 저항의 수단이었고, 치유와 회복의 수단이었다. 남아공의 최고법원인 헌법재판소 재판관 에드윈 캐머런의 《헌법의 약속》은 이러한 법에 대한 믿음으로 쓰인 책이다.

## 에이즈, 민주주의의 새로운 적

에드윈 캐머런은 1953년 가난한 백인 가정에서 태어났다. 어린 시절, 자동차 절도범으로 징역살이를 한 아버지를 보고 법의 힘을 깨달았고, 이후 아파르트헤이트 정권에 맞서는 판사들을 보면서 결국 법조인의 길을 선택한다. 캐머런은 서른 살에 변호사가 되면서 커밍아웃을 선언하는데, 그로부터 3년 뒤 에이즈 감염 사실을 알게 된다. 하지만 수치심과 공포, 편견을 이겨내고 인권변호사 활동을 이어간다.

만델라가 출소하면서 남아공은 민주화가 무르익는다. 1994년 아파르트헤이트가 종식되고 민주정부가 탄생하지만, 남아공은 예상치 못한 도전에 직면한다. 바로 에이즈의 확산이다. 이 무렵 캐머런 역시 죽음의 위기에 처하는데, 항레트로바이러스제가 개발되면서 목숨을 구제한다. 캐머런은 에이즈 감염 사실을 대중에게 공개하고, 자신은 비싼 치료제를 구입한 덕분에 살 수 있었다고 고백한다. 이후 캐머런은 에이즈 치료제의 보급을 위한 제도를 만드는 일에 헌신한다.

하지만 만델라의 후임 타보 음베키 대통령은 비과학적인 에이즈 부정론자들의 의견을 받아들여 공중보건 체계를 통한 에이즈 치료제의 보급을 거부한다. 이 때문에 에이즈 희생자는 30만 명으로 치솟았다. 캐머런은 음베키 정부와 기나긴 소송 투쟁 끝에 결국 승리한다. 2004년부터 에이즈 치료제는 다시 보급되기 시작했으며, 오늘날 200만 명이 넘는 사람들이 혜택을 입고 있다.

법조인으로서의 캐머런의 삶은 아파르트헤이트 이후의 남아공 현대사와 동일한 궤적을 그린다. 두 이야기는 모두 2막으로 구성되어 있다. 1막은 아파르트헤이트의 지배도구로 전락한 법의 몰락과 아파르트헤이트에 저항하는 무기로서의 법의 회복에 관한 이야기다. 캐머런의 관점에서 아파르트헤이트 시대는 백인과 흑인의 대결이 아닌 법의 악용과 선용에 관한 성찰의 이야기로 뒤바뀐다. 1막은 아파르트헤이트를 종식시킨 법의 승리로 막을 내린다.

2막에는 법이 맞서 싸워야 할 새로운 적이 등장한다. 바로 에이즈다. 1990년대에 들어서면서 남아공 사회는 에이즈의 광범위한 확산으로 큰 위기에 직면한다. 오늘날 남아공은 전 세계 에이즈 감염자의 18%가 살고 있는 에이즈 감염 1위 국가이며, 흑인 거주 지역 주민의 75%가 에이즈 환자인 것으로 알려져 있다.

에이즈는 왜 민주주의 헌법의 적인가? 1990년대 중반 에이즈 치료제인 항레트로바이러스제가 개발되긴 했지만 비싼 가격으로 인해 소수의 부유층만이 치료제의 혜택을 받을 수 있었다. 캐머런은 바로 자신의 사례를 언급하며, 공중보건의 관점에서 에이즈 환자들이 공평하게 치료의 혜택을 받아야 한다고 주장한다. 돈이 없다는 이유로 죽음에 내몰린 에이즈 환자들에게 의료 혜택이 제공되지 못하는 것은 명백히 차별이라는 것이다. 남아공의 헌법에는 "적절한 주거, 보건 의료 서비스, 충분한 식량과 물, 사회보장, 고등교육 등" "여러 사회적 재화에 접근할 권리"(184쪽)를 보장한다. 캐머런은 에이즈 치료를 위한 보건 의료 서비스를 제공받지 못하는 것이 헌법 위반이라고 주장한다.

아파르트헤이트 시대 남아공에는 헌법이 존재하지 않았다. 남아공의 헌법은 아파르트헤이트와 같은 법의 악용을 차단하고 통제하기 위해 만들어졌다. 남아공은 인종차별이 가장 심한 나라였지만, 이제는 가장 진보적인 헌법을 가진 나라다. 성 소수자에 대한 차별 금지를 처음 헌법에 명문화한 나라가 바로 남아공이다. 헌법 제9조 3항을 보자. "국가는 누구든지 인종, 젠더, 성, 임신, 혼인 상태, 민족적 또는 사회적 출신, 피부색, 성적 지향, 연령, 장애, 종교, 양심, 신념, 문화, 언어 및 태생 등 하나 또는 그 이상의 이유로 직접적 또는 간접적으로 부당하게 차별해서는 안 된다." 대한민국 헌법은 제11조 1항에서 차별에 관한 금지를 다음과 같이 명시하고 있다. "모든 국민은 법 앞에 평등하다. 누구든지 성별·종교 또는 사회적 신분에 의하여 정치적·경제적·사회적·문화적 생활의 모든 영역에 있어서 차별을 받지 아니한다." 남아공의 헌법이 보다 상세하지만, 한국의 헌법보다 그 내용에서 현격하게 진보적인 명문으로 적힌 것은 아니다. 남아공의 헌법이 보다 진보적일 수 있다면, 그것은 헌법의 약속을 적힌 그대로 실천하기 때문일 것이다.

### 악과 차별을 넘어

에드윈 캐머런의 삶이 바로 그 헌법의 약속을 실천하고 있다는 증거다. 헌법재판관 에드윈 캐머런은 게이이자 에이즈 감염자다. 남아공의 헌법에는 성적 지향과 장애 등을 이유로 부당하게 차별해서는 안 된다고 명시되어 있다. 우리나라 헌법에는 성 정체성과 장애에 관한 차별 금지 조항이 없지만, 있다고 하더라고 준수되었을지 의문이다. 상상해보자. 얼마 전까지만 해도 탄핵 심판이 진행되었던 한국의 헌법재판소에서 박근혜 전 대통령을 심문하는 김이수 재판관(번역자 김지혜에게 《헌법의 약속》을 권한 것이 바로 김이수 재판관이다)이 커밍아웃을 한다면? 가장 신성한 공직자 중 한 사람인 헌법재판소의 재판관이 게이라니! 게다가 에이즈 감염자라면? 아마도 탄핵은 원천적으로 불가능했을 것이다. 에드윈 캐머런의 삶은 한국에선 상상으로라도 허용되기 어려운 이야기다.

남아공의 헌법이 차별을 금지하고 평등을 약속하는 가장 진보적인 법전을 갖출 수 있는 이유는 무엇일까? 아파르트헤이트라는 역사상 가장 끔찍한 차별의 법을 경험하고, 그것을 반면교사로 삼았기 때문일까? 남아공의 헌법은 피부색이 다르다는 이유로 인간을 차별했던 가해자들을 처벌하고 배제함으로써 이루어진 결과가 아니다. 품라의 이야기에서 보듯이, 남아공의 사람들은 차별을 철폐하기 위해 차별의 가해자들을 끌어안았다. 그들이 깨달은 반면교사는 과거사의 진실을 확인하고 그 진실 앞에서 가해자와 피해자가 서로 마주서는 것, 처벌과 배상이 아닌 갈등과 고통을 치유하는 용서와 화해로 미래를 여는 것이다. 그 정신이 바로 남아공의 헌법을 낳은 것이다.

**품라 고보도 마디키젤라**

품라 고보도 마디키젤라는 남아프리카공화국 출신 임상심리학자로 1996년 진실과화해위원회에 합류해 활동했다. 당시 위원회 구성원 중 유일한 흑인 여성이자 심리학자였던 그는 희생자 가족들을 만나 진실을 밝히면서 아파르트헤이트의 행동대장이었던 유진 드콕을 대면해 악의 화신으로 불린 자의 내면을 탐색한다. 그녀는 아파르트헤이트 학살에 대한 기억과 상처를 갖고 있었지만, 먼저 연민과 화해의 손길을 내민다. 그녀는 어떻게 악의 화신을 용서할 수 있었을까?

**에드윈 캐머런**

에드윈 캐머런은 남아프리카공화국 최고법원인 헌법재판소의 헌법재판관이다. 아파르트헤이트 시기 동안에는 인권변호사로 활동했고, 만델라 대통령의 임명을 받아 판사로 재직했다. 그는 변호사로 활동하기 시작하면서 동성애자로 커밍아웃했고, 3년 뒤 에이즈에 감염되지만 판사로 활동하며 헌법재판소의 재판관이 되기에 이른다. 그의 존재는 모든 차별에 반대하는 남아프리카공화국의 헌법정신을 상징한다.

**《그날 밤 한 인간이 죽었다》, 《헌법의 약속》**

《그날 밤 한 인간이 죽었다》와 《헌법의 약속》은 진실과 정의를 요구하는 험난한 여정을 통과한 남아프리카공화국 사회의 내면과 그 이후의 결과를 보여준다. '악의 화산'으로 불린 아파르트헤이트 정권의 인물에 대한 면담 기록과 동성애자이자 HIV 감염자인 남아프리카공화국 헌법재판소 재판관의 회고록은 사뭇 다른 이야기이지만 '전환기 정의 세우기'에 관한 사적 기록이자 후일담이라는 점에서 서로 연결된다.

제 4 장

# 고발

# '아프리카너'의 관점에서 바라본 베트남 전쟁

존 쿳시, 《어둠의 땅》*

고인환**

## 1

존 쿳시(John Maxwell Coetzee)를 아프리카 문학을 대표하는 작가로 볼 수 있을지는 여전히 논쟁거리다. 비록 그가 노벨 문학상을 탄 작가이고, 아프리카 대륙 밖으로 가장 많은 작품이 번역된 남아공 출신 작가 중 한 명이라고 해도 말이다. 쿳시 자신은 한 인터뷰에서 "제가 남아공 시민인 것은 제 여권에 그렇게 되어 있기 때문입니다. 그것이 저를 남아공 시민이며 작가로 만드는 것인지는 다른 사람들이 결정할 문제입니다."라고 말한 바 있다.*** 사실 그는 한국에 가장 많

* 존 쿳시, 《어둠의 땅》, 왕은철 역, 들녘, 2006.

** 경희대학교 범아프리카문화연구센터장. 경희대학교 후마니타스칼리지 교수. 문학평론가. 저서로 《말의 매혹: 일상의 빛을 찾다》, 《공감과 곤혹 사이》, 《한국 근대문학의 주름》, 《정공법의 문학》, 《문학, 경계를 넘다》 등이 있다. 옮긴 책으로 《프랑쎄파의 향기》가 있다.

*** 왕은철, 「남아공과 작가의 상상력-인터뷰 1」, 《문학의 거장들》, 현대문학, 2010, 96쪽.

이 소개된 아프리카 작가로, 2002년 남아공을 떠나 호주에 이주해 살고 있다.

아프리카 소설을 '전통, 근대, 인종, 여성, 분쟁' 등 다섯 키워드로 읽고 있는 책을 참조해 아프리카 문학에서 쿳시가 차지하는 위치를 가늠해 보는 것도 의미가 있을 것이다. '전통'에는 아프리카 특유의 전통 양식을 현대적으로 계승하고 있는 작품들이 포함된다. 아프리카의 작가들은 '산산이 부서진' 자신들의 전통을 부여잡고 '상처 받은 사람들'의 고통을 '이야기'를 통해 위무(慰撫)하고 있다. '근대'에서는 서구 중심의 제국주의적 근대성에 맞서는 작가들의 고투를 담고 있는 작품들을 분석한다. 아프리카의 근대성을 구미 열강이 강압적으로 이식한 타자화된 그 무엇으로 보기보다는, 그들이 주체적으로 모색한 능동적인 가치들 중 하나로 인식하는 태도가 주목을 끈다. '인종'에서는 '인종차별의 현실을 직시하고 증언하는' '날카로운 시선'의 작품들을 소개한다. 진정한 '아프리카의 수호자는 누구인가'라는 질문에 작가들은 제각기 의미 있는 답변을 제공하고 있다. '여성'에서는 아프리카 특유의 페미니즘, '아프리카 페미니즘의 하위주체', '최종심급'으로서의 '인종'과 얽혀 있는 여성 문제 등을 다루고 있는 작품들을 분석한다. '분쟁'에서는 극심한 내전 상황에 시달리고 있는 아프리카의 현실을 다룬 작품들을 탐색한다. '주변에서 중심을 심문'하고 있는 이러한 작품들은 구미의 언론 매체들이 보도하고 있는 내용과는 전혀 다른 새로운 아프리카의 현실을 제시하고 있다.•

이 책에서 쿳시의 작품은 '근대'라는 키워드로 분류되어 있는데,

• 고인환 외, 《키워드로 읽는 아프리카 소설》(경희대학교 출판문화원, 2016) 참조.

서구 중심의 서사 양식을 근대와 탈근대의 경계에서 심문하고 있는 것으로 분석한다. 아프리카 문학의 '새로움'이라는 측면에서 분명 그의 작품은 주목할 만하다. 다양한 형식 실험, 서사에 대한 내밀한 자의식, 독창적인 소설 미학 등으로 대변되는 쿳시의 작품은 리얼리즘 중심의 아프리카 소설과 다른 독창적인 면모를 보여주기 때문이다. 하지만 그의 작품이 '누구'를 위한 새로움에 복무하고 있는가는 아프리카의 구체적 현실을 염두에 두고 냉정하게 심문해 보아야 할 것이다.•

## 2

존 쿳시의 《어둠의 땅》에는 두 편의 작품이 실려 있다. 〈베트남 프로젝트〉와 〈야코부스 쿳시의 이야기〉가 그것이다. 전자는 베트남 전쟁과 관련된 이야기를 다룬 것이고, 후자는 네덜란드계 백인(아프리카너 혹은 보어인)이 아프리카 원주민을 식민화하는 일화를 담은 것이다. 《어둠의 땅》은 '서로 다른 시대의 이야기들을 병치시킴으로써 식민주의가 시대에 따라 다른 양상으로 전개되긴 하지만 본질적으로 같은 것임을 환기'하고 있다는 평가를 받는다.•• 나아가 베트남

• 남아공 출신의 또 다른 백인 작가 나딘 고디머나 안드레 브링크 등과 존 쿳시를 비교해 보는 것도 의미 있는 작업이 될 것이다. 더불어 이들 백인 작가들과 남아공 출신 흑인 작가들 사이의 미세한 차이를 음미해보는 일 또한 쿳시 문학의 아프리카적 위치를 가늠해보는 한 계기가 될 수 있을 것이다.

•• 왕철, 〈J.M. 쿳시의 소설과 미국의 식민주의/제국주의〉, 《영어영문학》, 한국영어영문

전쟁을 남아공을 비롯한 과거의 식민지 역사를 아우르는 상징으로 승화시킴으로써 베트남을 통해 세계를, 세계를 통해 남아프리카를 보고자 했다는 작가의식을 도출하곤 한다.

본고에서는 이 두 작품을 병치시켜 읽는 것을 일정 부분 수용하면서 이와는 조금 다른 결론을 도출하고자 한다. 필자는 쿳시의 작품이 서구인들의 시선에 의해 다소 부풀려졌다고 생각하기 때문이다.

먼저 〈야코부스 쿳시의 이야기〉를 살펴보자. 이 작품의 화자는 삶의 주인이 자신이라고 생각하고 내륙의 헐벗은 평원으로 눈을 돌리고 있는 '아프리카너'이다. 그는 네덜란드 동인도 회사나 영국의 식민주의자들과 다른 세계관을 가지고 있다. '아프리카너'의 미래는 '가축을 기르기 위해 밀과 채소를 조달해야 하는 회사와의 계약을 포기하면서' '창조된 것'이기 때문이다. 네덜란드 동인도 회사는 '쉽게 얻을 수 있는 이득'에만 관심이 있었다. 그들은 '하나님의 창조 드라마에서 불의 칼을 휘두른 천사의 역할'을 했을 뿐이다. 하지만 목자(아프리카너)는 '세계의 시민을 향해 서글픈 한 걸음을 더 떼었다.'

화자가 영국 제국주의의 선봉이었던 선교사들을 바라보는 관점도 이와 유사하다.

> "우리의 선교사들은 문명, 사회질서, 행복의 씨앗들을 곳곳에 뿌리면서 더할 나위 없는 수단으로 영국의 이익, 영국의 영향과 영국 제국을 확장시키고 있다. 선교사들이 야만인 부족 안에 깃발을 세우면 식민정부에 대한 그들의 편견은 허물어지고, 식민지에 대한 그들의 의존

학회, 제54권 1호, 2008, 108쪽 참조.

도는 인위적인 필요가 생겨나면서 증대된다." (중략) 우리가 영국 수출업자들에게서 겸손함과 존경심과 근면성의 덕목들을 찾으려 한다면 그건 헛수고입니다.(186쪽)

이들과 달리 '아프리카너'의 후손 '야코부스 쿳시'는 '부분적으로만 명명된 세계를 말을 타고 통과해가면서 신처럼 사물들을 구별하고 존재'하도록 한 자이다. 동인도 회사나 영국 제국주의가 '책임감이 부여되지 않는 범위 내에서만' 활동하면서 손쉬운 이득을 얻는데 몰두했다면, '아프리카너'는 이러한 경제적 측면을 넘어 '신의 영역'에서 새로운 삶을 창조하고자 한다.

우리는 야생을 숫자로 환원할 수 없다. 야생은 하나다. 무한하기 때문이다. 우리는 무화과나무를 셀 수 있으며 양들을 셀 수 있다. 과수원과 농장에는 한계가 정해져 있기 때문이다. 과수원에 있는 나무와 농장에 있는 양의 본질은 숫자다. 야생과 우리의 관계는 그것을 과수원과 농장으로 바꾸기 위한 꾸준한 작업이다. 우리가 야생에 울타리를 치고 계산을 하지 못하면, 우리는 다른 수단을 통해 그것을 숫자로 환산한다. 내가 죽이는 모든 야생동물은 야생과 숫자 사이의 경계를 건넌다. (중략) 나는 사냥꾼이자 야생의 교화자이고 계산의 영웅이다. 숫자를 이해하지 못하는 사람은 죽음을 이해하지 못한다. 그런 자에게 죽음은 동물에게 그러한 것처럼 모호할 뿐이다. 이것을 부시먼들에게 적용되는 사실이며, 계산하는 과정이 포함되어 있지 않은 그들의 언어에서 확인할 수 있다.

> 야생에서의 생존 수단은 총이다. 하지만 그것의 필요성은 물질적이라기보다는 정신적이다. (중략) 내가 나의 총을 갖고 들어가는 모든 땅은 과거로부터 풀려나 미래의 영역이 된다.(135~136쪽)

'아프리카너'가 창조한 삶은 총을 매개로 야생과 숫자(문명), 유한과 무한, 삶과 죽음, 과거와 미래 등이 연결된 세계이다. 따라서 '사냥꾼이자 야생의 교화자, 계산의 영웅'인 화자는 원주민들에게 신성한 '아버지'가 된다. '야성을 길들이는 사람'으로 살아온 자의 정신세계는 식민지 주민을 공격하면서 '영광스러운 남성성'으로 충만해진다. 탐험가의 본질은 '닫힌 것을 열고, 어두운 곳에 빛을 가져다주는 것이다.'

이러한 생각은 〈베트남 프로젝트〉의 화자 '유진 돈'에게 그대로 이어진다.

## 3

〈베트남 프로젝트〉의 화자 '유진 돈'은 매우 독특한 인물이다. 그는 '신화서술학자'이다. 자칭 '깊이 사유하는 사람이며 사상가이자 창조하는 사람'이다. '유진 돈'은 미국인으로 설정되어 있지만 그의 모습에서 〈야코부스 쿳시의 이야기〉에 나오는 '아프리카너'의 실루엣이 어른거린다. 그는 '신화'라는 키워드를 통해 베트남 전쟁을 의미화하고 있는데, 인간의 본질에 관한 모든 진실이 베트남 안에 있다고 생각한다. '유진 돈'은 베트남 전쟁을 수행하고 있는 미국 군대와 그에게 베트남 프로젝트를 제안한 '쿳시'와 달리 '확고한 정신과 지적인 살벌함'을 지닌 '근본주의자'이다.•

그는 베트남 전쟁을 분석하면서 '의심하는 자아의 목소리, 세계 속의 자아와 그 자아를 사유하는 자아 사이를 이간시키는 르네 데카르트(근대)의 목소리'로 접근해서는 안 된다고 주장한다. 그들에게는 '절대적인 확실성'의 '권위적 목소리', 즉 '아버지의 무서운 목소리'로 다가가야 한다. 이렇듯 베트남 전쟁에 대한 '유진 돈'의 이해는 '신화적 틀'안에서 이루어진다. 현실의 구체적 목소리는 사라지고, 문명/야만, 우리/그들, 미국/베트남의 이분법만 오롯이 부각된다.

그의 목소리를 따라가 보자. 땅의 아들들(땅을 경작하는 자들의 형제애)은 권력의 옛 질서(제국주의, 미국)와 동일시되는 하늘(신)을 전복하고, 그들 자신을 위한 땅(베트남어로 보덴)을 갖고자 한다. 땅(어머니)은 그녀의 품에 아들들을 숨겨 아버지의 천둥번개로부터 안전하게 보호한다. 폭군 아버지에 대항해 이길 수 있는 결정타는 죽음의 일격이 아니라 그를 불모로 만드는 굴욕이다. 그렇게 되었을 때 그들의 왕국은 더 이상 비옥하지 못한 황무지로 변해버릴 것이다.

'유진 돈'은 '지성의 확고부동한 요새'인 미국의 도서관 한 귀퉁이에서 '모성의 대지를 공격하는 숭고한 꿈'을 꾸고 있다. '풀 수 없는 좌표는 그것 자체를 공격해 제거해버리면 된다.' 그러려면 '죄의식'을 억눌러야 한다. '양심'의 문제들은 그의 연구의 범주가 아니다.

• 〈베트남 프로젝트〉에 나오는 미국 군대나 직장 상사 '쿳시'는 〈야코부스 쿳시의 이야기〉에 나오는 네덜란드 동인도 회사나 영국 선교사와 비슷한 입장을 취하고 있다.

우리는 더 이상 땅을 경작해 먹고사는 게 아니라 땅과 땅의 폐기물을 집어삼키며 살아가고 있다. 우리는 땅을 버리고 새로운 천상의 사랑을 향해 비상하기로 했다. 우리는 우리 자신의 머리에 번식할 능력을 갖추고 있다. 땅이 그녀의 아들들과 근친상간적인 음모를 꾸밀 때 우리는 우리의 뇌에서 솟구쳐 나오는 기술techne의 여신의 팔에 의지해야 하는 건 아닐까? 땅-어머니는 여자의 몸 없이 만들어진 그녀의 충실한 딸로 대치되어야 할 때가 아닐까? 아테나의 시대가 밝아온다. 인도-차이나 극장에서 우리는 지구시대의 종말, 그리고 하늘—신과 단성생식으로 태어난 그의 딸—여왕이 결혼을 하는 연극을 공연한다. 만약 이 연극이 어설프다면, 그건 우리가 우리의 배역을 이해하지 못한 채로 잠을 자면서 역사의 무대 주변에서 비틀거린 탓이다. 이제 나는 우리가 그 속에서 우리 자신의 신화를 만들어가기 시작하는 자의식적인 역사의식의 한치 앞도 안 보이는 순간에 그 의미를 밝히고 있는 것이다.(52쪽)

그는 사실 베트남 전쟁 그 자체의 승리에 관심이 있는 것이 아니다. 그는 '피와 무정부 상태에 대항하는 지성의 끈기 있는 투쟁을 몸소 실현하는 사람'이다. '감정이나 폭력의 이야기(텔레비전에 나오는 허황한 전쟁 이야기)가 아니라 삶 자체에 관한, 복종적인 삶에 대한 이야기'를 하고 싶어 한다. '유진 돈'이 꿈꾸는 '천상의 사랑'은 다음 장면의 '궁극적인 사랑'과 얼굴을 맞대고 있다.

부시먼 여자는 문자 그대로, 아무것에도 매어 있지 않다. 그녀는 살아 있을지 모르지만 죽은 거나 마찬가지다. 그녀는 그녀에게 있어 힘의 상징이었던 남자들을 당신이 죽이는 걸 보았다. 그녀는 그들이 개처럼 총에 맞아 죽는 걸 보았다. 당신은 이제 힘 그 자체가 되었고, 그녀는 아무것도 아니다. 당신이 몸을 닦고 나서 버리는 걸레나 마찬가지다. 그녀는 마음대로 처분할 수 있는 존재다. 그녀는 아무 가치도 없다. 공짜다. 그녀가 발버둥 치면서 비명을 지른다 해도 그녀는 자신이 끝장났다는 사실을 안다. 그것이 그녀가 표현하는 자유, 버려진 자의 자유다. 그녀에게는 애착이 없다. 누구나 가지고 있는 애착마저도 없다. 그녀는 영혼을 포기하고, 대신 당신의 의지에 절대적으로 복종한다. 그녀는 당신의 의지에 맞게 반응한다. 그녀는 그녀의 몸 안에 들어서 있는 당신의 욕망이 해소될 때까지 견디는, 그리고 당신이 만족할 때까지 죽을힘을 다하는 궁극적인 사랑이다.(104쪽)

그렇다면 〈베트남 프로젝트〉는 철저하게 '아프리카너'의 관점에서 식민주의 혹은 베트남 전쟁을 바라본 작품이라 할 수 있다. 베트남 전쟁을 응시하는 작가의 시선은 분명 피해자의 고발이나 가해자의 반성이라는 차원을 넘어서는 독특한 지점을 응시하고 있다. 이를 두고 남아공의 현실을 세계화, 혹은 베트남 전쟁을 식민주의 일반의 문제로 확장했다고 말할 수 있을까? 오히려 식민주의(제국주의)의 복잡한 현실을 '아프리카너'의 관점으로 축소시키고 있다고 해석할 수는 없을까?

작가에게는 자신의 선조인 '아프리카너'의 관점을 환기함으로써 제국주의와 공모한 백인의 역사를 성찰하는 하나의 계기가 될 수 있겠지만, '유진 돈'과 '야코부스 쿳시'의 시대착오적 관점(다분히 분열적이고 신경증적이다)은 제국주의의 음험한 욕망을 신화적 이분법의 틀에 가두는 기능을 한다는 사실 또한 잊지 말아야 할 것이다.

**존 쿳시**

2003년 노벨 문학상을 수상한 쿳시는 1940년 남아프리카공화국 케이프타운에서 네덜란드계 백인의 아들로 태어났다. 1974년에 첫 소설 《어둠의 땅》을 발표한 이래로 아파르트헤이트를 비롯한 흑백 인종 간의 갈등이 첨예한 남아프리카공화국의 혼란스러운 상황을 다루면서 잔인하고 야만적인 서구 문명을 비판했다. 《마이클 K》와 《추락》으로, 한 작가에게 두 번 주지 않는다는 부커 상을 2회 수상한 최초의 작가가 됐다.

**《어둠의 땅》**

《어둠의 땅》에는 두 편의 작품이 실려 있다. 〈베트남 프로젝트〉와 〈야코부스 쿳시의 이야기〉가 그것이다. 전자는 베트남 전쟁과 관련된 이야기를 다룬 것이고, 후자는 네덜란드계 백인(아프리카너 혹은 보어인)이 아프리카 원주민을 식민화하는 일화를 소개한 것이다. 작가는 서로 다른 시대의 이야기를 병치시킴으로써 식민주의의 본질을 탐색하고 있다. 베트남을 통해 세계를, 세계를 통해 남아프리카를 보고자 한 의도를 표출한 것이라 할 수 있다.

# 신은 왜 화살을 쏘는가

치누아 아체베, 《신의 화살》•

이규진••

## 이보족의 두 영웅, 오콩코와 에제울루

치누아 아체베(Chinua Achebe)는 '아프리카 3부작'이라고 불리는 세 작품을 쓴 바 있습니다. 세 작품에는 공히 아프리카 문학의 구술적 전통과 특유의 공동체 의식이 담겨 있지요. 그중에서도 소설 《모든 것이 산산이 부서지다》와 《신의 화살》에는 공통점이 있습니다. 바로 시간적 배경인데요, 비슷한 시기를 배경으로 합니다. 두 소설의 선후를 따지자면 《모든 것이 산산이 부서지다》가 먼저고 《신의 화살》이 나중입니다. 전편에 등장한 백인 치안판사는 책을 남기는데요. 《니제르 강 하류 원시 종족의 평정》이라는 제목의 책입니다. 후편에서 영국인이 동일한 제목의 책을 읽는 장면이 등장합니다. 《신의 화살》에서 윈터바텀 대위가 1910년에 나이지리아로 부임했으며,

• 치누아 아체베, 《신의 화살》, 이소영 역, 민음사, 2011.

•• 경희대학교 후마니타스칼리지 강사. 경희대 국어국문학과 박사과정 수료.

근무한 지 십오 년 정도 되었다는 정보로 미루어 추측하건대 《신의 화살》의 시간적 배경은 1920년대입니다. 이 시기는 영국이 나이지리아를 직접 통치하던 시기입니다. 나이지리아에서 식민지 체제를 공고히 갖춰가는 시기였지요. 우리는 이 두 소설에서 아프리카 토착 사회가 서구의 제국주의 행정부와 기독교 세력과 만나 어떤 변화를 겪는지 살펴볼 수 있습니다. 첫 작품에서 무언가 부족했다고 느낀 걸까요? 아체베는 왜 비슷한 시기를 배경으로 장편소설을 두 편이나 썼을까요?

두 소설 모두 개인적 능력이 뛰어난 인물이 등장합니다. 《모든 것이 산산이 부서지다》의 주인공 오콩코는 마을 최고의 씨름선수이자 용맹한 전사이며, 부족을 대표하는 조상신의 영령을 받드는 영적인 지도자들 중 한 사람입니다. 씨름선수답게 남성적인 육체와 강인한 정신의 소유자인 오콩코는 아버지가 무능력한 사람이라 물려받은 재산이 없어 열심히 농사를 짓습니다. 얌 종자를 빌리고 갚기를 반복하며 마침내 일가를 이루게 되지요. 오콩코는 아프리카의 변화무쌍한 자연 환경과 게으른 아버지 때문에 고난을 겪지만 스스로의 힘으로 이겨냅니다. 식민지를 건설하려는 백인들까지는 극복하지 못하지만요. 심지어 그의 아들은 자신의 친구를 죽인 아버지에 반발해 기독교로 개종까지 합니다. 오콩코는 그 후로 아들을 인정하지 않아요. 마을의 전통에 따라서 백인들과 전쟁을 벌일 수도 있었지만 부족민이 반대하는 바람에 전쟁은 시도조차 하지 못합니다. 결국 오콩코는 자살을 택합니다.

《신의 화살》의 에제울루는 여섯 마을을 대표하는 신 가운데 우두

머리격인 울루신을 모시는 사제입니다. 마을의 원로이면서도 시력이나 완력은 젊은이 못지않게 좋습니다. 그의 임무 중 하나는 "절기와 농작물"과 관련된 선포입니다. 호박잎 축제일과 햇얌 축제일 등이 그 예입니다. 에제울루가 축제일을 선포하지 않으면 "축제가 거행될 수 없을 것이고, 그렇게 되면 파종과 추수도 없"습니다. 그는 "자기한테 정말로 그런 힘이 있을까 의심스러"워 합니다. 한편으로는 대사제가 선포를 거부할 수 있을까 상상하기도 합니다. 그는 백인들이 막강한 힘을 가졌다는 걸 알고 있습니다. 그래서 오콩코와는 다르게 아들인 오두체를 백인들에게 보냅니다. 백인이 저렇게 강하다면 백인의 방식을 배워야 한다고 생각합니다.

이렇게 두 인물은 각기 개성이 뚜렷한 인물입니다. 오콩코는 아프리카의 척박한 환경과 물려받은 가난을 자신의 노력으로 이겨낸 강인한 남성입니다. 마을에서 영향력 있는 인물이 되려면 이 정도는 돼야 한다는 듯이 말이지요. 자신이 겪은 고난을 피하지 않고 맞서는 강한 남성이 아니었다면 그가 농부로서나 전사로서 성공하기는 어려웠을지도 모릅니다. 한편으로 그는 자신이 약해보이는 것을 그 무엇보다 싫어하는 점 때문에 여러 번 실수를 저지릅니다. 그는 훌륭한 전사였지만 어쩔 수 없는 한계를 가지고 있었지요. 그런 그가 백인들과 충돌하자, 그러한 한계 때문에 결국 몰락합니다. 그는 자신이 선 자리에서 자신의 논리에 따라 일관성 있게 무엇이든 최선을 다하는 인물입니다. 심지어 실패할 거라는 걸 알면서도 최선을 다하지요. 그래서 그의 몰락이 더욱 안타깝습니다. 영웅이라서 몰락할 수밖에 없는 구조랄까요. 아리스토텔레스가 《시학》에서 비극의 주인공을 언급한 부분이 떠오릅니다. "덕과 정의에 있어 탁월하지는 않으나 악덕과 비행 때문이 아니라 어떤 과실 때문에 불행을 당한 인물"이자 "동등한 가문의 저명 인물들처럼 큰 명망과 번영을 누리는 자들 가운데 한 사람"이 비극의 주인공일 때 공포와 연민의 감정을 불러일으킨다•고 했지요. 가문은 훌륭하지 않더라도 오콩코를 아프리카적인 영웅이라 부르기에 손색이 없어 보입니다.

에제울루는 제사장입니다. 우무아로의 여섯 마을을 대표하는 신을 모시고 있지요. 오콩코와는 다르게 출생 신분부터가 남다릅니다. 그의 아버지는 역대 에제울루 중 가장 "사제의 직분을 주술, 마술과 잘 조화"시킨 자로, 그 영향력이 엄청났다고 전해집니다. 에제울루의 이복동생인 오케네 오네니이는 뛰어난 주술사입니다. 아버지의 재주를 나눠가졌다는 생각에 이복형이 자신을 미워한다고 생각하지요. 넘어서기 힘든 아버지가 부담으로 작용한 탓일까요? 에제울루는 독단적이고 독선적입니다. 자신이 틀릴 수 있다고 생각하지 않습니다. 그의 아내는 아들인 에도고에게 "에제울루의 단 한 가지 잘못은 모든 사람들이, 그러니까 아내, 친족, 자녀, 친구, 심지어는 적들까지도 자기처럼 생각하고 행동하기를 기대하는 것"이라고 말합니다. 전쟁을 앞둔 상황에서, 오콩코가 전사의 복장을 하고 앞장서서 전쟁 준비를 하는 인물이라면 에제울루는 이야기로 마을 사람들에게 반전을 설득하는 인물이지요. 에제울루는 몸으로 직접 뛰어드는 일에 나서지는 않습니다만, 마을에 문제가 생겼을 때 해결에 책임을 지는 사람입니다. 그 역시 아프리카적 영웅이라는 칭호에 걸맞은 사

• 아리스토텔레스, 《시학》, 천병희 역, 문예출판사, 2002. 77~83쪽 참조.

람이지요.

두 영웅의 몰락은 아프리카의 몰락과도 연관됩니다. 이 둘의 몰락은 외부 세력의 침입을 떼어놓고 생각할 수 없습니다. 서구의 행정부와 기독교 선교 세력에 맞서 두 인물은 각자의 방식대로 저항합니다. 특히 에제울루는 아프리카인의 정신적인 지주 역할을 한다는 점에서 그의 언행에 주목할 필요가 있습니다. 오콩코보다 에제울루의 몰락이 한층 무겁게 느껴지는 이유이기도 하지요. 비슷한 시기를 배경으로 또 하나의 작품을 쓴 이유도 오콩코를 그리면서 다루지 못했던 기독교와 토착 종교 사이의 갈등을 정면으로 다뤄보고자 하는 의도였을지도 모릅니다. 치누아 아체베가 기독교 집안에서 자랐다는 점도 그가 아프리카인의 입장과 선교사의 입장 모두를 이해하는 데 도움을 주었겠지요. 그렇다면 에제울루는 왜 몰락했을까요? 그의 몰락이 의미하는 바는 무엇일까요?

## 에제울루의 분노를 키우는 세 가지 사건

우무아로 마을은 분열되어 있습니다. 분열을 고착화하는 사건 세 가지가 있습니다. 첫 번째는 우무아로와 옥페리 마을 사이 토지 분쟁입니다. 두 번째는 비단뱀 사건입니다. 세 번째는 족장 임명 건입니다. 에제울루의 가장 큰 임무 중 하나는 마을의 통합입니다. 갈등이 생기면 해결해야 해요. 그에게는 미래를 바라볼 수 있는 능력이 있지만 마을 사람들은 그의 안목에 미치지 못합니다. 오해는 자꾸

쌓이게 되지요. 세 가지 사건이 이어지면서 마을 사람들에 대한 에제울루의 분노는 쌓여만 갑니다.

세 가지 사건은 공통적으로 마을 내 정적인 은와카–에지데밀리, 영국 식민 행정부 소속 백인들 그리고 마을 사람들과의 관계에서 비롯됩니다. 첫 번째 사건은 토지 분쟁인데요, 에제울루는 은와카라는 인물과 갈등을 빚습니다. 우문네오라 마을의 은와카는 "여섯 마을을 통틀어 이 땅에서 가장 높은 직위인 이루(재물 신) 직을 맡고 있는 세 사람 중 하나"입니다. 은와카에게는 절친한 친구이자 스승이 있는데요, 그가 은와카를 부추기곤 합니다. 그는 이데밀리 신의 사제인 에지데밀리입니다. 에지데밀리는 "울루 신이 있기 전에는 각 마을의 진정한 지도자들이 은와카처럼 높은 직위의 사람들"이었다고 끊임없이 주장합니다. 이데밀리, 오구구, 이루, 우도의 사제들이 "자신들의 역할이 이차적이라는 사실에 한시도 만족한 적이 없었"다는 걸 에제울루 역시 알고 있습니다.

울루 신을 다른 신보다 우위에 놓은 역사적인 이유가 있습니다. 옛날에 "우무아찰라, 우문네오라, 우무아구, 우무에제아니, 우무오구구, 우무이시우조"라는 여섯 마을이 있었습니다. 서로 다른 부족으로 각각의 신을 섬겼지요. 그런데 아밤의 용병들이 한밤중에 침략하기 시작했습니다. 여섯 마을의 지도자들은 "공통의 신을 모시기 위해 강력한 주술사들을 고용해 조를 짰"습니다. 그 신이 울루 신입니다. 여섯 마을은 우무아로라는 이름을 택했지요. 그중 가장 약한 마을에 사제직을 맡깁니다. 그 이유는 "힘센 마을 사이의 질시" 때문입니다. 다행히 그날부터 우무아로는 "어떤 적이 와도 절대로 패배하는 법이 없었"습니다. 울루 신은 마을의 수호신입니다. 이 말은 적에게 패배한 적이 있었다면 울루 신이 지금의 지위를 유지하지 못했을 수도 있다는 의미를 포함합니다. 마을이 통합되어 있지만 긴장 관계가 없던 것은 아니었습니다. 이데밀리 신의 사제인 에지데밀리는 에제울루를 끝내 인정하고 싶지 않았던 모양입니다.

이렇게 여섯 마을이 분열되어 있는 상황에서, 옥페리 마을은 우무아로 마을에게 토지를 반환하라고 요구합니다. 토지를 반환할 것인지 아니면 옥페리 마을이 전쟁 혹은 평화 중 선택할 수 있도록 사절단을 보낼 것인지 우무아로 마을 사람들은 토론을 벌입니다. 에제울루는 아버지로부터 옥페리 마을이 우리에게 땅과 신을 내주었다는 이야기를 들었다면서 토지를 돌려주자고 주장합니다. 이에 은와카는 "땅에 대한 전설은 수많은 아버지들이 갖고 있는 지식을 넘어선다"고 주장하며 맞섭니다. 자신의 아버지는 다른 이야기를 들려주셨다면서요. 또 옥페리는 선교사와 식민지 행정부에 호의적인 마을입니다. 우무아로는 호의적이지 않았지요. 은와카는 "백인이 들어와 우리를 엉망진창으로 만들어 놓지 않았다면 그들이 우리의 농경지를 자신들의 것이라고 주장했겠"느냐고 반박합니다. 은와카의 말은 새겨둘 만합니다. 백인들이 강하긴 하지만 명분이 생겼을 때 옥페리를 꺾어두자는 것이지요. 또한 땅에 대한 전설이 하나만 있을 리 없습니다. 이 전설은 선조로부터 입에서 입으로 전해 내려오는 이야기니까요. 은와카의 주장에 따르면 어느 누구의 이야기를 절대적으로 옳다고 보기는 어렵습니다. 누구의 이야기에 얼마나 더 많은 마을 사람이 동조하는지가 중요합니다. 여론을 형성한 사람이 앞으로도 마을 사람에게 더 많은 영향력을 행사할 것이기 때문이지요.

우무아로는 마을 회의를 거쳐 옥페리로 사자를 보냅니다. 마침 옥페리는 장이 들어선 날이었고, 장날에 다른 일을 하지 않는다는 풍습이 있습니다. 그럼에도 사자는 옥페리 마을의 원로를 모아달라고 요구해 싸움이 벌어집니다. 사자는 사체가 되어 우무아로로 돌아옵니다. 마을 사람들은 흥분했습니다. 은와카는 또다시 전쟁을 주장합니다. 에제울루는 전쟁을 하지 말자고 주장합니다. 그렇지만 마을 주민의 여론에 따라 전쟁이 개시됩니다. "우무아로는 네 명을 죽였고 옥페리는 세 명을 죽"였습니다. 이때 윈타보타라는 백인이 군인을 데려와 싸움을 중단시킵니다. 우무아로에 있는 총을 다 거두어 들여 부러뜨리지요. 토지 분쟁을 심판하는 자리에서는 "문제의 땅을 옥페리로 넘"깁니다. 윈타보타는 마을 사람 모두가 위증을 했는데 에제울루만이 진실을 증언했다고 말합니다.

여기까지만 보면 우무아로 내에서 벌어진 마을 사이의 알력 다툼을 백인이 중재한 사건이라고 볼 수도 있겠지요. 그런데 백인이 개입해서 토지 분쟁을 심판할 때 에제울루가 마을 사람과 반대되는 증언을 하면서 그가 마을 사람들로부터 미움을 받게 됩니다. 에제울루의 친구인 아쿠에부에는 에제울루에게 "아무리 훌륭한 사람이라도 부족을 상대로 이길 수는 없는 법"이라고 충고합니다. 겉으로는 에제울루가 마을 사람들을 이긴 것처럼 보여도 마을 사람들은 에제울루가 "백인 앞에서 마을을 배신했다고 말할 것"이라는 의미입니다.

에제울루는 백인의 힘을 알고 있습니다. "백인들이 들어와 이 땅과 통치권을 빼앗아 간다면 어떤 일이 벌어질"(84쪽)지 상상합니다.

"그런 경우에는 가족 중 한 사람이라도 그 패거리에 끼어 있는 게 현명"(84쪽)하다고도 생각합니다. 에제울루는 아쿠에부에게 "내일을 볼 수"(235쪽) 있기 때문에 불필요한 전쟁을 피하기 위한 선택이었다고 이야기합니다. 토지 분쟁 따위로 형제 같았던 옥페리와 멀어질 필요는 없다는 것이지요. 에제울루는 백인에게 힘으로 맞설 수 없다는 점을 알고 있습니다. 그렇다고 해서 그가 백인의 비위를 맞추기 위해 홀로 다른 증언을 하거나 아들을 보낸 것은 아닙니다. 부족민의 생존을 책임지는 자의 입장에서 보면 "그곳에서 내 눈이 되어"(89쪽) 줄 사람이 필요했다는 것이지요. 강대국과 화친을 맺을 것인가 전쟁을 일으킬 것인가 하는 두 가지 선택 사이에서 에제울루는 어느 한 쪽만을 선택하지 않습니다. 한 쪽만을 선택하면 매우 위험한 상황이 벌어질 수 있어요. 에제울루는 최대한 다양한 가능성을 열어두고 판단하고자 합니다. 그렇지만 마을 사람들이 보기에 오해를 할 수 있는 것도 사실입니다.

에제울루는 "울루의 신성한 지팡이를 잡고 있는 사람이 어떻게 거짓•이라는 걸 뻔히 알면서 말할 수 있단 말인가?"하는 생각에서 증언했습니다. 자신이 아버지로부터 들었던 진실이기에 마을 사람들이 반발할 것을 알면서도 말해야 했던 겁니다. 에제울루는 아쿠에부

• 이를 두고 윈터바텀 대위는 토착민들이 "어린아이들처럼 대단한 거짓말쟁이"라고 말합니다. 서구인들은 아프리카인이 거짓말을 쉽게 한다고 생각하는 경향이 있지요. 이 사건의 경우 윈터바텀 대위는 외부인의 시선으로 그들을 판단하고 있습니다. 그렇지만 우무아로와 옥페리의 토지 분쟁의 문제는 사실 확인으로 시시비비가 가려질 사항은 아닙니다. 그러므로 윈터바텀 대위가 스스로 현명한 판사 역할을 했다고 생각하는 것은 무지에서 비롯한 오만입니다. 그가 내린 판결이 힘을 가질 수 있었던 이유는 그가 가진 무력 때문입니다.

에에게 두 가지를 이야기합니다. 하나는 "이 세상에서 가장 큰 거짓말쟁이도 아들에게는 진실을 말하는 법"이라는 것. 두 번째는 땅의 경계선이 확실치 않은 경우에 아버지는 아들에게 자신의 생각을 말할 수 있지만, 이러한 생각을 가지고 신 앞에서 맹세를 하지는 말라고 충고한다는 것.

에제울루도 토론할 수 있는 여지가 있음을 알고 있지요. 은와카도 비슷한 요지의 말을 했습니다. 물론 은와카와 에지데밀리는 에제울루를 견제하기 위한 포석을 둔 것이구요. 에제울루의 증언은 여러 입장이 얽혀 있는 민감한 사안입니다. 에제울루는 여기에서 개인의 진실과 부족의 진실 가운데 개인의 진실을 선택합니다. 전쟁을 일으키지 않았더라도 가만히 앉아서 토지를 내주었다는 비판을 면하기는 어려웠을 겁니다. 에제울루가 어떤 선택을 하든 반대파의 비판을 피하기는 어려운 상황입니다. 그럼에도 에제울루가 백인 앞에서 진실을 증언했고 백인의 판결에 따랐다는 점을 눈여겨 볼 필요가 있습니다. 에제울루는 백인과 협력해서 자신의 이익을 이끌어내는 인물은 아닙니다. 다만 그는 마을 사람들보다 자신이 위에 있다고 인식합니다.

두 번째 사건은 에제울루가 백인에게 보낸 셋째 아들 오두체가 주범입니다. '비단뱀을 죽였을 경우 동족을 죽인 것으로 간주하는 법령'이 있을 만큼 비단뱀은 신성한 동물이지요. 오두체는 교회의 분위기에 휩쓸려 비단뱀을 죽이려고 시도합니다. 상자 안에 비단뱀을 넣고 자물쇠로 잠가버립니다. 오두체의 배후에는 비단뱀을 죽이라고 사주하는 백인 선교사가 있습니다. 다행히 상자가 열려서 비단뱀은 살아납니다. 그렇지만 마을에는 이미 에제울루의 아들이 비단뱀을 죽이려고 했다는 소문이 퍼집니다. 마을 사람들의 오해는 점점 커졌어요. 어떻게 에제울루의 아들이 그런 짓을! 게다가 비단뱀은 에지데밀리가 모시는 동물입니다. 에지데밀리는 에제울루에게 사자를 보내 이 일의 책임을 묻습니다. 에제울루는 자존심이 상해 사자에게 분노를 표출합니다. 백인에게서 비롯된 것인데 에지데밀리와의 갈등과 마을 사람들의 오해는 커져가는 상황입니다.

세 번째 사건은 영국 행정관 윈터바텀 대위가 에제울루에게 출석 명령을 내리면서 시작됩니다. 에제울루는 마을 회의를 열어 사람들의 의견을 듣고자 해요. 그때 은와카가 말합니다. "당신이 매듭을 지었으니 푸는 법도 당신이 찾아내야 한다."고요. 백인과 친해지려고 아들까지 보냈는데 저들이 부르면 당연히 가야 하는 것 아니냐고 비꼬는 겁니다. 에제울루는 분을 삭이며 홀로 떠나기로 마음을 굳힙니다. 옥페리에 가서 당당하게 대족장을 거부하고 감옥에 갇히지요. 일시적으로나마 대사제로서의 지위를 상실하게 됩니다. 에제울루는 마을을 떠나선 안 되기 때문입니다. 이 소식이 전해지자 에제울루의 적들은 반신반의합니다. 대족장은 당연히 에제울루가 원하는 것이라고 생각했거든요. 그런데 이때 거짓말처럼 윈터바텀 대위의 병세가 악화됩니다. 사람들은 에제울루가 힘을 써서 그의 병세를 악화시켰다고 믿어요. 에제울루의 평판은 계속 상승합니다. 윈터바텀의 대리인인 클라크 입장에서는 에제울루를 가둬두어도 문제, 풀어줘도 문제입니다. 마침 동나이지리아에서의 간접 통치에 관한 토착민 담당 장관의 보고서가 도착합니다. 옥페리의 대족장이 매우 부패한 점을 들어 족장 제도를 비판적으로 바라본다는 내용입니다. 클라크는 에제울루를 풀어주게 됩니다. 이렇듯 언제나 백인이 분쟁거리를 제공합니다. 토지 문제나 비단뱀 사건이나 족장 임명 문제 모두 백인이 연관되어 있지요. 그 후에는 은와카-에지데밀리가 설득력 있는 이야기를 통해 여론을 조성합니다. 마을 사람들은 에제울루에게 의심을 품습니다. 에제울루는 이러한 사건의 반복을 거쳐 분노를 점점 쌓아갑니다. 풀려난 에제울루는 우무아로를 혼내줄 마음을 먹게 됩니다.

### 신과 인간 사이

에제울루는 "축제일을 선포하지 않는다는 게 가능"한가? 라는 질문을 스스로에게 던진 적이 있지요. 자신이 가진 힘이 자신의 것이 아니라는 점을 잘 알고 있습니다. 그러면서도 내심 "울루의 대사제는 그 이상이었고 그 이상이어야 했다."고 생각합니다. 한번 시험해 보고 싶은 마음이 없지는 않았을 겁니다. 신과 인간의 경계에서 에제울루는 조금이라도 신의 편에 가까운 인물이고 싶어 합니다. 앞서 살펴보았듯이 그는 적이 많습니다. 그의 독단적인 태도 때문에 마을 사람들은 그의 행동을 이해하지 못하지요. 에제울루가 친절하게 사람들을 이해시키려는 인물도 아닙니다. 아버지는 특히나 영향력이 컸던 에제울루였던 점도 무시할 수 없습니다. 은와카는 마을 사람들에게 "신을 받드는 사람은 왕이 아니"며 그는 "단지 신의 의식을 거행하고 신에게 제물을 바치기 위해" 존재한다고 말합니다. 그런데 지금의 에제울루는 "왕, 사제, 예언자 그 모든 걸" 원하고 있다고 이야기합니다. "우무아로는 이보족에게 왕이 전혀 필요 없다는 걸" 알려주었다는 점을 분명히 말해둡니다.

여기서 한 가지 살펴볼 점이 있습니다. 우리는 흔히 아프리카 부족 사이에서 신과 같은 권력을 가진 '족장'을 상상하곤 합니다. 윈터바텀에 따르면 강력한 권력을 갖는 '대족장'을 임명하고자 하는 계획은 오히려 영국에서 고안해낸 것입니다. 이보족의 정치 체제는 위에서 살펴볼 수 있듯이 중앙집권형 체제가 아닙니다. 권력이 한 곳으로 몰리는 것을 막는 장치도 있지요. 테렌스 레인저는 영국의 행정 담당자들이 '제국적 군주정'의 이념을 아프리카에 도입하여 아프리카의 전통이 발명되기도 했다고 주장합니다.• 전지전능한 신을 상정하며 신에게서 권력을 물려받은 군주라는 개념입니다. 이처럼 우리가 알고 있는 아프리카의 전통 중에는 행정 담당자나 인류학자와 같은 사람들이 발명한 전통들이 약호화(codify) 되어 있다고 합니다. 아프리카인들이 이러한 위계를 받아들이면 백인들로서는 통치하기가 쉬워질 테니까요.

에제울루는 백인들의 이러한 전략을 거부합니다. 옥페리 마을에는 백인들의 '만들어진 전통'을 받아들여 황제처럼 군림하는 이케디 1세가 있지요. 백인들이 보기에도 눈살을 찌푸릴 만큼 부정부패가 심한 인물입니다. 이처럼 서구가 아프리카 인을 지배하기 쉽게 만든

• 테렌스 레인저, 〈식민지 아프리카에서 전통의 발명〉, 《만들어진 전통》, 박지향·장문석 역, 휴머니스트, 2004, 397~492쪽 참조.

전략을 받아들여 자신의 권위를 표현하는 인물도 있지만 에제울루는 그렇지 않습니다. 오히려 유럽 문화의 좋은 점과 우리 것을 섞자고 생각하는 쪽에 가깝습니다. 에제울루는 '전통 종교'를 강화하자는 인물이지요.

이토록 강한 에제울루가 두려워하는 것은 무엇일까요? 우무아로를 떠나 옥페리에 머무르면서 백인과의 만남을 기다리던 때, 에제울루는 악몽을 꿉니다. 우무아로 원로들의 대집회에서 은와카의 선동으로 사람들이 울루 신을 내쫓자고 말합니다. 그 이유는 백인에게서 우리를 구해낼 수 없기 때문이었습니다. 이처럼 이보 전통에서 신은 유일신의 신앙처럼 항상 절대자의 존재라고 볼 수는 없습니다. 그들의 신은 실패하기도 하고 게으르기도 합니다.• 이런 점에서 볼 때, 에제울루가 울루 신의 실패를 온전히 받아들일 수 있을 것 같지는 않습니다. 그래서 그는 "극한에 이르기까지 고통을 감내"합니다. 상대가 가장 약한 순간에 일곱 개의 어금니를 드러내는 '아프리카 독사'처럼 말입니다.

백인과의 싸움에서 당당히 이기고 돌아온 에제울루는 햇얌 축제 시기가 되어도 축제를 선포하지 않습니다. 처음에는 에제울루의 보조원 여섯 명이 찾아오고, 이틀 뒤에는 높은 직함을 가진 마을 사람 열 명이 에제울루를 찾아오지요. 추수 시기를 놓치면 얌은 햇볕에 말라버려 못 먹게 됩니다. 에제울루는 울루 신이 명령한 바라고 그

• 잭 구디는 글을 사용하는 사회에서 회의주의 덕분에 지속적인 발전을 이루게 되었다는 점을 인정합니다. 그러한 회의주의가 구술문화에도 등장한다고 지적합니다. 초자연적인 힘의 실패를 인식할 때 이러한 의심이 작동한다고 주장합니다.(잭 구디, 《잭 구디의 역사인류학 강의》, 김지혜 역, 산책자, 2010, 325~332쪽 참조)

들에게 말합니다. 그는 마을 사람들이 이런 고난을 겪고 나면 누구도 자신에게 거역하지 못할 거라고 생각한 것 같습니다. 사람들은 그가 전령에 불과하긴 하지만 울루 신의 말씀을 거역하지는 않을 것이라고 믿지요. 만약 거역했다가는 울루 신이 에제울루에게 어떤 처벌을 내릴지 모르니까요.

울루 신은 이미 한 차례 에제울루에게 이야기한 바 있습니다. "이게 네 개인적인 싸움이라고 누가 너한테 말했느냐?"라고 말이지요. 울루 신은 이데밀리와의 싸움은 피할 수 없으니 너는 빠지라고까지 말합니다. 그렇지만 에제울루는 햇얌 축제 선포를 거부함으로써 신들의 싸움에 개입했습니다. 이러한 상황을 감지한 선교사(이름이 굿컨트리입니다)는 사람들에게 "새로운 신에게 감사의 예물을 드리면 울루 신에 대한 두려움 없이 농작물을 수확할 수 있다."고 말했습니다.

한편 추수가 지연되면서 가장 타격을 입은 사람은 오그부에피 아말루의 가족들입니다. 장례식을 치러야 하는데 물자가 부족한 상황이거든요. 이웃 마을에서 비싼 값을 주고 얌을 사오기에 이릅니다. 아말루의 가족들은 에제울루의 아들 오비카에게 옥바줄로보도로 달려줄 것을 간청합니다. 옥바줄로보도는 장례식 행렬 맨 앞에서 달리면서 노래를 부르는 일입니다. 오비카는 몸이 좋지 않았지만 이것을 거절하면 저 사람들이 "에제울루와 그의 가족이 마을 사람들의 매장의식을 망쳐 놓겠다는 마음을 드러냈다"고 말할 거라는 데까지 생각이 미치자 승낙합니다.

울루 신은 에제울루에게 어떻게 응답했을까요? 오비카는 옥바줄로보도를 달리고 나서 쓰러져 죽습니다. 에제울루는 그 소식을 듣고

광기에 사로잡힙니다. 이로 인해 "에제울루는 죽는 날까지 미쳐 버린 대사제로 거만하고 영광스럽게 살았"습니다. 그리고 추수 감사절에 교회에는 선교사의 예상보다 훨씬 많은 사람들이 나타납니다. 사람들은 전통 신앙을 버리고 기독교로 개종합니다. 앞으로 마을 공동체는 분열과 재편을 경험하지 않을 수 없을 것입니다. 결국 에제울루의 욕심이 그를 파멸하게 만들었습니다. 그 욕심은 물론 에제울루 개인의 안위를 위한 것만은 아니었습니다. 이러한 과정을 거쳐 마을의 결속력을 다지려는 의도였습니다. 그렇지만 울루 신은 신들의 싸움에 끼어든 에제울루를 가만두지 않았지요. 그가 가진 모든 것을 박탈합니다. 다만 그가 그토록 집착했던 사제로서의 지위만 남겨두고 말입니다.

## 타고 남은 재

가장 높은 신의 사제인 에제울루도 공동체 바깥에 위치할 수는 없었습니다. 그는 자신의 직위를 자랑스러워하는 임무에 충실한 사제였지만 개인의 능력을 벗어나는 행동으로 결국 신의 응징을 받습니다. 신의 뜻을 인간이 전부 알 수는 없겠지요. 어떤 사건이 벌어진 뒤에야 인간들은 신의 뜻을 짐작할 뿐입니다. 신의 뜻을 대리하는 자도 예외는 아니었습니다. 그럼 에제울루는 언제까지나 정적들의 시기·질투와 마을 사람들의 오해를 견뎌야만 하는 것일까요? 신의 대리인으로서 인간이 감당하기 힘들 만큼의 분노도 품어야 하는 것일까요? 부족민들이 무능하거나 게으른 신을 응징할 수 있다는 점에서 아마 신도 편안한 자리만은 아닐지도 모릅니다.

그렇다면 신의 의도는 무엇일까요? 외부 세계에 대한 저항이 가장 심했던 우무아로에도 기독교가 마을 깊숙이 들어올 것입니다. 변화는 피할 수 없지요. 그럼 마을 공동체는 해체되는 것이 아닌가 걱정이 되기도 합니다. 이러한 가운데 눈에 띄는 인물이 있습니다. 백인을 위해 일하지만(윈터바텀의 시종) 자기 부족의 규칙을 그대로 지키고자 하는 은워디카•, 우무아로에서 가장 먼저 기독교로 개종했고 백인의 짐꾼이며 목수이지만 기독교인에게 비단뱀을 죽여선 안 된다고 설파하는 모제스 우나추쿠 그리고 에제울루의 지위를 물려받지는 못했지만 탈 제작에 뛰어난 재능을 보이는 에도고가 있습니다. 이들은 원래 그들이 있어야 할 곳에서 어떤 이유에서든 벗어나 있는 자들입니다. 마을을 떠나 백인들과 생활하면서 그들의 하인 역할을 충실히 한다든지 에제울루인 아버지로부터 자리를 물려받을 생각을 일찍 접고 탈 제작에 혼신의 힘을 다하기도 합니다. 그들은 그들만의 삶을 새로운 방식으로 만들어낼 필요가 있었습니다. 능력을 갈고닦아 경제력을 키우고 삶의 터전을 만들어간다는 점에서 유럽의 부르주아 계급이 프랑스혁명 이후 자신의 위치를 공고화시켰던 방식을 떠올리게 합니다. 더군다나 이들은 백인 행정부와 부족민, 기독교인과 부족민 사이에서 균형을 잘 잡고 있지요. 토착 전통에서 지

• 에제울루의 친구 아쿠에부에는 은워디카가 백인을 위해 일하는 이유를 듣고 에제울루가 은워디카를 좋아하게 된 이유를 알 것 같다고 하지요. "두 사람이 생각하는 게 꼭 형제"같다고 생각합니다.

켜야 할 것은 지키되 새로운 문화를 받아들이면서도 넘지 말아야 할 선은 넘지 않습니다. 이보족 전통에 밝은 아쿠에부에는 우무아로의 자랑이라면 "한쪽만 옳고 다른 한쪽은 틀렸다고 생각하지 않는다는 점"이라고 말합니다. 그의 말처럼 이들은 토착 세력과 외부 세력 사이에서 균형을 이루어나갈 가능성을 보여주는 이들입니다. 타고 남은 재• 속에서 새로운 가능성을 모색하는 이들이지요.

문화와 문화가 만나면 서로 영향을 주고받게 마련입니다. 우리가 알다시피 서구 제국주의 세력은 미개한 종족을 개화하기 위해라는 명목하에 무력을 앞세워 아프리카를 침략했지요. 단순히 문화를 전파하기 위해서가 아니었습니다. 식민지 행정부 세력과 기독교 세력은 한 몸처럼 움직입니다. 서구인이 아프리카에 자리를 잡기 이전에도 아프리카에는 아프리카인의 사회가 있고 문화가 있었습니다. 압도적인 무력을 갖춘 서구인 앞에서 대다수 아프리카인은 그들을 두려워합니다. 법이라는 명목하에 강제력을 행사하는 백인들과 충돌했을 때, 마을 사람들이 전통 신앙을 버리고 하나 둘 기독교로 개종할 때 아프리카인의 지도자는 어떤 판단을 내릴 수 있을까요? 이미 그들은 깊숙하게 침투했고 변화는 피할 수 없다고 할 때, 지금 여기에서 아프리카인은 어떤 선택을 해야 할까요? 아프리카의 비극적 상황에서 영웅들이 할 수 있는 것, 어쩌면 아체베는 이 소설을 통해 그러한 모습을 제시하고 싶었는지도 모릅니다. 그리고 아프리카의

• 《모든 것이 산산이 부서지다》 17장에서 오콩코는 세상사란 "불은 타오른 후 식어, 무기력한 재를 낳는 것"이라고 생각합니다. 《신의 화살》에서는 재 속에서도 새로운 가능성이 있음을 보여줍니다. 재를 남기는 것이 결코 무의미한 것이 아님을 보여주고 있지요.

남은 사람들에게는 전통 중에서도 어떤 전통을 살려야 할 것인가 하는 과제를 남깁니다. 전통이라고 해서 모두 계승해야 하는 것은 아닐 겁니다. 아체베는 자신의 작품을 통해 이러한 과제에 성실하게 응답하고자 합니다.

**치누아 아체베**

치누아 아체베는 아프리카인이 말하는 아프리카의 모습을 처음으로 느끼게 해주었던 작가이자 아프리카인에게 아프리카란 무엇이고 전통이란 무엇이며 공동체란 무엇인가를 묻고 싶을 때 찾아 읽어야 하는 작가다. 그는 아프리카의 풍습과 구전 문화, 공동체의 생활상을 알고 싶을 때에도 선생님처럼 도움을 주며, 우리가 익숙하게 알고 있는 서구의 비극 개념과는 다른 비극을 선보인다. 아프리카의 과거와 현재를 바라보는 혜안을 가졌으며 미래의 전망까지 제시한다. 2013년에 타계했다.

**《신의 화살》**

아프리카 그중에서도 현재 나이지리아 지역이 근대화되기 이전의 모습을 생생하게 느낄 수 있는 작품으로, 아직도 아프리카가 유럽 열강의 정복 이후에야 문명이 들어섰다고 생각하고 있다면, 나이지리아 이보족의 정신적 지주가 어떤 인물인지 궁금하다면, 이보족의 전통적인 신들은 누가 있는지 알고 싶다면, 세력을 넓혀가는 영국인들에게 맞선 이보족의 모습을 살펴보고 싶다면 반드시 읽어야 하는 작품이다.

# 소말리아의 속살을 엿보다

누르딘 파라, 《해적떼들》•

고인환••

## 1

소말리아는 오늘날 세계에서 가장 '실패한 국가'로 손꼽힙니다. 그 이유는 나라 전체가 폭력으로 물들어 있으며 국민의 기본적 생존을 보장해주는 정부가 없기 때문입니다. '해적의 나라'로 불리기도 합니다. 소말리아에서는 해적 행위가 경제의 한 축이 되고 있습니다. 그들의 관점에서 해적 행위는 생존의 한 방편일 수 있습니다. 또한 그들이 인정할 수 없는 임시정부에 대한 저항이자 조국의 해역을 지키기 위한 활동의 하나일 수 있습니다. 소말리아 사람들을 해적질로 내모는 강한 동기는 외세의 착취에 대한 불만이라 할 수 있습니다. 소말리아

• 누르딘 파라, 《해적떼들》 (미출간)

•• 경희대학교 범아프리카문화연구센터장. 경희대학교 후마니타스칼리지 교수. 문학평론가. 저서로 《말의 매혹: 일상의 빛을 찾다》, 《공감과 곤혹 사이》, 《한국 근대문학의 주름》, 《정공법의 문학》, 《문학, 경계를 넘다》 등이 있다. 옮긴 책으로 《프랑쎄파의 향기》가 있다.

인들 사이에는 외세로부터 착취를 당한다는 피해의식이 만연해 있고, 이는 외국 화물선 약탈을 정당화하는 구실로 이용되고 있습니다.•

소말리아는 1991년 이래 지속된 내전으로 약 40만 명이 사망하고, 140여만 명의 피난민이 발생하는가 하면, 70만 명에 가까운 사람들이 조국을 떠나 외국으로 피신해 있는 상태입니다. 국제 사회가 지원하는 과도정부의 통치는 수도인 모가디슈에 한정되어 있을 뿐이고, 전국이 군벌과 반군 세력으로 찢어져 있습니다. 소말리아인들은 유럽 열강들에 의해 이산가족처럼 되어버렸습니다. 식민화되기 이전에는 중앙 정부만 없었을 뿐, 다수의 부족 집단들이 비교적 끈끈한 공동체적 유대를 지니고 있었습니다. 그러나 소말리아인들은 식민지 시대에 영국, 프랑스, 이탈리아, 에티오피아 4개국에 의해 찢어져버렸고, 독립 이후에는 케냐, 에티오피아, 소말리랜드, 소말리아, 지부티 등 5개 지역으로 흩어져버렸습니다.••

지금 소말리아는 말 그대로 무정부 상태입니다. 무정부 국가에는 경찰이 존재하지 않습니다. 입법 기관도 존재하지 않기 때문에 사회 질서를 관리하는 법이 없습니다. 따라서 법률상 소말리아에서는 살인을 저질러도 죄가 되지 않는다고 합니다. 이런 소말리아에는 천문학적인 숫자의 무기가 넘쳐나고 있습니다.

우리와 같은 외부인의 눈에는 소말리아의 암담한 현실이 'SF 영화 속 한 장면'으로 비칠 수 있겠지요. 그들의 눈에는 어떻게 보일까요? 여기 처절한 조국의 현실을 온몸으로 껴안고 소설을 통해 희망의 빛

• 피터 아이흐스테드, 《해적국가》, 강혜정 역, 미지북스, 2011, 102쪽 참조.

•• 윤상욱, 《아프리카에는 아프리카가 없다》, 시공사, 2012, 205-236쪽 참조.

을 밝히고 있는 한 작가가 있습니다. 누르딘 파라(Nuruddin Fara)입니다.

## 2

소말리아에 관심을 갖게 된 것은 '2007 전주 아시아·아프리카·라틴아메리카 문학포럼'(AALA)에서 소말리아 출신의 작가 누르딘 파라를 만나면서부터입니다. 누르딘 파라는 '2000년대 들어 줄곧 노벨 문학상 후보에 오르내리는 아프리카의 대표 작가'입니다. 그의 대표작 《지도》가 한국어로 출간되기도 했습니다. 이미 스물 한 개 언어로 번역된 작품이지요. 《지도》는 '오가덴'이라는 지역을 중심에 두고 소말리아와 에티오피아 사이에서 벌어진 영토분쟁을 배경으로 하고 있습니다. 소말리아는 19세기 이래 유럽 강대국의 침략, 에티오피아와의 전쟁, 끊이지 않는 내전 등으로 많은 어려움을 겪고 있습니다. 누르딘 파라는 '글을 통해 자신의 조국을 생생하게 살아 숨 쉬는 곳으로 만들고 싶'다고 밝히고 있습니다.

2007년 누르딘 파라를 만났을 때가 기억납니다. 한 심포지엄에서 소말리아의 해적에 대해 어떻게 생각하느냐는 질문이 있었습니다. 누르딘 파라는 자신의 조국에 대한 민감한 질문을 슬쩍 피해가면서 이를 다룬 소설이 곧 출간될 것이니 그것을 참고하라고 했습니다.

그리고 이제 《해적떼들》이 우리 앞에 있습니다. 이 작품은 소말리아의 현실을 생생하게 담고 있습니다. 지금까지 우리에게 소말리아의 현실은 일면적으로만 다루어진 것이 사실입니다. 보고 싶은 면만 본 것이지요. 외부자가 관찰한 표면적 모습이 전부였지요. 《해적떼들》은 이를 넘어서는 소말리아의 속살, 즉 내면적 진실을 포착하고 있습니다.

이 작품의 서사의 한 축은 미네소타의 소말리아계 미국인 청년들과 함께 '샤바브' 전투원으로 자원하여 소말리아로 사라져버린 '탁스릴'의 행적을 추적하는 이야기입니다. 의붓아들을 찾기 위해 소말리아로 들어가는 '아흘'을 돕는 것이 '말리크'와 '지블레'가 소말리아를 찾은 이유의 하나입니다. 이러한 탁스릴의 행적을 수소문하는 과정에서 소말리아 해적과 관련된 구체적 현실 및 소말리아의 실상이 생생하게 드러나게 됩니다.

《해적떼들》은 소말리아의 현실을 크게 두 가지 시선으로 추적하고 있습니다. 먼저 소말리아로 들어가는 자의 시선입니다. 이들의 시선은 소말리의 실상을 객관적으로 드러내는 데 기여하고 있습니다. 작가의 시선이 물씬 느껴지는 지블레, 지블레의 사위이자 프리랜서 기자인 말리크, 말리크의 형이자 가출한 의붓아들 탁스릴을 찾아 나선 아흘 등이 여기에 해당합니다. 이들은 소말리아의 현실을 직접 목도하면서 자신들이 지녔던 소말리아에 대한 기존의 인식이 얼마나 피상적이었나를 절실히 깨닫게 됩니다. 심지어 일곱 번째 조국을 방문하는 지블레조차 소말리아가 한 고비를 넘겼다는, 이슬람법정연대에 대한 외부인의 과대포장된 믿음에 속았음을 절감합니다. 그는 소말리아의 현 상황은 과거와 다른 이름의 독재, 즉 원리주의 독재정권이라 여깁니다. '당신이 묘사할 수 없는 상처보다 더 큰 상처는 없다'는 지블레의 말이 오랫동안 가슴에 남습니다. 미국 대학의 교수이자 두 딸의 아버지, 그리고 손주도 거느리고 있는 지블레의 안락한 망명자로서의 삶이 조국의 비참한 현실을 외면할 수도 그렇다고 직접 해결할 수도 없는 작가의 모습과 겹쳐지며 진한 여운을 남깁니다.

지블레의 사위이자 프리랜서 기자인 말리크는 조상의 나라인 소말리아의 현실에 지블레보다 조금 더 깊숙이 다가갑니다. 그는 '사적인 분노'에 굴복하지 않고 '격분한 날것의 진실을 응시'하는 기사를 쓰고자 위험을 무릅쓰고 여러 인물들을 인터뷰합니다. 하지만 이제까지 외부인이기 때문에 접근할 수 없었던 소말리아의 은밀한 속살로 깊이 들어가면 들어갈수록 더욱더 큰 절망감에 빠집니다. 그들을 멈출 수 있는 방법을 찾을 수 없었기 때문입니다. 심지어 마치 자신이 소말리아의 끔찍한 비극의 공모자라도 되는 양 고통스러워합니다.

가출한 의붓아들 탁스릴을 찾아 해적의 주요 근거지인 자치주 푼틀란드를 찾은 아흘 또한 소말리아의 현실에 절망감을 느끼기는 마찬가지입니다. 아흘은 부대건물이나 활주로도 없는 '보사소 공항'을 목도하며 모든 것이 임시방편·임시변통뿐인, 책임을 지지 않는 공동체의 무심함과 의지박약에 깊은 좌절감을 느낍니다.

다음으로는 소말리아에서 살고 있는 내부인의 시선입니다. 내부인의 시선은 다시 둘로 나누어지는데, 소말리아에서 일상적 삶을 살아가는 사람들과 해적들의 삶을 구체적으로 증언하는 자들이 그들입니다. 전자는 지블레의 친구인 '바일'과 그의 연인 '캄바라', 그리고 지블레와 말리크를 돕는 '다잘'과 '카시르' 등입니다. 후자는 탁스릴을 찾아 나선 아흘과 접촉하면서 소말리아 해적들의 실상을 생생하게 증언하는 '피드노', '마가바데', '이샤' 등입니다.

먼저 전자의 문제적 인물인 바일을 살펴볼까요? 그는 지블레와 더불어 이탈리아 유학을 한 친구이자 소말리아 감옥에 함께 투옥되기도 한 인물입니다. 바일은 '박애주의자로서의 이상'에 자신의 모든 것을 바쳤습니다. 하지만 끊임없는 조국의 내전은 '타인에 대한 그의 자선의 원리'를 조금도 용인하지 않았습니다. 바일은 '모가디슈를 떠나는 길은 오로지 무덤으로 가는 길뿐'이라 여기는 자칭 '세계주의자'입니다. 이러한 바일의 모습에는 실패한 정권, 즉 이슬람법정연대에 대한 미련이 담겨 있습니다. 에티오피아와 에티오피아를 돕는 임시정부, 그리고 이를 지원하는 미국을 증오하기 때문입니다. 그는 이슬람법정연대가 언젠가 다른 모습으로 돌아와 조국을 재건했으면 하는 희망을 품고 있습니다. 소말리아를 찾은 외부자의 시선과 미묘한 차이를 보이는 지점은 바로 여기입니다. 소말리아를 침략한 외세(에티오피아와 미국)에 맞서 절망적 조국의 현실을 부여잡고 그 절망 속에서도 희망의 끈을 놓지 않으려는 모습이 그것이지요. 그가 조국 소말리아를 떠나지 못하는 이유도 바로 여기에 있습니다요. 이러한 바일의 삶은 '저의 세상은 바일과 제가 있는 이곳이고, 주변부에 있더라도' 자신에게는 '이곳이 중심이 된다'는 연인 캄바라의 말과 공명하며 진한 여운을 남깁니다.

한편, 다잘은 지블레와 말리크, 즉 소말리아를 찾은 사람들을 돕는 내부인입니다. 그는 '전쟁터에서 싸워 본 적도 없으면서', 신이 그들 편에서 도와줄 것이라는 '잘못된 믿음'으로 전쟁을 부추기는 이슬람법정연대에 대해 부정적인 시각을 지니고 있습니다. 조국 소말리아를 사랑한 다잘은, 젊은이들에게 '살아갈지, 아니면 종교적 명분을 위해 죽을 것인지 선택권을 준 적'이 없는, 결코 조국을 사랑할 수 없는 사람들에 의해 무참하게 살해됩니다. 그의 소망은 학교, 병원 등의 사회복지서비스를 제공하는 정부를 갖는 것이었습니다. '할아버지(다잘)가 살아계시면 만족해하실 모습'대로 자신의 삶을 살 것이라고 다짐하는 모가디슈의 젊은 청년, 카시르 역시 비극적 죽음을 맞이한다는 점은 소말리아의 미래가 얼마나 절망적인지를 보여주는 한 사례라고 할 수 있습니다.

그렇다면 소말리아 해적들의 삶을 증언하는 후자의 경우는 어떨까요? 범죄자들인 이들의 목소리를 '액면 그대로 받아들일 수'는 없지만, 몇 가지 음미해볼 점이 있습니다.

첫째, 소말리아인들의 해적 행위가 그들의 정당한 권리를 되찾으려는 의지에서 비롯되었다는 사실입니다. 유엔이 수집한 자료가 증언하듯, 외국의 선박들은 소말리아의 바다 자원을 약탈하고 심지어 소말리아 해역에 핵물질과 화학폐기물 등을 버리기까지 합니다. 피드노에 의하면 소말리아 어부들은 국가 기능이 부재한 상황에서 그들의 바다를 침공한 외세와 싸우기 위해 협동조합을 결성했고, 계속되는 외국의 불법 어업에 대항해 바다자원을 보호하려고 해안경비대를 설립했습니다. 소말리아인들이 이렇게 항의할 때 세상은 그들의 목소리를 외면했다는 것입니다.

둘째, 소말리아의 해적 행위를 둘러싼 복잡한 현실에 대한 생생한 증언들입니다. 말리크가 인터뷰한 해상보험업자 마가바데에 의

하면, 해적을 샤바브(이슬람법정연대)에 소개해주고, 샤바브를 외국의 지하드 전사들에게 연결해주는 확장된 네트워크가 존재합니다. 마가바데는 이러한 확장된 네트워크의 연결고리 역할을 하고 있습니다. 그는 해적들에게 선박 납치를 위한 착수금을 빌려줍니다. 샤바브에게는 바카라 시장에서 구입하는 무기들의 계약금을 지불해줍니다. 이를 통해 마가바데는 해적들에게 투자한 금액 이상의 큰돈을 되돌려 받습니다. 또한 샤바브에게는 안전을 보장받는 것이지요. 소말리아 해적은 단순한 약탈자가 아닌 셈입니다. 거대 자본이 지배하는 촘촘한 연쇄 고리의 일부이자 어쩌면 이 톱니바퀴의 희생양일 수 있다는 것입니다. 해적 사업(?)의 돈 세탁에 관여한 이샤에 의하면 소말리아 해적들은 거의 돈을 벌지 못한다고 합니다. '5개월간의 협상, 제안, 역제안, 협약 불이행과 지연' 후에 5백만 달러의 합의금이 결정되면 그중에서 기껏해야 50만 달러 정도만 해적들의 손에 들어갑니다. 해적이 선박 납치에 성공하면, 런던의 컨설턴트, 아부다비의 브로커, 수에즈운하의 거간꾼 등은 즉시 자신들의 몫을 챙깁니다. 하지만 '지저분한 일을 하고 전 세계 선박에 테러를 가하는 나쁜 놈들'이 된 해적들은 실상 돈을 거의 받지 못한다는 것입니다.

셋째, 소말리아 해적에 대응하는 외국의 태도입니다. '해적퇴치그룹에 참여하거나 사설해군을 창설'하는 많은 국가들은 소말리아 바다에서 불법적으로 조업하는 자기 나라 선박을 지키거나 알카에다를 추적하는 데 열을 올립니다. 소말리아 해적들은 자신들보다 더 큰 범죄를 저지르는 자들이 많다고 생각합니다. 소말리아 해적이 최악은 아니며, 유일한 해적도 아니라는 것입니다. 특히 미국은 이슬람 원리주의자들(이슬람법정연대)과 다를 바 없는 태도를 보입니다. 그들의 잠수함에서 발사한 크루즈 미사일은 무고한 시민들을 해칩니다. 바일은 이러한 미국의 조치가 더 많은 외국 지하드 전사들을 샤바브에 가합하게 함으로써 전쟁을 더 연장시킬지도 모른다고 우려하고 있습니다. 심지어 바카라는 '자살폭탄범을 리모컨으로 조절하는 이슬람법정연대 지도자들과 안전한 콜로라도 기지에서 토마호크 발사를 조절하는 미국인들'이 별 차이가 없다고 주장하고 있습니다. 소말리아 해적을 바라보는 우리의 모습은 어떨까요?

말리크가 테러 공격에 희생되어 사경을 해매다 의식을 되찾는 것으로, 그리고 샤바브 전투원으로 자원한 탁스릴이 귀환하는 것으로 작품이 마무리되고 있다는 점은 의미심장합니다. 누르딘 파라가 이 절망적 작품에 수놓은 흐릿한 희망의 메시지라 할 수 있습니다. 작가가 이런 식으로 다음 세대의 몫을 남겨두는 것입니다. 냉정하리만치 사실적면서도 스스로의 내면을 정직하게 응시하는 겸손한 방식이 아닐 수 없습니다. 탁스릴과 말리크의 앞날이 너무나 험난하다는 점이 안타까울 따름입니다.

## 3

우리는 누르딘 파라의 《해적떼들》을 통해 소말리아의 속살을 생생하게 들여다볼 수 있습니다. 작가는 소말리아 해적들의 행위를 정당하다고 주장하지 않습니다. 작품 속에서 지블레는 이들을 범죄자라고 단언하고 있습니다. 그리고 조국을 침략하는 외세에 맞서 싸우는 이슬람법정연대를 지지하지도 않습니다. 하지만 작가는 이들의 이야기를 경청할 필요가 있다는 사실을 강조하고 있습니다. 서로의 입장에 관심을 가졌을 때 비로소 대화와 소통이 가능할 수 있기 때문입니다. 이것이 바로 '법'을 넘어서는 문학(소설)의 힘이겠지요. 타자의 이야기에 눈과 귀를 닫고 자신의 이야기만 강조했을 때 돌이킬 수 없는 재앙이 반복될 수 있습니다.

2014년 여름, 남아공의 케이프타운에서 누르딘 파라를 다시 만났습니다. 그는 소말리아 방문을 앞두고 있었습니다. 살아 있는 조국을 만나기 위해서이지요. 6개월 정도 체류할 예정이라고 했습니다. 묘사할 수조차 없는 큰 상처가 지배하는 상황일지라도, 이러한 상처를 멈출 수 있는 뚜렷한 방법을 찾을 수 없을지라도, 심지어 이러한 끔직한 비극의 공모자라도 되는 양 고통스러울 지라도 누르딘 파라는 조국 소말리아 행을 멈추지 않을 것입니다. 절망적 조국의 현실을 끌어안고 그 절망 속에서 피어나는 가느다란 희망의 전언을 포기하지 않는 것, 이것이 바로 누르딘 파라의 작가정신이기 때문입니다. 누르딘 파라와의 만남을 통해 우리는 외세의 강압에 의해 분열된 한반도의 현실을 되새겨 볼 수 있었으며, 서구와 비서구 사이에 낀 우리의 초상을 재발견하는 기회를 가졌습니다. 소말리아의 상황은 하나 된 민족국가를 꿈꾸는 우리의 모습과 비슷한 점이 많았기 때문입니다. 그와의 만남이, 《해적떼들》과의 만남이 각별한 이유도 여기에 있겠지요.

**누르딘 파라**

누르딘 파라는 1945년 소말리아에서 태어나 1963년 이래 인도, 소말리아, 감비아, 수단, 나이지리아, 영국, 독일, 이탈리아, 미국 등지를 떠돌다가 1998년 남아프리카공화국 케이프타운에 정착했다. 그는 "자신의 조국을 생생하게 살아 숨 쉬는 곳으로 만들"기 위해 소설을 쓴다고 고백한 바 있다. 대표작으로 "아프리카의 독재를 주제로 한 변종들" 3부작 《달콤 쌉싸름한 우유》, 《정어리》, 《닫혀라 참깨》 등과 "백주 대낮에 흘린 피"라는 주제의 3부작 《선물》, 《지도》, 《비밀》 등이 있다. 소말리아인들의 탈식민적 삶을 생생하게 형상화하는 데 주력하고 있다.

**《해적떼들》**

《해적떼들》은 소말리아의 현실을 생생하게 담고 있는 장편소설이다. 우리에게 소말리아는 '해적의 나라'로 알려져 있다. 이는 외부자가 관찰한 일면적이고 표면적인 모습이라 할 수 있다. 누르딘 파라의 《해적떼들》은 이를 넘어서는 소말리아의 속살, 즉 내면적 진실을 포착하고 있다. 작가는 미네소타의 소말리아계 미국인 청년들과 함께 '샤바브' 전투원으로 자원하여 소말리아로 사라져버린 인물의 행적을 추적하면서 소말리아 해적과 관련된 구체적 진실 및 소말리아의 실상을 생동감 있게 표현하고 있다.

제 5 장

# 이야기

# 이야기를 이어가는 힘으로 심판하기

응구기 와 티옹오, 《십자가 위의 악마》•

김학중••

## 신식민주의라는 악마의 부활이 낳은 비극

십자가에 악마가 매달려 있다. 그 악마는 숭배받던 존재였으나 사람들에 의해 심판받고 십자가에 매달렸다. 그 악마를 가까이에서 숭배하던 자들은 심판자인 사람들의 시선이 두려워 악마와 거리를 두고 사람들 사이에 숨어 있다. 사람들은 십자가에 달린 악마를 보고 승리의 노래를 부르며 춤을 추고 있다. 사흘 후 양복과 넥타이를 맨 사람들이 와서 어두운 곳에서 악마를 내리고는 그 앞에 무릎을 꿇고 기도를 한다. 악마는 그들에게 자신의 힘을 나누어주고 그들은 부푼

• 응구기 와 티옹오, 《십자가 위의 악마》, 정소영 역, 창비, 2016.

•• 경희대학교 후마니타스칼리지 강사. 시인. 문학박사. 시집으로 《창세》가 있다. 제18회 박인환문학상을 수상했다. 해설한 책으로는 《정원석 동화선집》, 《한윤이 동화선집》, 《오일도 시선》, 《최남선 평론 선집》 등이 있다. 논문으로 〈재만 조선인 시에 나타난 '다른 공간' 문제 연구〉, 〈임화 시에 나타난 "태평양"의 의미 연구〉 등이 있고, 공저로는 《한국 현대시의 공간연구》 등이 있다.

배를 두드리며 악마를 심판한 사람들을 비웃는다. 신약성서에 묘사된 예수의 부활사건을 패러디한 이 충격적인 우화는 매우 전위적이고 도전적인 문제제기로 읽힌다. 이 우화는 소설《십자가 위의 악마》의 초반부에 주인공인 와랑가의 환상 속에서 나타나는 이야기인데, 소설을 통해 작가가 다루고자 하는 문제적 상황을 압축적으로 보여주는 장면이기도 하다. 그 문제적 상황은 바로 아프리카 케냐에 나타난 신식민주의이다.

아프리카의 신식민주의 문제는 최근 매년 노벨상 후보로 거론되고 있는 응구기 와 티옹오(이하 응구기)의 작품이 다루고 있는 주요 주제이다. 케냐를 대표하는 민중작가이기도 한 응구기는 여러 작품 속에서 다양한 인물들의 이야기를 통해 신식민주의 문제를 다룬다. 특히 독립운동에 헌신한 민중들의 목소리를 재현하는 작업을 하며, 이와 더불어 목숨을 걸고 케냐의 독립을 위해 싸운 민중들이 독립 이후에 식민지 본국의 자본에 의해 다시 억압과 착취구조에 놓이게 되는 과정을 생생하게 그려낸다. 이러한 응구기의 작업은 초기 작품에서 중후기 작품으로 넘어 오게 되면서 더 뚜렷해진다.

초기 작품《한 톨의 밀알》은 케냐 독립운동인 마우마우 운동과 관련된 케냐 마을 공동체의 내적 갈등을 서정적인 필치로 그려낸다. 마우마우 운동은 독립운동이면서 일종의 게릴라 저항이었는데 그런 이유로 마우마우 운동 시기에 마을 안에서 다양한 오해와 갈등이 상존했다. 응구기는 이를 위로하고 새롭게 시작하는 케냐 민중의 가능성을 결집해보고자 하는 의도가 있었지만《한 톨의 밀알》에서는 케냐 민중이 처하게 된 신식민주의의 문제를 첨예하게 다루지 못했다.

이어지는 작품《피의 꽃잎들》에서는 일모로그라는 도시가 독립 후에 농촌도시에서 산업도시로 변모해 나가는 과정에서 벌어지는 일련의 사건들을 통해 케냐가 겪고 있는 정치, 경제, 사회의 문제가 식민주의의 문제에서 신식민주의의 문제로 어떻게 옮겨가는지를 다뤘다. 특히 노동자의 각성 문제, 여성억압과 신식민주의와의 연관성을 주요 인물들의 에피소드 속에서 사실적으로 다루면서 케냐 민중들이 겪고 있는 신식민주의의 문제를 구체화하고 있다.《피의 꽃잎들》에서 보인 이러한 문제의식은 희곡《내가 원할 때 결혼할게》와 여기서 살펴볼《십자가 위의 악마》에서 더욱 심화되고 급진화되어 나타난다.

케냐 정부는 응구기 작품의 변화과정을 곱지 않은 시선으로 바라보았다. 무엇보다 응구기가 비판하는 신식민주의의 대변자가 케냐 독립 정부 자체였기 때문이다. 이런 이유로 케냐 정부는 응구기를 체포해 감옥에 수감시키는데,《십자가 위의 악마》가 그 시기에 감옥에서 쓴 작품이다. 그는《십자가 위의 악마》에서 우화를 활용해 신식민주의 문제를 풍자적으로 다룬다. 이를 위해 케냐의 구술문학 전통을 들여와 이야기의 전달자로 기산디 공연자를 내세운다.—참고로 덧붙인다면《십자가 위의 악마》의 이러한 형식은 김지하의《오적》에서 영감을 받은 것이다.《오적》의 판소리 형식 차용이 응구기에는 케냐 민중 구술문학의 차용으로 나타났다고 한다.—민중을 대표하는 목소리를 발화자로 삼아 케냐 민중이 신식민주의 매판자본에 의해 고통받는 이야기를 들려주는 방식을 취한 것이다. 응구기는 이를 더욱 효과적으로 표현하기 위해《십자가 위의 악마》를 식민지 언어인 영어가 아닌 케냐 민중의 목소리를 대변할 수 있는 키쿠유 어를 활용해 작품을 썼다.

이러한 응구기의 작품 경향을 이해하기 위해서는 그가 이렇게 집요하게 문제 삼고 있는 신식민주의가 무엇인지에 대해 구체적으로 살펴볼 필요가 있다. 신식민주의는 독립 이후 아프리카 국가들이 겪은 공통된 문제로, 일반적으로 정치적·경제적으로 지배한 식민주의에서 경제적 예속으로 전환된 것을 신식민주의로 본다. 형식적으로 독립국가를 이뤄낸 후로도 아프리카 국가들은 식민지 종주국에 예속된 상태가 계속되는 양상을 보였는데 신식민주의는 이를 개념화한 것이라고 이해할 수 있다. 이러한 개념화는 식민주의와 신식민주의가 단계적으로는 별개의 지평에 놓여 있다고 보는 사고에 근거한다. 응구기는 이 문제를 바라봄에 있어 이러한 단절 지점을 포함한 개념화에 반대의 목소리를 내고 있는데, 이는 기존의 관점과 차별되는 응구기만의 문제의식이라고 할 수 있다.

응구기는 이러한 자신의 관점을 작품 속에 명백히 드러내고 있다. 그가 보기에 신식민주의는 식민주의의 부활에 다름 아니다. 《십자가 위의 악마》에서 악마의 부활을 이야기하는 알레고리가 바로 이러한 인식이 결집된 예라고 할 수 있다. 응구기의 이러한 인식은 케냐의 현실에 대한 근본적인 탐구의 결과였다. 아프리카 동부에 위치한 케냐는 영국의 식민지로, 농민이 중심이 된 마우마우 운동을 비롯한 독립운동의 힘으로 케냐는 1963년 독립을 이루어내는데, 독립 이후로도 경제발전을 추구하는 과정에서 주요 산업이 서구의 자본에 예속되는 양상을 보인다. 문제는 이 과정에서 독립을 일구어낸 케냐 민중들이 식민지 시절 못지 않은 극심한 착취를 당했다는 점이다. 형식적으로 보면 케냐 민중을 억압한 이들은 독립국 케냐의 자본가들이었다. 이들은 식민지 시기에 식민지 정부에 협조하던 관료 및 지주 세력이었는데, 독립 이후 자본가로 변모하면서 케냐 민중들을 저임금의 중노동으로 내몰았던 것이다. 물론 이들을 자본가로 만들어준 것은 기존의 식민지 본국의 자본이었다. 이들은 독립국 케냐에 경제적으로 투자를 한다는 명목으로 들어와 케냐의 경제적 토대를 다시 자신들의 손아래 두었던 것이다. 응구기는 이러한 신식민주의를 식민주의의 부활로 보며 두 차원이 서로 묶여 있는 것으로 보았다. 그가 악마의 부활 알레고리를 통해 우리에게 식민주의와 신식민주의의 특징을 표현한 이유가 여기에 있는 것이다.

소설의 외관을 지니고 있지만 이는 신식민주의의 구조를 폭로하는 작업에 다름 아니다. 특히 《십자가 위의 악마》의 중추를 이루는 동굴에서의 경연은 이를 신랄하게 풍자하고 있는데 경연을 "도둑과 강도질 경연 대회"라고 이름한 것부터가 이를 통렬히 나타내고 있다. 소설의 스토리를 살펴나가면서 응구기가 이를 어떻게 이야기하고 있는지 살펴보겠다.

### 신식민주의라는 동굴에서

가신디 공연자에 의해 노래되며 동시에 이야기되는 사연은 와랑가의 이야기이다. 그녀의 이야기는 크게 셋으로 구분할 수 있다. 나이로비에서 일모로그로 이동하게 된 계기와 과정을 그린 초반부, 일모로그에 도착하여 "도둑과 강도질 경연 대회"를 참관하고 그에 대해 저항하는 일모로그 민중들과 연대한 이야기를 담고 있는 중반부, 마지막으로 경연 대회 이후 와랑가의 후일담으로 구분할 수 있다. 그중 소설의 중추를 이루는 이야기는 "도둑과 강도질 경연 대회"이다. 와랑가는 이 사건을 통해 이전의 자신의 모습에서 벗어나 저항 정신을 가진 민중으로 각성하는데, 이는 그녀가 자신이 살아가고 있는 케냐의 문제가 신식민주의의 문제라는 것을 깨닫게 되면서부터이다. 구체적인 이해를 위해 소설의 초반부를 간략히 살피면서 나아갈 필요가 있다.

초반부의 이야기는 나이로비에서 보스 키하라의 성접대 요구를 거절하면서 해고당한 와랑가가 일모로그로 가는 중에 마타투•에 타게 되면서 겪게 되는 이야기이다. 이 이야기에서 그녀는 케냐의 억압받는 민중이면서도 이 억압이 구조적인 것임을 깨닫지 못하고 개인적 불행으로 이해하고 있다. 보스 키하라의 요구나 해고 이후 데블스 에인절스에 의해 월세를 지불하지 못해 쫓겨나는 순간에도 그녀는 이를 개인적 불행으로만 받아들인다. 더불어 백인주의의 영향하에 자신의 아름다움을 자각하지 못하고 백인의 아름다움을 추구하며, 유행에 따라 소비하는 문화적 지배에 철저히 종속되어 있는 인물이다. 즉 와랑가는 케냐 신식민주의적 남성지배에 의해 성적 착취까지 당하지만 제대로 된 저항도 하지 못하는 인물로 그려지

• 케냐의 주요 교통수단으로, 중고차를 개조한 일종의 버스 형태로 볼 수 있다. 교통체증과 사고의 주범이다.

고 있는 것이다. 그는 일모로그로 가는 마타투 속에서 케냐 민중들을 만나 그들이 겪는 어려움을 듣게 되고, 특히 마우마우 운동에 대한 자긍심과 케냐 민중의 자긍심을 이야기하는 왕가리에게 깊은 감명을 받는다. 더불어 자생적 자본가인 음위레리의 이야기와 가투이리아를 이야기를 통해 자생적 자본가의 가능성과 케냐의 목소리를 찾으려는 예술가의 정신에 대해서도 알게 된다. 이 과정에서 와랑가는 마타투에 타기 전에 받은 일종의 초대장 "악마의 향연"을 떠올리게 된다. 와랑가가 이를 이야기하자 음위레리는 그 초대장이 사실은 "대규모의 향연—도둑과 강도질의 경연 대회"의 초대장이며 대학생들이 이를 의도적으로 바꾸어놓아 경연의 이름이 왜곡됐다고 주장한다. 그리고 이 경연에 함께 참관하며 직접 경험할 필요가 있다는 요청에 응하게 된다.

그렇게 해서 그들이 도착한 곳은 일모로그의 어느 동굴이었다. 그곳에서는 "도둑과 강도질의 경연 대회"를 위해 케냐 곳곳에서 모인 흑인 자본가들이 있었으며 그들의 경연을 평가하기 위해 온 귀빈 식민지 종주국 자본가들—미국, 영국, 프랑스, 이탈리아, 일본의 자본가들—이 있었다. 마타투에 타고 와랑가와 함께 온 음위레리는 자생적 자본가의 이야기를 들려주기 위해서 온 것이었다. 여기서 말하는 "도둑과 강도질"이란 간단히 말해 돈을 버는 방법이다. 요즘 우리가 익숙한 강연으로 환원해본다면 이 경연은 성공하기 위해 우리가 해야 할 처세법 같은 것을 듣는 멘토와 멘티의 강연이라고 이해하면 쉬울 것이다. 그런데 이러한 경연 대회에서 와랑가는 충격을 받게 된다. 돈을 벌어 성공하는 방법이라고 소개되는 사례라는 것이 끔찍

할 정도로 민중을 탄압하고 착취하는 방식에서 기인하고 있다는 점이 노골적으로 묘사됐기 때문이다. 칼 마르크스는 《자본》을 비롯한 그의 주요 저서에서 잉여가치가 발생하기 위해서는 반드시 노동으로 인한 임금을 착취할 수밖에 없다고 끈질기게 주장하고 있는데, 이 소설에서는 풍자적인 이야기를 곁들여 신식민주의 자본이 은폐하고자 하는 것을 있는 그대로 드러내고 있다. 소설에는 여러 인물들이 나와 어떻게 자본가로 성공했는지를 이야기하고 있는데, 여기서 그 사례를 다 이야기하는 것을 어렵기 때문에 소설에 소개된 이야기 중 하나 정도를 소개하고자 한다. 케냐 독립 이후 땅 투기를 통해 돈을 벌었다고 이야기하는 기투투 와 가탕구루의 이야기를 잠깐 인용해서 살펴보자. 그는 경연 대회의 첫 강연자로 나선 인물로, 식민지 시절 엘리트로 교육받았고 식민지 정부의 편에 섰던 자다. 독립운동에 대해서는 부정적인 입장에 있던 자였는데, 독립이 되자 자본가로 변모한다. 그는 자신이 독립 후에 땅을 값싸게 사들여 쪼개 파는 방식으로 돈을 벌었다고 소개한다. 이어서 앞으로의 포부까지 말한다.

제가 앞으로 해보고 싶은 또 하나는, 우리 최고 거물들이 어떻게 허공의 공기를 깡통에 담아 그걸 농부와 노동자들에게 팔 수 있을까 하는 겁니다. 지금 물이나 석탄을 팔듯이 말이죠. 숨 쉴 공기를 깡통에 담아 그 많은 사람에게 판다면 얼마나 많은 이윤이 남을까 생각을 해보세요! (중략) 동료 여러분, 저의 발상을 잘 생각해보십시오. 농민들과 노동자들이 가만히 있지 못하고 들썩거리면서 우리 군대로도 어떻게 해 볼 수 없을 정도로 강력해질 경우엔 그들이 우리 앞에 무릎을 꿇을 때까지 그냥 공기를 안 주면 그만이에요!(178쪽)

독립 후 케냐에서 외국 자본을 빌려와 대토지 농지를 값싸게 사들인 후 농민들에게 비싼 값으로 쪼개 팔아 큰 돈을 번 기투투 와 가탕구루는 더 큰 야욕을 보이는데 그는 바로 공기를 팔겠다고 하며, 공기가 탁하게 되면 사업이 될 것이라 주장한다. 물론 외국 자본의 투자를 통해 사업이 이루어질 수 있을 거라는 생각이 바탕에 깔려 있다. 소설에서 묘사하고 있는 이러한 신식민주의 자본가들의 야망은 풍자적이라 약간 허무맹랑하고 과정된 부분을 포함하고 있지만 작금의 현실을 생각해보면 황당무계한 이야기가 아니다. 미세먼지로 고통받는 우리나라 현실을 떠올려보면 소설에서 묘사하는 자본가들의 욕망이 현실화될 수 있다는 것을 알 수 있다.

문제는 이 욕망의 기저가 무엇인가이다. 와랑가가 볼 때 이 욕망의 기저에는 민중에 대한 끝없는 착취를 추구하는 욕망이 자리하고 있으며 그로 인해 부를 지속적으로 축적하고자 한다. 내용은 각기 다르지만 기투투 와 가탕구루 이후에 나온 자본가들은 자신들의 성공담을 이야기하며 이러한 욕망을 숨기지 않고 발설한다. 이 욕망은 신식민주의 체제를 더욱 공고히 하고자 하는 욕망을 의미한다. 와랑가를 비롯해 마타투에 타서 이 경연 대회를 참관하게 된 왕가리와 무투리는 이러한 자본가들의 강연 내용에 대해 분노하게 된다. 왕가리는 이들이 케냐의 진짜 도둑임이 분명하다며 이를 신고하러 경찰서로 가게 되고 무투리는 이 경연에 반대하는 노동자들과 연대하기 위해 자리를 뜬다. 강연을 듣는 과정에서 와랑가는 자신이 겪게 되는 문제가 개인적 불행에 의한 것이 아니라 신식민주의의 구조적 문제라는 점을 알고 각성하게 된다. 케냐 민중 입장에서는 이 경연에 대해 어떻게든 비판해야 한다고 느낀다. 케냐 민족의 노래를 탐구하던 가투이리아도 이러한 와랑가의 생각에 동조하게 되는데, 이들 경연 대회 참가자들은 단순히 케냐 민중의 가능성만 빼앗고자 한 것이 아니었다. 그들은 케냐의 자생적 자본가에 대해서도 적대적이었다.

이 지점에서 이들을 경연에 끌어들인 음위레리의 이야기를 해야겠다. 음위레리는 앞서 강연에 나선 자본가들과 약간의 입장 차이가 있었다. 그 또한 식민지 시절의 엘리트였고 독립 후 자본가로 변모했다는 점에서는 앞선 경연 참가자와 다를 바가 없었다. 다만 차이가 있었던 것은 이제는 외국 자본에 기대지 않고 케냐 자본가들의 힘으로 국가의 부를 창출해야 하고 나아가 그 부를 외국에 내어주어서는 안 된다고 주장하는 것이다. 일종의 자생적 자본가의 필요성을 요구한 것이다. 그에 대한 경연대회의 반응은 매우 부정적이었다. 신식민주의 자본가들의 입장에서, 또한 그들 흑인 자본가들에게 돈을 대고 있는 식민지 본국의 자본 입장에서 이는 결코 받아들일 수 없는 요구였던 것이다. 그래서 그들은 음위레리의 강연이 끝나자마자 분노하며 그를 죽이고자 한다. 물론 동굴에서의 소란 속에서 위협을 느낀 음위웨리가 그 자리를 피하는 바람에 동굴에서 죽임을 당하지는 않는다. 하지만 소설의 결말부에서 마타투의 운전자이자 데블스 에인절스라는 일종의 폭력조직의 조직원이며, 식민지 시기 마우마우 토벌대의 일원이었던 음와우라에 의해 청부살해를 당하고 만다. 신식민주의 매판자본가들은 음위레리를 위협적인 존재로 느꼈고 그를 제거하기 위해 교통사고로 위장해 죽게 만든 것이다.

한 가지 흥미로운 것은 사건들의 시발점이 되는 장소로 놓여 있는 곳, 바로 동굴이다. "도둑과 강도질의 경연 대회"가 개최되는 장소인 이 동굴 말이다. 왜 응구기는 이 이야기의 배경을 신식민주의의 상징과 같은 부자들의 맨션이나 빌라 또는 호텔이 아닌 동굴로 삼았을까? 물론 《십자가 위의 악마》가 연극적 요소를 차용하고 있기 때문에 일종의 무대로 동굴을 선택하고 있다는 것 정도는 쉽게 알 수 있다. 도둑들의 소굴이라고 하면 누구나 쉽게 연상할 수 있는 장소인 동굴을 무대로 신식민주의의 침탈이 은밀한 결탁이라는 점을 지적하고, 여기에 연관된 자본가들의 도덕적 타락성을 부각시키기 위해 동굴을 경연장으로 삼은 것은 분명하다. 그러나 동굴을 무대로 삼은 이유가 이런 층위에만 머물러 있는 것은 아니다.

《십자가 위의 악마》에서 묘사되고 있는 동굴은 좀 더 다층적인 비유의 공간이다. 물론 이 소설이 알레고리의 체계를 활용하고 환상성을 십분 활용하기 때문에 여러 층위를 지니고 있다는 것을 어렵지 않게 알 수 있다. 그런데 이 동굴의 비유는 "십자가 위의 악마"라는 급진적인 기독교 비판 이미지와 결부시켜 볼 때 어떤 면에서 서구의 이데올로기에 대한 강력한 비판으로도 읽힐 수 있는 함의를 가지고 있다. 기독교가 십자가에 부여한 구원의 이미지가 아프리카에서 허구적으로 작동했던 것과 마찬가지로 동굴의 비유에서도 그 허구성이 나타난다는 얘기다. 여기서 우리가 염두에 둔 동굴의 비유는 다름 아닌 플라톤의 동굴의 비유이다. 플라톤은 《국가》의 제6권에서 동굴의 비유를 입론으로 제시하면서 진리의 이데아를 향해 나아가는 근본적인 장소로 동굴을 든다. 물론 동굴은 진리의 그림자가 어른거리는 장소이기에 본래적인 장소는 아니다. 동굴에 묶인 자들은 진리의 그림자가 비치는 방향으로 사슬에 묶여 있기 때문에 진리 그 자체를 보지 못한다. 그러나 빛이 들어오는 장소가 바로 동굴이기 때문에 진리의 빛을 향해 나아갈 수 있는 잠재성을 지닌 공간이기도 하다. 이러한 이중성이 공존하는 동굴에서 그림자는 허위이지만 동시에 진리의 가능성을 담지한 허위이다. 그런데 응구기는 이 이중성을 허문다. 《십자가 위의 악마》에서 동굴은 신식민주의가 있는 그대로 자신의 모습을 노골적으로 드러내는 장소이며, 식민지 종주국 자본과 신식민주의 자본가들이 어떻게 결탁하고 있는지 나타나는 장소이다. 그런 점에서 동굴은 폭로의 장소이지만 진리를 현시하는 그러한 장소는 아니다. 응구기는 이렇듯 동굴이라는 장소성 묘사를 통해 서구 이성주의의 기원적 장소인 동굴을 전혀 다른 공간으로 만든다. 동굴에서 벌어지는 그림자놀이에는 어떠한 진리도 담지되어 있지 않다. 대신 우리는 그것을 통해 자본—그것이 식민지 종주국의 자본이든 그와 결탁한 신식민주의 흑인 자본이든—의 맨얼굴을 보고 그에 저항할 수 있는 정신적 각성의 계기를 얻을 수 있다. 동시에 그것이 지닌 특성이 "강도질"과 "도둑질"이며 투기임을 케냐 민중의 목소리로 선언할 수 있게 이끈다. 동굴의 장소성이 드러나는 지점이 여기다. 그런 점에서 응구기는 동굴의 비유를 통해 아프리카적 가능성이 열리는 새로운 장소로 동굴을 새로 정초하고 있다고 말할 수 있을 것이다. 기독교 구원의 이미지를 해체함과 동시에 동굴의 비유를 해체함으로써 응구기는 어떤 점에서 정신적으로도 신식민주의를 넘어서려는 것이다.

## 신식민주의의 동굴 바깥을 향하여

응구기는 《십자가 위의 악마》에서 신식민주의를 넘어서는 주체로 여러 주체를 제시하지만 가장 강력하게 제안하고 있는 주체는 여성 주체이다. 응구기는 전작인 《피의 꽃잎들》에서 이러한 입장의 단초를 보여준 바 있다. 《피의 꽃잎들》에서 주요 인물로 다룬 완자의 경우가 그렇다. 물론 완자는 신식민주의가 강화되는 상황 속에서 무너지는 약한 모습을 보이기도 하지만 소설의 결말부에서는 자신에게 불행의 씨앗을 안긴 키메리아를 살해하는 사건을 통해 내적 저항의 모습을 보여주는 양가적 인물로 그려진다. 《십자가 위의 악마》에서 응구기는 이런 양가적 입장을 급진화하는 모습을 보인다. 소설의 뼈대를 이루는 이야기인 "강도와 도둑질의 경연 대회"를 통해 각성하는 계기를 얻는 와랑가를 소설의 전면에 내세우고 있는 것이 그 증거이다. 더불어 그녀에게 케냐 민중 여성의 긍지 높은 목소리를 경험하게 하고 각성의 계기를 제공하는 왕가리 또한 여성이다. 그녀들은 무투리로 대변되는 노동자들과 함께 연대하면서 신식민주의의 기저에 남성지배의 문제가 자리하고 있음도 밝히는 존재들이다.

이를 이야기하기 위해서는 "강도와 도둑질의 경연 대회"가 어떻게 끝나게 되는지에 대해 이야기할 필요가 있다. 경연 대회의 말미에서 경연 대회 내용에 분개한 왕가리가 경찰을 끌고 온다. 그녀는 오직 자본가들만이 올라가서 자신의 경험을 말할 수 있었던 연단에 올라가 경연 대회에 모인 자들이 어떻게 케냐의 독립정신을 훼손하고 케냐의 민중을 우롱했는지에 대해 당당히 말하며 그들을 진정한 강도이자 도둑으로 고발한다.

> 이들은 우리에게 먹을 것도 입을 것도 몸을 누일 곳도 주지 않고 항상 우리를 억압해온 자들입니다. 와야키와 힌가 및 키마티와 와시우리, 그리고 케냐를 해방시키기 위해 피 흘린 모든 용감한 애국자들이 우리에게 물려준 유산을 강탈한 자들입니다. 제국주의자들의 앞잡이이자 악마의 자식들이죠. 저들의 팔을 묶고 다리를 묶어, 이만 부득부득 갈뿐 영영 나오지 못할 감옥에 집어 던지십시오! 바로 그게 우리나라를 세운 조상님들과 애국자들의 유산을 외국인들에게 팔아넘긴 자들이 받아야 할 댓가니까요!(329쪽)

왕가리의 고발은 진실을 있는 그대로 말하기에 다름 아니었다. 이러한 왕가리의 고발은 우리에게 일종의 선언과 같은 말로도 보인다. 이는 푸코의 파레시아를 떠올리게 만든다. 푸코는 "모든 것에 대해 말하기"로 이해되는 파레시아라는 개념을 "정치적 억압에 굴하지 않고 사회의 문제적 상황에 대해 솔직하게 말하는 것"으로 재규정했는데, 왕가리의 고발 강연은 이에 부합하는 말하기로 보인다. 게다가 왕가리의 고발은 단순히 진실을 말하는 것을 넘어 민중을 대표하는 목소리로 전해진다. 그러한 점에서 푸코가 고려한 파레시아의 개념을 공동체적인 공간으로까지 확장시킨 파래시아로 읽을 수 있는 성질의 말하기이다.

와랑가에게 왕가리의 "진실을 말하기"는 매우 인성적인 장면으로 다가온다. 물론 경찰들은 왕가리가 고발한 진짜 도둑인 자본가들을 체포하지 않는다. 대신에 왕가리를 허황되고 위험한 주장을 펼친다는 이유로 체포한다. 그녀의 체포를 요구하는 자들은 경연 대회에 참가한 자본가들이다. 이 장면은 케냐 신식민주의의 정경유착을 보여주는 강렬한 장면으로, 경찰이 자본가의 개처럼 행동하는 풍자적인 장면을 통해 케냐 민중의 착취와 탄압에 종사하는 자들이 누구인지 명명백백하게 밝힌다.

이러한 일련의 사건들은 와랑가의 각성에 기여하면서도 무엇보다 그녀의 개인적 불행이 지닌 의미를 사회적으로 맥락화하는 데 기여한다. 그녀는 "강도와 도둑질의 경연 대회"에서 받은 충격 때문에 과거 자신을 불행으로 이끈 "돈 많은 노인네"와 얽힌 사건들을 떠올린다. 와랑가는 어린 시절, 은당구리라는 돈 많은 늙은이와 일종의 원조교제를 한 경험이 있다. 그로 인해 임신을 하게 되고 은당구리에 의해 버림받았다. 와랑가는 그 불행을 가족들에게도 말할 수 없었고 그로 인해 자살을 시도했었다. 그러나 그녀를 자살을 눈치챈 행인에 의해 구해진 와랑가는 새로운 삶을 위해 공부하고 노력했고, 아이를 낳아서 가족들에게 맡기고 나이로비로 돈을 벌러 나갔다. 소설의 서두에서 이야기되고 있듯이 그러한 그녀의 노력은 보스 키하라의 성접대 요구 거절로 인해 산산조각난다. 그녀는 이러한 불행이 개인적인 불행이라고 생각했었지만 "강도와 도둑질 경연 대회" 참가자들이 어떻게 돈을 벌고, 그 부를 즐기기 위해 문제를 일으키지 않는 애인들을 어떤 방식으로 사귀고 관리하는지에 대해 듣고 깨닫게 되며, 자신의 불행이 단순히 개인적 불행 차원의 문제가 아니라 신식민주의 남성지배가 지닌 구조적 문제라는 것을 알게 된다. 그녀가 경연대회 말미에서 잠시 동굴 밖에 나와 경험하는 환상 속에서 악마의 유혹을 거절하는 장면은 이러한 와랑가의 내적 성숙을 보여주는 장면이라고 말할 수 있다. 여기에 왕가리와 같은 자긍심 가득한 케냐 민중, 케냐 여성의 생생한 목소리를 듣고 그녀는 이를 좀 더 명확하게 깨닫는데, 이전과 다르게 살아야 한다는 것을 강하게 느끼게 된다. 이후 "강도와 도둑질 경연 대회"에 쳐들어가 시위하는 일모로그 민중들과 연대하면서 자본가들에게 저항하는 모습을 보여주고 후일담에서 강인한 여성 노동자로 거듭나는 와랑가의 모습은 이러한 각성과 관련이 있다.

"강도와 도둑질 경연 대회"를 겪은 후 정신적으로 각성한 와랑가였지만 신식민주의 남성지배에 저항하는 한 개인이자 강안한 여성 노동자로 변모하는 과정에는 몇 가지 요건이 필요했다. 일단 경제적으로 자립할 필요가 있었는데, 그러기 위해 기술 학교에 들어가 공부를 하게 된다. 그곳에서 자동차 정비 기술을 배웠는데 와랑가는 누구와 비교해도 뒤지지 않을 정도로 열심히 한다. 왜냐하면 케냐의 남성지배 문화적 상황에서는 여성이 기술자로서 일할 수 있다는 생각을 하는 사람들이 매우 드물었기 때문이다. 노동자를 고용하는 사용자뿐 아니라 노동자들 사이에서도 이러한 편견이 있었기 때문에 여성이 노동자로 인정받기란 쉬운 일이 아니었다. 이러한 차별적 시선과 맞서기 위해서는 여성의 능력을 얕잡아 보는 남성들의 편견과 싸워야 했다. 와랑가는 학업을 이어가기 위해 아르바이트를 하면서도 열심히 공부했고 그로 인해 누구에게도 뒤지지 않는 실력을 갖추게 됐다. 아니 오히려 웬만한 남성 노동자보다 더 뛰어난 실력을 갖게 됐다. 와랑가의 이러한 성장은 그녀가 학교에 들어가 공부하기 시작한 두 해째 되던 해부터 가시적으로 드러난다. 와랑가가 음위호토리 키완자니 정비소 앞을 우연히 지나가다가 정비소 기계공들이 해결하지 못해 어려워하던 대형 트럭의 엔진문제를 찾아낸 장면은 이를 잘 보여준다.

> "그럼 이리 와서 하루 종일 우리 골치를 썩이는 이 에진을 빼내서 분리해보지 그래! 그러곤 문제가 뭔지 한번 얘기해보라고." (중략) 와랑가는 엔진을 분해할 필요가 없다고 말했다. "그냥 시동을 걸어봐요." 그녀가 위엄있게 지시했다. (중략) 그때쯤 거기 있떤 다른 기계공들은 물론이고 심지어 지나가던 행인 몇몇까지 하던 일을 멈추고 대형 트럭 주변으로 모여들어, 한 여자가 감히 남자의 성역을 넘보나 지켜보고 있었다. (중략) 문득 와랑가가 움직임을 멈추더니 세 번째 실린더가 돌아가면서 내는 이상한 소리를 집중해서 들었다. (중략) 그 듣기 싫은 소리는 연접봉과 크랭크축을 조여주는 나사가 헐거워졌기 때문에 생기는 거라고 와랑가가 말해주었다. 주변에 있던 사람들이 박수를 쳤다. (중략) "정말이지, 저보다 놀라운 광경이 또 있겠어? 우리나라 여자들이 이제 저렇게 많이 배웠단 말인가!" 그렇게 해서 다른 노동자들이 함께 일하자고 그녀를 받아들였고, 그녀가 자신의 공구 일체를 살

수 있을 때까지 자기들 것을 쓰도록 해주었다.(368~369쪽)

이를 계기로 와랑가는 학업과 병행하며 생긴 경제적 문제도 해결하고 더불어 남성 노동자들과 마찬가지로 한 사람의 기술 노동자로 인정받게 된다.

자신의 몸을 지키기 위해 무술도 익혔다. 그녀를 둘러싼 세계는 여전히 남성지배에 익숙한 사람들로 가득했기 때문에 그들로부터 자신의 몸을 지킬 필요가 있었다. 그래서 학업과 일을 하는 틈틈이 가라데 도장에 다녔다. 자신의 몸을 지키기 위해 갖춘 것 중에 다른 하나는 권총이다. 그 권총은 "강도와 도둑질 경연 대회" 말미에 들이닥친 민중들의 궐기 때 살기 위해 도망가던 자본가가 떨구고 간 권총이었다. 무투리가 그것을 주워 그녀에게 보관해달라고 했는데 잠재적으로 그 권총은 그녀 자신을 지킬 수 있는 마지막 도구로 여겨지게 됐다.

이러한 와랑가의 노력에도 와랑가는 자신이 원한 독립적 여성의 삶을 사는 데 여러 가지 어려움을 겪게 된다. 무엇보다 그녀 개인이 이러한 각성을 하고 그에 맞는 삶을 위해 노력한다고 해서 그녀가 살고 있는 케냐 땅에서 일어나는 신식민주의 문제가 사라지는 것은 아니기 때문이다. 여전히 그녀가 살고 있는 세계의 자본가들은 돈으로 젊은 여성들을 성적 대상으로 지배하고자 하며, 노동자들을 자신들의 부를 창출하기 위한 수단으로만 바라보기 때문이다. 후일담의 마지막에서 와랑가가 마주하게 되는 비극적 사건들은 그녀가 이겨내야 할 이 문제들이 단순하지 않음을 암시한다.

먼저 그녀가 몸담고 있는 자동차 정비소가 문을 닫게 된 것을 들 수 있다. 그 정비소는 일종의 협동조합으로, 주인이 따로 없이 노동자가 연대해 운영하던 가게였는데 보스 키하라가 매입해 관광호텔을 짓게 되면서 문을 닫는다. 다음으로 개인적 행복 추구의 가능성이 막힌 것을 들 수 있다. 와랑가는 여성 노동자로 각성하고 경연 대회를 계기로 연인이 된 가투이리아와 개인적 행복을 추구할 수 있게 됐다. 결혼이 그것이었다. 하지만 가투이리아의 아버지가 은당구리, 즉 "돈 많은 늙은이"임이 밝혀지면서 이러한 가능성은 완전히 사라진다. 은당구리는 뻔뻔하게도 자신의 아들과 와랑가가 헤어질 것을 요구하면서 그녀에게 다시 애인이 되어줄 것을 요구한다. 그녀의 아름다움을 다시 한번 돈으로 살 수 있다고 생각한 것이다. 와랑가는 자신이 낳은 딸의 아버지이자 연인인 카투리이아의 아버지인 은당구리이지만 더 이상 그에게 어떠한 변화도 바랄 수 없다는 것을 직감한다. 그녀는 자신을 지키기 위해 늘 지니고 다닌 권총을 꺼내 은당구리를 쏘아 죽이고 자신을 둘러싼 세계와 앞으로 지속적으로 싸워 나갈 것임을 다짐한다.

이에 대해 가신디 공연자가 와랑가의 미래에 대해 걱정하듯 이야기하고 있는 이유는 자명하다. 와랑가가 앞으로 겪게 될 일이 순탄치 않을 것은 명백하기 때문이다. 와랑가의 꿈속에서 반복되어 나타나는 십자가에 매달렸던 악마가 부활하는 주기가 점점 빨라지고 있다는 점도 미래의 상황이 긍정적이지 않음을 암시하고 있다. 그럼에도 강인한 정신력을 획득한 와랑가는 이러한 상황이 주는 긴급성이 무엇인지 감지하고 있으며, 그러한 상황을 회피하지 않고 맞서 싸울 것을 드러내고 있다. 이런 점에서 은당구리를 권총으로 쏘아 죽인 사건은 단순히 와랑가의 앞날을 비극적으로 바라보도록 하는 것은 아니다. 오히려 와랑가가 신식민주의와 직접적으로 대결할 것을 나타내고 있는 것이다. 와랑가의 선택은 급진적 투쟁의 가능성을 현실에 들여놓는 계기를 마련한 것으로 보이기 때문이다. 《십자가 위의 악마》는 이러한 여성 주체인 와랑가를 통해 신식민주의에 진정으로 대항하는 급진적 주체가 다름 아닌 여성 주체임을 표현하고 있다고 하겠다. 더불어 와랑가의 이야기를 이어가는 가신디 공연자의 목소리도 이러한 여성의 목소리에 가깝다. 응구기는 이러한 이야기하기, 여성 주체의 목소리로 이야기를 이어가는 행위 자체가 신식민주의에 대한 진정한 심판의 가능성을 여는 힘이라고 주장하고 있는 듯하다.

## 지금 여기 우리의 동굴에서

《십자가 위의 악마》가 이야기를 경유해 우리에게 질문하는 신식민주의의 문제와 그에 맞서는 급진화된 여성 주체의 문제는 지금 여기 우리가 발딛고 살아가는 자리에서 어떤 울림으로 다가올까. 그에게 대답을 제시하는 것은 《십자가 위의 악마》가 지닌 다층적인 차원의 의미를 제한하는 것이 될지도 모른다. 그럼에도 이 질문을 던져보는 것은 필요하다. 1980년에 발표된 《십자가 위의 악마》에서 응구기가 던진 질문이 여전히 유효한 면을 지니고 있기 때문이다. 어쩌면 이러한 유효성 때문에 응구기의 작품에 대해 높은 평가를 유지하고 있는 것인지도 모른다. 2016년에 응구기는 박경리 재단에서 수여하는 박경리 문학상을 수상했는데—시상식에서 흥미로운 장면이 연출됐다. 기념촬영 때 응구기는 《십자가 위의 악마》에 영향을 미친 《오적》의 작가 김지하 시인과 기념사진을 함께 찍었다.—그때에도 이러한 응구기 작품의 가치에 대한 언급이 있었다. 그는 수상 인터뷰에서 지금도 세계에서 벌어지고 있는 문제들은 제국주의와 밀접한 연관이 있다고 다시 한 번 강조했는데, 그 주장은 신식민주의의 문제를 다시 한 번 환기하는 계기가 되었다.

그렇다면 오늘날 우리가 살아가는 지평에서 응구기가 제공하는 조망은 우리에게 어떤 사고의 시야를 제공해주는지 살필 필요가 있다. 먼저 우리가 살아가는 세계에서 제1세계에 해당하는 유럽의 사고와 거리를 두고 세계에서 일어나는 여러 국가 간 갈등이나 이슈 등에 대해 좀 더 심도 있게 접근할 수 있다는 점이다. 케냐가 독립 후에 겪은 신식민주의 문제는 아프리카 독립국들에서는 현저하게 나타나는 현상이었다. 이 점에 대해서는 이 글의 서두에서도 잠깐 짚은 바 있다. 하지만 신식민주의는 제1세계에 속하는 미국, 유럽 및 일본을 제외한 지구 전반에서 일어난 현상이기도 하다. 우리나라도 독립 이후에 비극적인 현대사를 써 내려갔는데, 이러한 사건들도 신식민주의 문제로 바라보면 기존과는 다른 차원이 보이게 된다. 특히 군사독재와 그 이후의 민주화 과정에서 겪은 수많은 사건들이 단순히 우리나라 내의 문제가 아니라 제3세계 국가들이 전반적으로 겪은 문제들과 연관되어 있다는 것을 볼 수 있게 된다.

더 나아가 오늘날 세계 곳곳에서 벌어지고 있는 제노사이드 사건들을 비롯해 인종, 젠더와 관련된 각종 혐오 범죄들이 일어나는 이유를 다층적인 차원에서 조망할 수 있게 된다. 이는 최근 우리가 미디어를 통해 쉽게 접할 수 있는 외신 뉴스들을 통해 보도되는 이슈들에서 신식민주의 문제를 볼 수 있게 하는 조망권을 제공해주는 것이다. 예를 들면 최근 큰 이슈가 된 미얀마의 로힝야족 문제를 들 수 있다. 이 문제는 단순히 종교 갈등으로 인한 혐오 문제가 아니다. 과거 영국 식민 지배를 받은 미얀마에서 영국이 실행한 식민지 시절 정책의 잔여 효과라고 볼 수 있다. 이러한 맥락에서 신식민주의 문제가 단순히 아프리카의 문제가 아니라 전 지구적 문제라고 주장한 응구기의 문제의식은 여전히 문제적이다.

이 외에 우리가 현재 겪고 있는 페미니즘 및 젠더 문제들을 바라보는 데에도 숨겨진 지평이 있음을 인식할 수 있게 해준다. 특히 젠더 이슈가 단순히 개별적 차원이 아니라 상당히 복합적인 사회 문화적 맥락을 가지고 있다는 점도 쉽게 이해할 수 있다. 페미니즘에서 제기하는 여성혐오의 문제가 권력의 문제라고 할 때, 이는 더 자명하게 드러난다고 할 수 있다. 지금 여기 우리의 동굴에서 이 권력과 결탁한 엘리트들은 자신들의 경험을 서로 공유하며 견고한 카르텔의 벽을 치고 있다. 우리 시대의 정신적 테제가 적폐청산이라고 할 때, 《십자가 위의 악마》는 여전히 유효한 문제를 우리에게 제기하고 있다. 다국적 자본과 결탁하고 있는 국내 자본, 청년 실업을 방조하고 노동자들의 생존을 위협하는 다양한 법적 장치들, 그것과 결탁한 국가 권력과 사법권력, 이에 결탁하고 있는 소수 엘리트들과 대학의 교수들, 리더의 역할을 하지 않으면서 사회의 리더라고 말하는 이들이 분명히 존재하고 있는 것이다. 응구기는 지금 여기 우리에게 은폐되고 있는 진실이 무엇인지 사고하기를 요청하고 있다. 우리는 동굴에서 이 진실을 밝히는 말하기를 위해 어떤 투쟁을 해야 하는가. 이 질문 앞에 우리는 지금 마주 서 있다.

**응구기 와 티옹오**

응구기 와 티옹오는 케냐를 대표하는 소설가로, 아프리카의 신식민주의 문제를 탈식민주의 시각에서 비판적으로 다룬 세계적인 작가로 평가받고 있다. 그는 케냐의 독립을 전후로 한 현대사의 비극적인 상황을 소설화하면서 케냐 민중들이 받은 억압을 재현하는 데 문학적 역량을 기울였다. 초기에는 서정적인 필치의 소설들을 발표하다가 케냐 독립 이후 케냐의 엘리트와 식민지 종주국이었던 나라의 거대 자본으로 인해 착취되고 고통 받는 케냐 민중들을 대변하게 되면서 작품 성향이 급진화했고, 그로 인해 케냐에서 정치적 억압을 받고 감옥에 투옥되기도 했다. 초기 소설에는 《울지 마, 아이야》, 《한 톨의 밀알》 등이 있다. 《피의 꽃잎들》을 발표하면서 사회주의적 색체를 띈 채 급진화하여 신식민주의에 대한 비판을 강화한다. 풍자극 〈결혼은 내가 하고 싶을 때 한다〉를 기점으로 후기의 급진적인 성향의 작품으로 이행한다. 이 시기 대표적인 작품이 김지하의 《오적》에서 영감을 얻어 쓰여진 《십자가 위의 악마》이다. 특히 이 시기에 응구기는 식민지 종주국의 언어인 영어가 아닌 케냐 고유어인 키쿠유어를 활용해 작품을 쓴다.

**《십자가 위의 악마》**

《십자가 위의 악마》는 최초의 키쿠유어 현대소설로, 케냐 문학을 넘어 아프리카 문학사에 커다란 획을 그은 작품으로 평가받는다. 응구기의 이러한 작업은 세계적으로도 높은 평가를 받아서 여러 문학상을 수상했다. 대표적으로 로터스 문학상(1974), 노니노 국제문학상(2001), 전미도서비평가협회상, 니콜라스기엔 문학상 등을 수상하였으며 우리나라에선 한강 소설가의 수상으로 친숙한 이름이 된 맨부커 상 최종후보(2009)에 오르기도 했다. 매년 유력한 노벨 문학상 후보로도 거론되고 있다. 2016년에는 우리나라의 대표적 소설가인 박경리 소설가를 기리는 문학상인 박경리 문학상을 수상했다.

# 침묵하는 자들의 실존

아시아 제바르, 《사랑, 판타지아》[•]

황금하[••]

## 이슬람, 알제리 그리고 여성

이슬람에서 여성으로 태어나 글을 쓰는 행위는 이중의 어려움을 극복하는 일이다. 하나는 가부장적 권력이 만들어놓은 여성의 역할에서 벗어나는 것이며, 또 하나는 종교적이고 남성 중심적인 문어체가 가진 언어 권력과 사투를 벌이는 것이다. 이슬람 사회의 문화적 인식에 따르면 여성이 있어야 할 곳은 하렘[•••]으로 정해져 있고, 여성의 사회적 참여는 남성에 비해 제한된다. 과거에 비해 여성의 인권이 다소 신장되긴 했지만 서구에 비하면 이슬람 사회는 철저히 남성

• 아시아 제바르, 《사랑, 판타지아》, 윤철희 역, 책세상, 2015.

•• 경희대학교 후마니타스칼리지 강사. 경희대 국어국문학과 박사과정 수료

••• 하렘(harem)은 무슬림 여성들이 주로 거처하는 공간으로 가족을 제외한 일반 남성의 출입이 금지된 곳이다. 어원은 아랍어에서 금지된 것을 의미하는 '하람(حرم)'이다. 다른 남성들의 출입을 '금지'하지만, 여성들의 외출을 '금지'하기도 한다는 점에서 분리와 유폐, 보존과 차별의 수단으로 기능한다.

중심적인 사회이며, 여성에 대한 통제와 억압을 집단적으로 행사하고 있다. 또 몇몇 세속국가에서 근대화 정책을 추진하기 전까지는 여성이 학교에 다니거나 글을 쓰는 것이 금지되어 있었다. 때문에 문어체 아랍어는 남성들에 의해 전유되어 왔고, 이슬람 여성 작가들의 글쓰기는 기본적으로 자신을 둘러싼 사회적·문화적 제한과의 투쟁이며, 이를 극복하려는 성격을 지닌다고 할 수 있다.

아시아 제바르(Assia Djebar)의 소설 《사랑, 판타지아》는 아랍 여성들의 삶을 다루고 있는데, 보다 구체적으로 이슬람 문화권인 알제리에서 여성이 어떤 삶을 살아왔는지가 중심 소재다. 여기서 '알제리와 이슬람'이라는 국가와 종교는 단순히 지역적·문화적 환경을 의미하는 게 아니다. 그것은 작가가 글을 쓰는 데 근원이 되는 중요한 요소이다. 앞서 언급한 것처럼 '이슬람'이라는 환경은 글쓰기를 통한 여성의 자기표현을 종교 윤리에 대한 위협으로 간주한다. 때문에 여성이 소설을 쓴다는 것은 그 자체로 사회적 금기를 위반하는 일이다. 또한 130여 년 동한 프랑스에 의해 식민 지배를 받았던 알제리의 역사를 상기해볼 때, 프랑스 문화와 아랍 문화의 갈등, 피식민 지배의 경험, 알제리 해방 전쟁 등은 작가의 삶과 소설에서 분리할 수 없는 제반의 요소라 할 수 있다.

아시아 제바르의 소설은 이 중에서도 '여성의 삶'에 주목한다. 여성에게 식민지 역사 경험이나 알제리 해방 전쟁 그리고 남성 중심의 이슬람 문화가 어떤 영향을 주었는지, 그 속에서의 여성의 성장은 어떻게 이루어지는지를 다루고 있다. 예컨대 작가는 작품에서 일관되게 여성 화자를 서술자로 설정하고 있는데, 이는 식민지 시대나 알제리 해방 전쟁이라는 역사를 여성의 시각에서 다시 서술하려는 의도이다. '여성'이 소설의 중심에 놓인다는 것은 단순히 인물이나 사건과 같은 소재에 한정되지 않는다. 현실에 대한 작가의 관점과 가치관, 문제의식이 소설을 관통하고 있기 때문이다.

그렇다면 작가는 이를 서사를 통해 어떻게 구현하고 있는가. 그것은 바로 '성장', '언어(말)', '역사'를 통해서이다. 예컨대 '성장'의 서사는 남성과 사회의 억압적 제약에서 성장하는 여성의 삶을, '언어(말)'의 서사는 남성 중심의 아랍어와 식민 지배자의 프랑스어 사이에서 부유하는 여성의 삶을, '역사'의 서사는 기존의 역사 서술에서 제외됐던 여성의 삶을 '역사 다시쓰기'를 통해 구현한다. 또한 이 요소들은 별개로 존재하는 것이 아니라 중첩과 교접을 반복하면서 서사를 이끌어 간다. 인물의 '성장'은 '언어'와 대면하면서 이루어지며, '역사'는 다성적 화자의 '언어(말)'과 상호텍스트성을 통해 여러 층위에서 구현된다.

이러한 내용을 담아내는 서사의 틀 역시 《사랑, 판타지아》에서는 주목을 요한다. 이 소설은 액자 소설, 다성적 화자, 상호텍스트성이라는 복합적인 형식을 통해 서사를 구현하고 있다. 그렇기 때문에 작품에서 서술자가 누군지 명확하게 드러나지 않고 끊임없이 교체되며, 성장의 기록 역시 시간 순으로 뚜렷이 정리되지 않는다. 또 끊임없이 삽입되는 다른 텍스트들은 인용과 서술의 경계를 불명확하게 만든다. 그런데 이 형식들은 내용과 분리되는 것이 아니다. 본문의 각 장에서 서술하겠지만, 이러한 형식들은 여성의 실존을 드러내기 위한 작가의 의도에 의해 구현된 것이다. 소설을 읽으면서 내용에 따른 형식적 외연과 형식에 따른 내용이 서로 내포되어 있는 상호연관성을 다시 한 번 확인할 수 있을 것이다. 다음에서는 서사의 중심이 되는 키워드와 더불어 형식의 문제를 통해 작가의 문제의식과 인물의 실존을 짚어보고자 한다.

## 개별성의 획득, 실존의 자각

《사랑, 판타지아》의 다성적 화자는 중심 화자와 주변 화자로 나뉜다. 중심 화자는 동일 인물로 유지되고, 주변 화자가 계속 교차되면서 자신의 과거를 증언한다. 소설은 액자 형식으로, 내화에서는 다양한 여인들의 삶이 증언의 방식으로 구술되고, 외화에서는 이 증언을 기록하는 여성의 삶으로 구현된다. 외화의 여성이 바로 소설의 중심 화자이다. 앞서 언급한 성장의 서사는 바로 외화의 '그녀'에 대한 것이다.

'그녀'는 누구이고 어떤 삶을 살아온 것으로 그려지는가. 먼저 '그녀'는 중심인물이자 화자임에도 끝까지 그 이름이 밝혀지지 않는다. 증언의 기록자로서 그녀가 만나는 다른 여성들이나 남성들은 그 이름이 드러나지만 그녀는 고유명을 획득하지 못하고 익명의 존재로 남는다. 이 익명성은 이슬람 여성들의 사회적 지위라는 측면에서 중요한 의미를 갖는데, 전통적인 이슬람 문화에서 여성이 사적 공간에 위치해야 하는 존재, 남성의 앞에 나서면 안 되는 존재, 즉 가려져서 보이지 않는 존재로 인식되어 왔기 때문이다. 여성에게 베일을 강조하는 이슬람 문화는 그 기원이 사막 기후라는 환경적 요인에서 기원한다 하더라도 여성의 익명성을 강제하는 문화적 수단으로 기능한다. 따라서 '그녀'가 고유명을 갖지 못하는 이유 역시 이러한 익명성을 드러내는 은유로 기능한다.

> 한 소녀가 알파벳을 배우기 위해 '외출하는' 첫 날부터 이웃 사람들은 십 년, 아니 십오 년 뒤의 일을 두고 대담한 아버지와 몰지각한 오빠를 벌써부터 불행하다는 듯 곱지 않은 눈길로 쳐다본다. 저 집엔 반드시 불행이 닥치리라. 유식해진 처녀들은 글을 쓰게 될 테고, 틀림없이 '그' 편지를 쓰리라. 글로 쓰는 사랑이 유폐된 사랑보다 그녀들에게 더 위험한 때가 오리라.(13쪽)

이와 동시에 소설의 도입부인 〈처음으로 학교에 가는 아랍 소녀〉에서는 성장의 첫 경험을 제시하고 있는 바, 그 시작이 학교에서 문자를 배운다는 점은 매우 중요하다. 《사랑, 판타지아》에서 '그녀'는 프랑스가 알제리를 식민 지배하던 시기에 태어나 알제리 해방 전쟁을 거치고 해방 이후의 시대를 살아간다. 인용된 부분은 프랑스에 의해 여성의 교육 금지라는 제도적 제약은 사라졌을지라도 전통과 문화의 제약인, 여성이 교육을 받고 글을 쓴다는 것을 위반으로 보는, 이슬람 문화의 편견이 작용하던 시기임을 보여준다. 이웃 사람들은 여자가 문자를 배우면 반드시 '글'을 쓰고, '편지'를 씀으로서 '위험'을 낳는다고 본다. 그것은 언어와 이데올로기의 관계에 기인한다.

언어는 인간의 사유를 구속하고 제한한다는 점에서 강력한 물질성을 갖는다. 동시에 독립적 실체가 아니라 문화적으로 구성되기 때문에 언어에는 그 문화의 이데올로기가 내포되어 있다. 따라서 의식적으로 자각하거나 외부 요소의 침입으로 인해 틈이 발생하지 않는다면, 인간은 언어가 부여하는 이데올로기의 자장에서 살아간다. 더욱이 이러한 이데올로기는 전통이라는 표상으로 나타나 마치 그것이 자명한 것처럼 인간의 삶을 규정한다.

> 어머니는 마을의 다른 아주머니들과 마찬가지로, 아버지를 프랑스어 '그이'에 해당하는 아랍어 인칭대명사로만 불렀다. … 15세부터 60세까지의 기혼 여성들은 남편을 '그이'라고 불렀고, 말년에 남편이 메카로 성지순례를 다녀오면 '하지Hadj'• 라고 부를 수 있었다. … 결혼하고 몇 년 후부터 어머니는 프랑스어를 조금씩 배우기 시작했다. … 우리 아버지만 이름으로 불렸다. … 그렇게 어머니가 대화에서 아버지의 존재를 확고히 한 덕분에 아버지는 이름 이상으로 순수한 존재가 되었다.(69~72쪽)

따라서 '위험'이란 바로 이 전통으로부터의 일탈을 의미한다. 이슬람 문화가 규정한 전통적인 여성의 삶에서 벗어나 다른 존재로 살아가는 것은 집단의 규범을 따르는 자들에게는 그것을 파괴하는 행위로 비춰진다. '이웃 사람들'은 '소녀=그녀'가 학교에 가 '글'을 배우는 것을 전통적인 이슬람 가정의 율법을 파괴하고 불행을 가져오는

• '메카를 순례한 이슬람 신자'라는 뜻. 소설에서 주 인용.

행위라 말한다. 그런데 이러한 일탈은 개인에게 있어 주체적 실존을 의미한다. 아버지의 이름을 부르기 시작한 소녀의 어머니처럼, '글'을 배움으로써 개인은 집단 속에 다수로 사는 게 아니라 개인으로서 자신의 개별성을 획득한다. 이는 '소녀=그녀' 역시 마찬가지이다.

> 그동안 내가 쓴 프랑스어 편지들은 이국으로 떠난다. 편지들이 이 유폐의 경계선을 그으려 한다.… 그 편지들은 사랑을 표현하기보다는 감췄다. 편지를 쓰는 데에는 가벼운 제약이 따랐는데, 아버지의 그림자가 버티고 있었기 때문이다. 절반만 해방된 소녀는 아버지라는 존재를 목격자로 여긴다.
>
> "보세요. 내가 편지를 쓰는 것은 '나쁜 짓'도, '정숙하지 못한 짓'도 아니라고요! 그저 내가 살아 있음에 가슴 뛴다고 말하고 싶은 거예요! 글쓰기란 '나'에 대해 말하는 거잖아요?"(110쪽)

개인의 탄생이라는 근대 문학의 명제를 떠올리게 하는 위의 인용은 구체적 현실 맥락에서 접근할 필요가 있다. '그녀'에게 글쓰기가 '자신'을 드러내는 방법이라는 것은 고유명의 획득을 의미할 뿐 아니라, 현실에 대한 비판적 맥락을 갖는다. '그녀'는 글쓰기를 통해 이슬람 문화가 강요하는 유폐된 여성의 삶에서 벗어나 주체적 개인으로서의 실존을 드러내는데, 이는 이슬람 문화에서 이루어진 여성에 대한 억압을 반증한다. 여성이 글을 배우고 편지를 쓰는 행위는 '나쁜 짓'이자 '정숙하지 못한 짓'으로 여겨져 감시와 억압이 있었고 여전히 그것이 계속되어 왔음을 드러낸다. 이처럼 글을 쓰는 행위는 단순한 '일탈'을 넘어 '비판'과 '고발'을 가능하게 하는 것이다. 글쓰기가 가진 '위험'의 의미는 전통이라는 이데올로기에 균열을 냄으로써 현실을 변화시킬 수 있는 전복의 가능성으로 전화된다.

이처럼 '그녀'의 성장은 자신의 개별성을 획득하고, 그 실존을 드러내는 방식으로 이루어진다. '그녀'는 하렘 속의 다수가 아니라 그곳을 벗어난 '개인'이자 '말'이 아닌 '글'로써 자신을 표현할 수 있는 존재이다. 작품 속 '그녀'의 말처럼 이는 '몸을 움직일 수 있는 원천, 결국 미래의 내 자유의 원천'(333)이다. '글'을 배움으로써 '그녀'는 '전통'과 '집단'의 굴레에서 벗어나 자신의 삶의 양태를 성취할 수 있는 한 명의 '개인'으로 존재한다.

### 증언과 기록, '말'의 전승

서사에서 성장은 필연적으로 자각을 수반한다. 자신을 둘러싼 세계와의 불일치를 경험하고, 또 이에 대항하면서 비로소 개인은 자유를 억압하는 사회적 실체를 알게 된다. 《사랑, 판타지아》의 그녀 역시 마찬가지이다. '글'을 배우면서 여성의 삶이 가부장적 권력과 문화에 의해 억압되고 유폐된 채 역사 속에서 사라진다는 것을 '그녀'는 알게 된다. '그녀' 자신은 하렘을 벗어날 수 있었지만, 다른 여성들의 삶은 '그녀'와는 다르게 '하렘'에 갇혀 그곳을 벗어나지 못한다. '그녀'는 '하렘'을 벗어났지만, 동시에 여자만이 출입 가능한 그곳에 들어갈 수 있다. 이러한 이중성을 이용해 작품에서 '그녀'는 다른 여성들의 삶을 기록한다. 따라서 그녀의 '성장'은 단순히 '개인'의 자각을 넘어 이슬람 여성 전체를 위한 집단적 가치를 획득하는 것이다.

'여성들의 말'을 들을 수 있고, 그것을 '글'로 기록할 수 있다는 점에서 '그녀'는 증언을 기록으로 옮기는 전승자의 역할을 담당하고 있다. 내화에서 '그녀'는 여러 아랍 여성들을 찾아가 그들의 '말'에 귀를 기울이고, 그 말을 문자로 옮겨준다. 3부의 2, 3, 4 악장에서 〈목소리〉와 〈과부의 목소리〉의 장들은 모두 '그녀'가 찾아가 글로 옮겨준 다른 여성들의 '말'이다.

> 왜 아니겠는가. 윗세대 여자들이 자신들의 유폐된 장소를 나에게 물려주었다. 그들은 아무것도 받아본 바 없다. 욕망으로 굴절된 떨리는 목소리도, 애타는 메시지도. 그저 갇힌 자들의 노래를 읊조리는 것으로 스스로를 해방시켰을 뿐이다.(113쪽)

> 여자들은 몇 주 또는 몇 달씩 계속되는 모임 때마다 불가능한 반항이라는 그물을 걷어내 버렸다. 말하는 사람은 큰 소리로 부르짖거나 쉴 새 없이 수군거리면서 해방감을 느꼈다. 그러나 절대 1인칭인 '나'로는 말하지 않을 것이다.(289쪽)

작품의 아랍 여성들에게 '말'은 해방의 수단이다. 하렘이 아랍 여성들의 유폐 장소로 기능하고 있을 때, 여성들은 '말'을 통해 다른 여성들과 교류하고 해방의 순간을 맞이한다. 그런데 그들은 1인칭으로 자신을 지칭하지 않는다. 집단의 언어로 말하고 사고한다. 이로써 그들의 사고는 언어의 자장에 의해 제한을 받는다. 소설에는 여성들이 '강간'을 의미하는 말을 사용하지 못하고 '피해'라는 완곡어법을 사용하는 모습이 나타나는데, 이러한 '말'을 통해 여성이 당했던 전쟁의 폭력성 역시 완화된다. 이처럼 아랍 여성에게 구어체 아랍어는 모어가 갖는 감성적 포근함을 내포하고 있으나, 사유를 구속하는 것이기도 하다. 그렇기 때문에 〈목소리〉와 〈과부의 목소리〉에서 여성들의 '말'을 '글'로 옮기면서 '그녀'는 1인칭 화자의 형식을 사용한다. 고유명을 갖지 못하는 아랍 여성들에게 '글'을 통해 '나'라는 존재의 주체성을 부여하기 위함이다. 동시에 이 기록의 행위는 여성의 베일 아래에서 새어나와 흩어지는 '말'들을 붙들어 전승한다.

> 슬프다! 우리는 글을 모른다. 그래서 우리가 견뎌내고 우리가 겪은 일에 관해 글을 남길 수가 없다!(277쪽)

식민지 시대와 해방 전쟁 시대 아랍 여성들이 겪어야 했던 고통은 자신의 언어로 기록되지 않는다. 오빠의 죽음을 눈앞에서 봐야 했던 소녀의 심정, 자식을 잃어야 했던 어머니의 고통, 프랑스 군인들에 의해 삶의 터전이 불타고 파괴된 가족의 고통은 '말'로는 표현되지만 '글'로는 존재하지 않는다. 감옥에 끌려가 고문을 당하면서도 당당한 태도로 프랑스인에 맞섰던 어린 소녀의 의기 역시 그녀의 침묵과 함께 사라진다. '말'은 흩어진다. 그것이 문자로 남지 않는다면 아랍 여성들의 고통과 상처는 자신의 목소리가 아닌 타자의 기록에 의존할 수밖에 없다.

> 콧대 높은 노부인의 몸짓과 목소리를 통해, 나는 어렴풋하게나마 모든 고통의 근원을 엿볼 수 있었다. 그것은 남은 생애 동안 우리가 해독해야 할 거의 지워진 기호와도 같았다.(272쪽)

따라서 아랍 여성들의 '말'은 '그녀'의 말처럼 삶의 고통을 품고 있는 근원적인 정념이기에, 해독해야 할 하나의 '기호'와 같은 것이다. 문자로 옮겨 기록하지 않는다면 그 존재를 상실해 흔적도 남지 않을 불완전한 형식의 기호, 그것이 바로 작가가 바라보는 아랍 여성들의 '말'이다. 그렇기 때문에 경계인으로서 '그녀'는 다른 여성들의 '말'을 옮겨주고 기록한다. 구어체 아랍어를 프랑스어로 옮기는 작업을 통해 '그녀'는 사라지는 여성들의 삶을 문자의 형식으로 붙들고 전승한다. '소리를 내지 않는 것은 저항을 시작하지 않는다'는 소설 속 '그녀'의 말처럼 그 소리를 전승하지 않으면 저항을 유지할 수 없는 것이다. 여성들의 상처를 기록하고 보존할 것, 문자를 통해 그들의 실존을 역사에서 사라지지 않게 할 것. 이로써 '그녀'의 글쓰기는 현실을 변화시킬 수 있는 저항의 시작을 의미한다.

### 언어의 양가성, 분열과 가능성

《사랑, 판타지아》에서 성장과 기록을 가능하게 하는 '그녀'의 글쓰기는 '알파벳', 즉 프랑스어를 통해 가능한 것이다. 프랑스의 식민 지배를 받았던 알제리에서는 프랑스어가 교육과 행정을 담당하는 언어였으며, 여성에게도 교육을 허락했기 때문이다. 하지만 프랑스어는 '그녀'의 모국어가 아니라는 점에서, 모어인 아랍어와 다른 언어라는 점에서 이미 분열의 요소가 내재되어 있다. 더욱이 프랑스어는 식민 지배자의 언어, 즉 적의 언어가 아닌가. 따라서 프랑스어를 통한 글쓰기는 그녀에게 자유를 허락하지만 동시에 분열을 야기한다.

> 나에게는 프랑스어가 그랬다. 어린 시절부터 내게 프랑스어는 세상의 다채로운 광경을 보는 틈새였다. 한편으로 어떤 상황에서는 나를 노리는 뾰족한 투창이 되었다 … 나는 여자 사촌들처럼 하렘에 틀어박혀 지내지 않으면서, 완전한 외부도 아니고 그렇다고 중심부도 아닌 경계에서 몽상적인 사춘기를 보냈다.(235~237쪽)

그녀에게 프랑스어는 동화될 수 없는 타자이다. 프랑스어는 그녀에게 개인과 실존에 대한 자각과 전복의 가능성을 주는 언어지만, 감화될 수 없는 낯선 타자의 형상을 지닌 언어이기도 하다. 이슬람 전통에서 성장한 여성이기 때문이다. '모어'인 구어체 아랍어는 그녀의 어머니와 다른 여성들이 사용하는 은밀한 내면을 품고 있는 언어라는 점에서 그녀에게 안온함을 주지만 동시에 여성의 삶을 하렘에 유폐시킨 언어이기도 하다. 따라서 '그녀'의 말처럼 그녀는 경계에 선 자로 성장할 수밖에 없었으며, 어디에서도 제대로 속하지 못한 채 살아가는 방황의 삶을 고백하게 된다.

하지만 어디에도 속하지 못한다는 경계인의 불안한 위치는 독자적이고 새로운 삶의 양식을 가능하게 하는 특권적 위치이기도 하다.

'아랍어'와 '프랑스어'의 세계를 횡단하며 외부의 시선으로 내부를 바라보기 때문이다. 《사랑, 판타지아》의 '그녀'는 존재의 불안을 고백하지만, 앞서 살펴본 것처럼 기록자로서의 가치를 구현하기도 한다. 경계에 선 그녀의 위치에서 아랍 여성들의 삶이 역사로 기록되기 때문이다. 따라서 '그녀'에게 프랑스어는 경계인으로서의 가능성을 부여한다.

'그녀'를 통해 드러나는 프랑스어의 가능성은 '말'의 전승에만 머무르지 않는다. 그것은 혼입된 다른 텍스트를 통한 상호텍스트성을 드러내는데, 구체적으로는 역사 다시 쓰기의 작업을 통해 이루어진다. 《사랑, 판타지아》의 1부와 2부, 3부의 5악장에서는 다른 저자의 텍스트가 중심을 이룬다. 1830년 시작된 프랑스와 알제의 전쟁과 이를 기록한 여러 저자들의 기록이 직접 인용되고 있다. 그런데 이러한 텍스트의 혼입은 사건 전개를 위해 기록을 차용하는 것에 머무르지 않는다. 작가가 의도하는 것은 이미 쓰인 역사에 대한 다시 쓰기이다. 그것은 동일한 사건에 대한 다양한 기록을 차용하거나, 정치나 인물 중심의 기록이 아닌 사건 기록을 도입함으로써 이루어진다. 또 중심인물인 '그녀'를 통해 텍스트의 의미를 분석하거나 새로운 내용을 덧붙이는 방식으로 서술되기도 한다.

그런데 작가가 인용하는 많은 텍스트들이 대부분 프랑스어로 쓰인 기록이라는 것은 매우 중요하다. 앞서 언급한 것처럼 모어와 외국어의 경계에서 살아가기 때문에 분열과 방황을 드러냈던 '그녀'의 지위가 역으로 가질 수 있는 가능성을 의미하기 때문이다. 적의 언어를 통해서라도 역사를 다양화하고, 이를 통해 역사를 바라보는 시각을 새롭게 제시할 수 있다는 것은 이미 기록된 중심으로서의 역사를 해체하는 일이자 새로운 현재를 위한 시작점을 축조하는 일이다.

> 바르슈 남작이 경험하고 기록한 전투 중에서, 나는 그저 그의 기억의 밤에 인광을 발하는 짧은 장면 하나를 끄집어낸다.
>
> 냉정한 문체로 사건을 기록했지만, 난투의 현장에서 알제리 여자 둘을 보는 그의 시선은 적나라하게 드러나는 끔찍한 시정에 꽂혀 공포에 질려 있다.(중략)
>
> "쇄도하는 아랍 부족들 중 다수를 차지한 여자들이 가장 열광적으로 적군의 신체를 절단했다. 프랑스 병사의 시체 옆에 쓰러진 여자는 그의 심장을 뽑아내기까지 했다. 어린아이를 가슴에 품고 도망치던 또 다른 여자는 총에 맞아 부상당했는데, 아이를 우리 프랑스인의 손에 산 채로 넘겨주지 않으려고 아이의 머리를 돌로 내리찍었다. 병사들은 총검으로 여자에게 최후의 일격을 가했다."(39~40쪽)

'그녀'를 통해 역사는 새롭게 구성된다. 프랑스-알제 전쟁의 경과나 승패가 중심이 아닌 알제의 여자들이 사건 중심으로 부상한다. 프랑스어로 쓰인 전쟁에 대한 기록에서 그동안 언급되지 않았던 내용을 발굴함으로써 수동적이고 하렘에 유폐된 여인이 아닌 적극적으로 저항하는 투쟁적 여인상이 새롭게 구성된다. 또한 적의 언어를 통해 복원되는 역사는 이에 한정되지 않는다. 예컨대 소설에서 '베라르'라는 프랑스 농부의 기록을 통해 정복자와 저항하는 자 모두 여자들을 겁탈과 약탈의 대상으로 여긴 사건이 드러나는데, 이 기록을 통해 정복자와 피정복자의 선과 악의 이분법적 구도가 여성의 신체를 둘러싸고 해체된다. 또한 프랑스 장교인 '펠리시에'에 의해 자행된 알제리인에 대한 끔찍한 학살이 역설적으로 펠리시에가 남긴 보고서에 의해 망각되지 않고 남을 수 있다는 서술을 통해서도 '적의 언어'인 문어체 프랑스어가 갖는 가능성이 제기된다. 구어체 아랍어가 기록하지 못했던 역사, 프랑스어로 기록된 많은 문서들에서 발굴할 수 있는 저항의 역사를 작가는 『사랑, 판타지아』에서 상호텍스트성과 역사 다시 쓰기를 통해 재현한다.

### 경계를 넘어, 새로운 삶을 향해

아시아 제바르의 소설을 이해하기 위해서는 작가 개인의 삶의 내력을 언급하지 않을 수 없다. 그녀는 1967년부터 1980년까지 절필의 시기를 겪는다. 작가는 작품을 통해 이 침묵의 이유를 해명하고 있는데, 그것은 무엇보다 모어가 아닌 프랑스어로 글을 쓴다는 행위에서 드러나는 위기의식에서 기인한다. 예컨대 여성의 글쓰기를 엄격하게 제한하는 아랍어 전통에서 그녀는 자신을 자유롭게 드러낼 수 없었고, 이국의 언어인 프랑스어에서 자신이 성장한 문화와 전통으로부터 단절과 상실감을 느꼈던 것이 절필의 주된 이유로 보인다.

그렇다면 절필 이후의 단편집인 《알제의 여인들》과 장편 《사랑, 판타지아》에서 그녀의 이러한 고민은 완전히 해소된 것일까. 안타깝게도 이러한 불안은 충분히 해소되지 않은 것으로 보인다. 《사랑, 판타지아》에서 작가의 페르소나로 보이는 '그녀'가 드러내는 경계인의 불안감은 여전히 계속되고 있기 때문이다. 사정이 그러하다면 그녀는 왜 소설 쓰기를 다시 시작했는가, 언어의 불일치에서 오는 분열과 상실에도 불구하고 소설을 쓰는 이유는 무엇일까.

아마도 그 대답은 절필 이후 처음으로 출간된 단편집《알제의 여인들》의 서문에서 찾을 수 있을 듯하다. 아시아 제바르는 '이전에 나는 민간 아랍어를 프랑스어로 옮긴다면 완전한 생동감이나 색감의 유희는 잃게 될 것이라고 생각'했기 때문에 한동안 절필했음을 고백하고 있다. 합치될 수 없는, 서로 다른 언어가 갖는 한계를 작가는 고유성의 훼손이라고 생각했던 것이다. 그러나 '문자화되거나 기록되지 않고, 단지 메아리와 한숨으로 엮여 전달되던, 항상 가면 아래 감춰진 입술에서 새어나오는 여성의 목소리'를 기록하기 위해서 다시 펜을 든 것으로 보인다. 물론 그것은 이전에 언급했던 언어의 한계를 극복한 것이 아니다. 다만 '겨우 할 수 있는 것은 가까이에서 그리고 가능하다면 밀착해서 말하겠다는 것'인데, 이는 '행동의 자유를, 육체와 정신의 자유를 획득하거나 혹은 쟁취한 몇몇 아랍 여성들이 부담해야 하는 일차적 연대의식의 표현이다.'라는 말처럼 서로 다른 언어 사이의 한계에도 불구하고, 사라지는 아랍 여성의 '말'을 위해, 억압받는 아랍 여성들의 '삶'을 위해 지식인으로서 주어진 소명을 다하기 위한 것이다.

《사랑, 판타지아》에서 그녀의 소설이 아랍 '여성'의 삶을 소재로 이슬람에서의 여성이 억압되거나 유폐된 실존을 소설에 그려낸 것은 구체적 현실 문제에 맞선 작가의 투쟁과 저항의 정신을 드러낸

것이다. 하지만 그녀의 소설 쓰기는 단순히 현실 문제에 대한 비판과 재현에 마무르지 않는다. 경계의 불안을 넘어 소설 쓰기를 다시 시작한 작가의 태도처럼 소설의 '그녀들' 역시 자신들의 서사를 통해 이를 넘어서고 있기 때문이다. 배제되거나 잊혀진 '말'과 '기록'의 복원은 알제리와 이슬람 여성을 위한 변화의 시작이다.

**아시아 제바르**

아시아 제바르는 필명이며 본명은 파티마 자흐라 이말라인이다. 그녀는 알제리가 프랑스의 식민 지배를 받던 시절에 태어났다. 프랑스 학교 교사인 아버지 덕분에 유년기에 프랑스 학교와 사설 코란 학교를 함께 경험했으며, 1955년 알제리 여성 최초로 파리고등사범학교에 입학했다. 1956년에는 알제리 독립을 위한 학생 운동에 가담했고, 독립 운동 기간에는 반식민주의 노선을 띠는 신문 알부자히드지에서 일하면서 독립 운동에 참여했다. 1962년부터 알제리대학교에서 역사와 연극, 영화를 가르쳤으며 미국 루이지애나주립대학교, 뉴욕대학교 등지에서 교수로 재직했다. 2005년 프랑스 학술원 종신회원으로 선출됐고, 타개하기 이전까지 매년 노벨 문학상의 유력한 수상자로 거론됐다.

**《사랑, 판타지아》**

1985년 출간된 소설로 아랍 여성들의 삶을 다룬 소설이다. 여성에게 식민지 역사 경험이나 알제리 해방 전쟁 그리고 남성 중심의 이슬람 문화가 어떤 영향을 주었는지, 그 속에서의 여성의 성장은 어떻게 이루어지는지를 형상화한다. 이 소설은 액자 소설, 다성적 화자, 상호텍스트성이라는 복합적인 형식을 통해 아랍 여성들의 분열되거나 유폐된 삶을 이야기하며, 기록되지 않는 아랍 여성들의 삶을 다룸으로써 남성 중심적 문화에서 여성으로 살아가는 것의 문제점에 주목한다.

# 혼돈의 어둠을 이기는 연대적 삶을 꿈꾸다

자케스 음다, 《곡쟁이 톨로키》[•]

정재훈[••]

## 고향 상실로 인한 공동체의 위기

남아프리카공화국 출신의 작가인 자케스 음다(Zakes Mda)는 아버지의 반(反)아파르트헤이트 운동으로 인해 고향을 떠나 미국에서 망명생활을 했다. 음다의 아버지 아쉬비 음다(Ashby P. Mda)는 당시 남아공에서 펼쳐졌던 악명 높은 인종차별 정책인 '아파르트헤이트'에 반대해 온 사회운동가로 아프리카민족회의(ANC) 청년 지부를 창설한 창립 멤버였다.[•••] 후에 자케스 음다는 망명지인 미국(오하이오 대학교 영문학부)에서 교수 생활을 했고, 극작가로서도 활발하게 작품활동을 했다. 그가 발표한 작품들은 주로 '자유'와 '정의'를 주제로

• 자케스 음다, 《곡쟁이 톨로키》, 윤철희 역, 검둥소, 2008.

•• 경희대학교 후마니타스칼리지 및 연성대학교 강사. 문학평론가. 도서출판 〈달을 쏘다〉 기획위원. 공역으로 《'재일'이라는 근거》가 있다.

••• 자케스 음다, 《행복한 마돈나》, 이명혜 역, 검둥소, 2008, 322쪽.

다루고 있는데, 이는 고향을 상실한 디아스포라, 또는 정치적/문화적인 망명자 의식에서 비롯한 것이라 하겠다. 자케스 음다의 창작적 모티프는 망명으로 인한 고향 상실이라는 정서적 상흔을 치유하고, 남아공에 여전히 남아 있는 정치적·사회적 갈등을 해소하려는 작가적 의지와도 깊은 관련이 있다.

남아공은 서구 열강의 식민 지배를 받으면서 새로운 인구 유입 등으로 인해 다양한 인종집단이 형성되었던 국가이다. 현재에도 남아공은 다른 아프리카 국가에 비해 훨씬 다층적이고 복잡한 문화와 언어를 갖고 있다. 하지만 이러한 인종적 다양성이 "인종의 우열과 열등이라는 악마적인 개념을 갖게 함으로써 남아공의 정치역사에서 심각한 문제를 야기시키는 결과를 가져왔다."• 고 보는 견해가 있다. 이는 언제 터져도 이상하지 않을 잠재적인 갈등 요소 또한 지니고 있다는 뜻이기도 하다. 1955년에 아서 루이스가 처음 제기한 '이중경제(dual economy)' 패러다임에 따르면, 남아공은 낙후되고 궁핍한 전통 부문과 역동적이고 번성하는 근대 부문으로 나뉜 이중 구조를 가졌다.•• 그에 따르면, 이러한 이중 구조는 오늘날까지도 남아공 어디서나 목격할 수 있다고 한다. 강을 사이에 두고 한쪽은 번영을 누리며 근대적인 분위기를 연출하고 있지만, 다른 한쪽은 현대 생활과는 거리가 있는 전통적인 삶을 살고 있다는 것이다.

자케스 음다의 문학적 진지함은 이러한 고향 남아공의 실상을 묘

• 김광수, 〈남아프리카 공화국의 문화적 정체성〉, 《아프리카 硏究》 제13호, 2001, 84~85쪽.

•• 대런 애쓰모글루·제임스 A. 로빈슨, 《국가는 왜 실패하는가》, 최완규 옮김, 시공사, 2012, 373쪽.

사함과 동시에 특유의 상상력을 통해 드러난다. 그의 소설적 세계는 다층적인 인종과 문화, 언어가 있고, 전통과 근대라는 잠재적인 갈등이 여전히 남아 있는 남아공을 배경으로 하기 때문에 차별과 배제라는 다양한 갈등 요소들(종족 간의 문제, 남성과 여성, 도시와 촌락 등)이 담겨 있다. 자케스 음다는 인간으로서 누릴 자유와 정의로운 삶이란 어떤 것인지에 대해 독자들이 상기하도록 한다. 그의 작품은 민담이나 설화, 신화와 같은 아프리카 특유의 정신적인 문화를 소재로 하여 암울한 현실에서 진정으로 추구해야 할 인간다운 구원이란 과연 무엇인지 고민하게 한다. 이는 정치적인 탄압을 피해 고향을 떠나, 타국에서 생활해야 했을 심리적인 고통과, 고국의 문화에 대한 향수가 자연스럽게 투영된 결과라고 봐야 할 것이다.

자케스 음다의 《곡쟁이 톨로키》는 장례식에서 유족들을 대신해 곡을 하는 톨로키와 같은 고향 출신인 노리아의 이야기를 큰 줄기로 하고 있다. 이 작품의 주된 공간은 현재의 '도시'와 과거의 '고향'으로 나뉘는데, 톨로키와 노리아의 대화나 회상을 통해 드러나는 과거의 고향은 빈곤의 문제와 더불어 공동체의 삶이 가져다 준 원형적인 공감대를 형성하는 반면, 현재 이들이 살고 있는 도시는 언제든지 터질 수 있는 폭탄의 뇌관처럼 갈등의 요소들이 곳곳에 배치되어 있다. 도시 속 일상에서 가장 두드러진 대표적인 갈등 요소를 꼽자면, 무엇보다 빈부 격차 문제를 들 수 있다. 이는 결국 생존을 위해서든, 아니면 세속적 욕망에 집착하든 간에 고향을 떠나 도시로 이주한 대다수 민중들의 피폐한 삶을 형상화한 것이다. 이러한 갈등 요소는 빈곤으로 인한 개인의 몰락, 더 나아가 '집단공동체의 붕괴'라는 어두운 그림자를 선명하게 부각시킴으로써 인간 존립의 문제를 드러낸다.

씨족, 부족에 기초한 고향의 집단공동체는 조상으로부터 대대로 물려받은 유형, 무형의 전통 문화를 함께 공유함으로써 동질적 유대감을 형성한다. 하지만 고향을 떠나 도시로 이주하는 이들이 늘어나면서 발생하는 지속적인 파열음은 전통적인 기존 공동체를 무너뜨리고 있다.

작중에서 톨로키와 노리아도 고향을 떠나, 도시에서 살아가는 인물들이다. 특히 톨로키는 도시에 정착한 동향 사람의 이기적인 작태(도움을 청하러 갔을 때, 그가 본 "네폴로브호드웨"의 모습)를 목격하는데, 곧장 그는 자신의 이익만을 추구하는 세속적인 이기주의로 인해 고향을 철저히 등진 삶의 방식에 이질감을 느낀다. 자신이 상상했던 풍요롭고 안락한 삶과는 전혀 다른 도시의 모습을 보면서, 그가 느낀 당혹감과 충격은 어쩌면 고향을 떠난 이라면 누구나 마주하게 될 수밖에 없는 보편적인 문제다. 이러한 정서적인 방황과 낯선 환경에서 오는 이질감에서 비롯된 심리적인 충격은 실제 망명 생활을 했던 작가의 경험이 투영된 것이라고 봐야 한다.

게다가 《곡쟁이 톨로키》와 같은 시기에 국내에 번역되어 발간된 작품인 《행복한 마돈나》도 고향을 떠나 낯선 곳으로 이주해 살아가는 이들의 피폐한 삶을 이야기하고 있다. 이 작품의 주인공은 '니키'라는 여성이다. 그녀의 남편 풀레는 전형적인 아프리카인 광산 노동자인데, 그는 다른 여느 노동자처럼 고향을 떠나 일을 하면서 고향과의 정서적인 관계가 서서히 옅어지게 된다. 고향을 떠남으로써 생기는 '가정 파탄', '공동체적 유대감 상실'을 다룬 이 작품의 문제의식도 작가인 그가 직접 경험했던 고향 '상실'과 그로 인한 정서적 방황을 작품으로 투영한 결과라고 봐야 한다. 문제는 《곡쟁이 톨로키》에서도 동일하게 다루어진다. 자의든, 타의든 고향을 떠난 이들의 삶을 통해 도시(자본)의 세속적인 욕망과 그로 인해 공동체의 위기가 드러난다는 점에서 《행복한 마돈나》와 동일한 문제의식을 지닌 것이라 하겠다.

## 곡쟁이의 탄생, 그리고 '조상'과 연결되지 않은 죽음에 관한 사유

케냐 출신의 신학자인 존 음비티는 다음과 같이 말했다. "땅은 아프리카인에게 존재의 근원일 뿐만 아니라 신비함으로 이들을 죽은 사람과 묶어준다. 사람들은 선조의 무덤을 밟고 다닌다. 그리고 선조와의 유대감을 깨트리는 행동은 가족과 마을 공동체에 재앙을 불러올 것이라는 두려움을 갖게 한다."• 여기서 그가 말하는 '두려움'은 삶과 죽음이라는 인간의 근본적인 문제를 공동체적의 것으로 사유하지 않을 때 찾아올 재앙에 관한 일종의 경고라고 할 수 있다. 《곡쟁이 톨로키》에서 일어나는 숱한 죽음들과 그것에 대한 사유가 어떤지 살펴보자. 작중에서 벌어지는 일련의 사건들은 대개 백인에 의해 벌어지거나, 정치적인 갈등으로 인해 발생한다. 작중의 배경인 도시에서 치러지는 장례식은 모두 하나같이 공장에서 상품을 생산

• 존 음비티, 《아프리카 종교와 철학》, 장용규 역, 지식을만드는지식, 2012, 49쪽.

하는 것처럼 도처에 줄지어 늘어서 있다. 여기에 모인 사람들은 의례적으로 모여 망자가 어떻게 죽게 되었는지, 죽기 전 어떤 삶을 살았는지 등을 이야기하면서 분노의 성토를 벌이고, 눈물도 흘린다. 하지만 전통적인 사유에서 봤을 때 이는 진정한 의식도 애도도 될 수 없다. 왜냐하면 톨로키가 봤을 때, 이러한 죽음은 존재의 죽음이라는 신비함도 없을 뿐만 아니라, 선조와의 유대감이나 어떠한 공동체적인 화두도 제시하지 않기 때문이다. 잠깐의 분노와 눈물만이 있고, 정작 고향과 연결되어 공동체로서 애도되지 않았기에 이곳의 죽음은 일시적인 이벤트에 불과한 것이다.

죽음에 관한 집단적 의식의 공유가 이렇게 빈약할 수밖에 없는 이유는 고향의 구성원들과의 단절로 인해 생긴 정서적 균열이 날로 심화되었기 때문이다.• 이는 톨로키가 곡쟁이라는 직업을 택할 수밖에 없었던 이유와도 관련이 있다. 고향을 떠난 자로서 수없이 맞닥뜨린 비인간적 사건들이 연쇄적으로 축적되었을 때, 그가 택할 수 있는 방법 가운데 하나는 전통적 세계관(실제로 지리적인 공간이 아니라, 정신적인 추상적 영역)을 대중들에게 환기시키면서 다시 이전의 관계를 복구하는 것이다. 그에게 이 방법은 직업이든, 윤리적인 것이든 간에 어떻게 보더라도 필연적으로 선택할 수밖에 없다는 것이

• 앞서 언급한 존 음비티에 따르면, 아프리카인들이 생각하는 죽음 '이후'는 이러하다. 육체적인 죽음 이후에도 사람은 즉각적으로 사라지지 않고 사사의 영역에 체류한다. 죽은 사람은 자신이 살아 있을 동안에 자신을 알았던 친척과 친구에 의해 여전히 기억된다. 친구와 친척은 언급할 필요가 없을지라도 죽은 사람의 이름을 부르며 죽은 사람의 개성과 성격, 해왔던 말과 인생의 주요 사건을 기억한다.(존 음비티 저, 위의 책, 43~44쪽 참조.)

다. 왜냐하면 그는 자신이 발붙인 이곳(도시)에서 어쨌든 살아야 하지만, 한편으로 이곳은 고향과는 달리 병으로 죽거나, 나이가 들어 죽는 것이 오히려 비정상적인 죽음이라고 여기는 곳이기 때문이다. 따라서 '곡쟁이'라는 직업이 톨로키의 생계수단이기도 하지만, 오히려 그것은 너무나 흔한 죽음 앞에서 윤리적 감각이 무뎌진 자들을 다시 '인간다움'으로 되살리려는 공적 행위에 더 가깝게 된다. 이것은 여타 직업과는 전혀 다른 조건들을 필요로 할 뿐만 아니라, 종사자들에게 더 많은 희생을 요구한다.

> 톨로키가 희생과 극기, 영적인 채찍질과 관련이 있는 새로운 인생길을 걷기로 결심하지 않았다면, 톨로키도 거기에 있는 남부럽지 않은 집의 주인이 됐을 것이다.(162쪽)

물론 톨로키에게 '곡쟁이'라는 직업이 무조건적인 희생을 가리키거나, 지나치게 이상적인 것만을 추구하는 건 아니다. 그는 자신이 하는 직업 행위(장례식장에서 곡을 하는 행위)가 고객을 위한 서비스라고 여기며, 더 슬픈 곡조를 계발하려고 노력한다. 하지만 그의 행위 그 자체만 놓고 본다면, 이는 죽음을 애도하는 사람의 인격적인 '고상함'이며, 또한 이것이 '아직은 살아있는 자'로서 응당 갖춰야 할 인간다운 '윤리'로도 읽힌다는 점이다.• 톨로키가 말한 것처럼 "우리

• 장례식이 끝난 후, 톨로키에게 감사를 표한 나이 든 여인의 말은 이러했다. "내가 당신을 특별히 초대한 것은 다른 장례식에서 당신을 봤기 때문이에요. 당신은 사람들이 망자를 애도할 줄을 알았던 그 옛날에 우리가 마지막으로 봤던 슬픔과 위엄의 분위기를 만들어 내더군요."(146쪽) 이 여인의 말을 비추어볼 때, 톨로키의 직업 행위는 단순한

가 죽어가는 방법들이 우리가 살아가는 방법들"(131쪽)이라고 한다면, 누군가의 비극적인 죽음(특히 노리아의 두 아들의 죽음의 경우가 그러하다)은 당사자 입장에서 볼 때 지금까지 자신이 살아간 방법을 미처 돌아볼 수조차 없게 하는 참혹한 사건이다. 하지만 더 참혹한 것은 애도되지 않는 죽음이다. 어떠한 죽음이라 할지라도 공동체를 통한 애도로 이를 경유하지 않는다면, 인간다운 가치는 당연히 훼손될 수밖에 없다.

이렇듯 구성원들에 의해 공유되지 못하는 죽음에 관한 문제와 더불어 오히려 그것을 일종의 '상품'처럼 인식하며 부를 축적하고자 하는 "네폴로브호드웨"와도 같은 비인간적인 삶의 모습도 지적해야 한다. 그는 관(棺)을 만들어 파는 사업을 시작하면서 점점 더 큰 이익에만 몰두한다. 이렇듯 세속적 욕망의 화신이면서도, 보잘 것 없이 미미한 "벼룩들"을 애지중지하며 키우는데, 이런 그의 빈약한 삶은 협소한 인간관계, 그리고 죽음에 대한 본질적인 사유가 없는 이기적인 모습을 여실히 보여준다. 피를 빨아먹고 사는 '벼룩'이라는 소재는 전통적인 민중의 피를 빨아먹는 근대적 자본가를 암시하는 것으로도 볼 수 있다. 이렇듯 작가는 진정한 죽음의 의미는 고향이라는 지리적 장소만이 아니라, 그 안에 담겨 있는 집단적 정체성, 조상과의 정신적 유대감을 바탕으로 사유해야 한다는 점을 네폴로브호드웨의 빈약한 삶을 통해 역설적으로 보여준다.

일련의 숱한 죽음들 앞에서 형식적인 것에만 그치는 애도는 그저 도시의 변두리를 배회하는 소문에 불과하다. 이곳에서 일어나는 죽

돈벌이가 아닌, 공동체 의식의 환기를 불러오는 공적행위에 가깝다.

음들은 '고향'이나 '조상'이라는 집단공동체의 정서적 유대감과는 철저히 유리되어 있기 때문에 지극히 개인적이면서도, 일시적인 사건으로 머물 수밖에 없다. 이 과정은 '관'을 구입하는 과정으로 시작해서, 매장으로 완전히 끝이 난다. 반면, 전통적 집단공동체 내에서 '죽은 자'는 공동체 내에서 '아직 남아 있는 자'(작중에 화자로 등장하는 "우리")들의 목소리를 통해 삶의 이력이 전해지고, 이야기(구술을 통한 정서적 공유)됨으로써 기억된다. 작중의 '우리'를 통해 발화된 '죽은 자'의 흔적은 공동체적 감수성을 형성하는 데 중요한 일부분이 되며, 아직 남아 있는 자들과 연결되어 여전히 그 힘을 발휘한다. 따라서 이곳의 죽음은 도시 속에서 상품처럼 일시적으로 소비되거나, 사후에 완전히 잊히는 것이 아니라, 언제든지 공동체적 의식으로 각성시킬 만한 힘으로서 잠재된/예견된 영속적인 기억으로 유지된다. 이처럼 죽음은 상품처럼 명료하게 드러나는 것이 아니라, 베일에 가려진 흐릿한 그림자처럼 언제든 현실을 넘어, 공동체들에게 영향을 행사할 준비가 되어 있는 불가항력의 힘인 것이다.

### 소외된 것으로부터 찾은 새로운 집단공동체로서의 가능성

작가는 의도적으로 작중 인물의 상이한 가치관(톨로키, 노리아 ↔ 네폴로브호드웨)을 설정해 남아공 내에 자리 잡고 있는 갈등을 극복하고, 보다 인간다운 삶을 화두로 제시한다. 앞서 말한 것처럼, 작품의 주요 서사는 톨로키와 노리아가 대화를 통해 기억(도시에서 겪었던 일들)을 서로 교환하는 방식으로 전개된다. 그런데 이들의 대화는 각자 고향을 떠나 어떻게 도시에서 살아왔는지를 말해줄 뿐만 아니라, 고향에서 보냈던 유년 시절을 다시 기억하게 해준다. 따라서 '대화'는 그곳(고향)에서 누렸던 집단적 유대감을 서로 재확인하며, 그곳에서 통용되었던 가치관을 되돌아본다는 점에서 무엇보다 중요한 행위로 볼 수 있다. 동일한 경험을 기억하고 그것에 대해 대화를 나누는 일련의 행위는 당사자들을 자연스럽게 친밀한 관계로 이어준다. 대화로 시작된 이들의 관계는 공동의 기억을 다시 구축하는 것뿐만 아니라, 이윽고 서로를 새로운 인식의 장(여성이라는 배제된 일원에서 공동체의 새로운 구성원으로 재발견하게 되는 것)으로 이끌어 나아간다.

> "내가 무슨 생각하는지 알겠지, 노리아? 내가 오늘 본 것을 바탕으로 생각해 볼 때, 나는 우리 공동체의 구원은 여자들 손에 달려 있다고 믿어.(강조: 인용자)"
>
> "오빠는 날마다 나를 놀라게 하네요. 오빠는 내가 예상하지 못했던 생각을 말해요. 그래요. 우리가 자랄 때 여자들한테는 이름이 없었어요. 톨로키 엄마나 노리아 엄마라는 식으로 불렸죠. 그렇지만 여기 여자들은 사람들의 지도자들이에요."(241쪽)

특히, 여기에서 톨로키는 노리아를 통해 여성으로서 지닌 강인한 삶의 의지를 체감하게 되고, 그동안 몰랐던 '여성의 사회적인 역할'(정착촌에서 적극적으로 활동하는 여성들의 모습)의 중요성을 재발견하기에 이른다. 이로써 그가 기존에 지니고 있었던 집단 공동체적 유대감의 범위는 그동안 소외를 받았던 도시 여성들의 삶의 문제로까지 확대된다. 위에서 인용한 바와 같이, 여성이라는 사회적 구성원을 재발견하게 됨으로써 공동체의 새로운 가능성의 여지는 더욱 넓어진다. 여성들의 활기찬 모습과 포용력 있는 리더십은 이전의 공동체가 앞으로 보다 더 민중지향적이며, 평등한 분위기로 개선될 수 있는 여지를 충분히 보여준다(노리아가 톨로키에게 "풀뿌리 공동체라고 부른 곳들에서 여자들이 주도권을 잡고 있다."(241쪽)고 말한 점에서 그러하다. 그런데 무엇보다 이러한 강인한 삶의 의지와 거기서부터 생겨나는 보다 인간다운 삶의 가능성을 상징하는 소재가 바로 '입상(立像)'이다.

톨로키의 아버지인 "즈와라"가 만들어 놓은 입상들은 아들인 톨로키의 입장에 봤을 때, 이중적인 의미를 담고 있다. 그것들은 즈와라가 아들에게 '남긴 것'이지만, 또 한편으로 그것들은 오랜 세월 동안 고향의 땅에 묻혀 있다가 '발굴된 것'이기도 하다. 원래 즈와라의 입상들은 누구에게도 인정을 받지 못해 버려지고 소외된 것들이었는데, 그럼에도 오랜 세월이 지나도 "지금 막 광을 낸 것처럼 반짝거리고"(284쪽) 있는 입상들은 그가 심혈을 기울여 '영혼'을 담아 만들어낸 것들이며, 세속적인 기준에 의해서 평가될 수 없는 영속성을 지닌 '작품'이기도 하다.• 그리고 입상은 대지에 오롯이 두 발을 딛고

• 게다가 네폴로브호드웨의 꿈에 등장한 즈와라의 입장에서 자신의 '입상'을 아들인 톨로키에게 전해져야만 하는 이유도 나온다. "그 입상들이 톨로키에게 전해지지 않는 한 그는 무덤 속에서 편히 쉬거나 조상들의 세상에 갈 수 없었다."(282쪽) 즉, 죽은 영혼인 즈와라는 이미 '조상들의 세상'에 머문 이질적인 존재이기도 하지만, 여전히 현실

서 있는 인간의 형상을 닮았다는 점에서 '고향', 즉 인간다운 삶의 원형인 셈이다. 네폴로브호드웨는 톨로키에게 입상을 팔라고 제안했지만, 노리아가 혜안을 발휘하여 톨로키에게 입상의 진정한 가치는 세속적인 돈에 있지 않다는 것을 다시금 상기시킨 대목도 그와 관련이 있다.

이로써 고독한 영감으로 인해 만들어지고, 여전히 상품이라는 세속의 족쇄에 채워지지 않은 즈와라의 입상들은 고향과 단절되고, 인간성이 희박해지고 있는 삭막한 도시에서 드디어 자유롭고 아름답게 펴지는 선율과도 같다. 앞서 톨로키가 노리아와 여성들에게서 새로운 집단공동체의 가능성을 보았듯이, '입상'은 아이들을 비롯하여 다른 사람들 모두에게 '공동의 희열과 감동'을 공평하게 선사하면서 그것이 품은 진정한 가치가 실현 가능하다는 것을 암시한다.• '입상'은 고향이라는 전통적인 유대감을 다시 복원하고, 이를 계승하는 동시에 죽음에 관한 세속적인 인식을 뛰어넘는 상징물로 드러난다. 앞서 언급했던 케냐의 존 음비티의 말을 다시 빌리자면, "살아 있는 사람의 관점에서 볼 때 개인적 불멸성은 죽은 사람을 공경하고, 죽은

(산 자들의 세계인 이곳)과 연관되어 있음을 보여준다.

• "그(네폴로브호드웨: 인용자)가 리무진의 경적을 울리자 장례식에서 사시사철 즐겨 부르는 찬송가 몇 소절이 흘러나왔다. 그러나 아무도 거기에 관심을 갖지 않았다. 모두가 입상에 흠뻑 빠져 있었다. 발작하듯 폭소에 빠져 든 아이들은 땅바닥에 데굴데굴 굴러다녔다. 입상들이 노리아가 고향에서 마을 전체에 기쁨을 주던 것과 똑같은 방식으로 아이들에게 기쁨을 주는 것을 보면서 톨로키는 크게 놀랐다."(288쪽) 이러한 '입상'의 가치는 즈와라가 생전에 믿었던 예술가적 신념을 확고히 보증하는 것이기도 하다. 즈와라는 아내의 핀잔에도 여전히 자신의 작품이 경이로우며, 강한 영혼을 지닌 것이라고 여겨왔기 때문이다. 그리고 여기에서 톨로키가 놀란 광경은 그동안 인식하지 못했던 '입상'과 그것을 만든 아버지를 다시 보게 되는 각성의 의미가 담겨 있다.

사람에게 제물과 제주(祭酒)를 바치고, 죽은 사람이 살아생전에 내렸던 지시 또는 죽은 사람이 모습을 드러내고 내린 지시를 수행하는 행동을 통해 표현되고 구체화된다."• 따라서 네폴로보드웨에게 발굴되고, 아이들에게 전해진 즈와라의 '유물'은 그것의 '진정한 가치를 알고 있는 여자'(노리아)에 의해 소비되지 않고 남게 되는 것이다. 이렇듯 죽은 자의 의미가 아직 삶을 영위하는 자들의 집단 내에서 정서적인 영향력을 발휘할 수 있을 때, 비로소 전통적인 유대감과 집단 공동체의 연대를 다시 구축할 수 있다.

살육과 비명으로 난무한 시대를 극복할 수 있는 유일한 힘은 인간다운 삶을 희망하고자 하는 비범한 자세에서 나온다. 훼손된 전통과 세속화된 정신을 다시 사유함으로써 현실의 문제들을 극복하고자 하는 태도는 이러한 자세와 무관하지 않을 것이다. 물질만을 우선시하는 가치관으로 인해 전통이 훼손되거나, 폭력으로 인해 무참하게 유린된 인간의 존엄은 어느 한 지역만의 문제가 아닌, 현재 인류사회가 당면한 심각한 것으로서 대두되고 있는 실정이다. 인간 본연의 가치를 되찾고, 그에 걸맞은 인간다운 삶의 방식을 모색하고자 하는 이런 비범한 자세는 우리가 머물고 있는 지금 현실이든, 아니면 허구로 만들어진 작품 세계에서든 간에 진지하고 공평한 것이어야만

• 게다가 이것은 영혼인 즈와라가 현세의 네폴로브호드웨에게 "경고"를 하고, "더 이상 부탁이 아니라 명령이라고 강조"한 대목과도 관련이 있다. 현세에서는 없지만, 즈와라가 지닌 불멸성은 "명령"이 되어 네폴로브호드웨에게 지시되고, 결국 그의 행동으로 이어지면서 드러난다. 네폴로브호드웨가 자신들의 벼룩이 죽어가는 것을 참지 못하고, 즈와라의 명령에 따라 입상을 찾아서 톨로키에게 전달하는 일련의 행동은 영혼인 즈와라의 의지가 현세에서 실현되었음을 의미하며, 여전히 그가 사라지지 않은 존재임을 입증한다.(존 음비티 저, 앞의 책, 45쪽)

한다. 자케스 음다는 '고향'을 통한 집단공동체의 유대감의 중요성을 인식함과 동시에 이를 바탕으로 새로운 공동체의 가능성을 과감하게 모색한 작가이다. 그에게 고향은 '정신적 성소'이자, 인간성을 보존하고자 하는 '최후의 심리적 보루'와도 같다. 이처럼 《곡쟁이 톨로키》는 또 하나의 '입상'처럼, 현실의 어둠 속에서도 미력하지만 오래도록 빛나는 별이 될 것이다.

**자케스 음다**

자케스 음다는 1948년에 남아프리카공화국에서 태어났다. 아파르트헤이트에 저항해 사회 운동을 펼치던 아버지가 체포되자 미국으로 건너가 망명 생활을 시작했다. 남아공의 전통적인 문화와 역사, 설화를 소재로 하여 많은 작품들을 남겼다. 그는 "오늘날 남아프리카의 문학과 정치적 분야에서 다른 어떤 소설가보다도 중심에 서 있는 작가"(뉴욕타임스 매거진)라는 평을 받기도 했다. 국내에 번역되어 소개된 작품으로는 《곡쟁이 톨로키》와 《행복한 마돈나》가 있다.

**《곡쟁이 톨로키》**

작중 인물인 톨로키와 노리아의 삶을 통해 우리가 추구해야 할 인간다운 가치와 새로운 공동체를 모색한 작품이다. 그들이 마주한 도시(자본)의 세속적인 욕망과 그로 인한 공동체의 위기는 동시대의 남아공을 바라봤던 작가의 문제의식에서 비롯됐다. 이러한 문제의식은 비단 남아공만이 아니라, 우리 사회의 현실에서도 요청될 수밖에 없는 것이라 하겠다. 훼손된 가치와 공동체의 의의를 다시 복원하려는 작중 인물들의 고난과 웃음이야말로 우리가 이 작품에서 얻을 수 있는 가장 귀중한 선물이 될 것이다.

# 기억, 그 너머를 기다리는 시간

주제 에두아르두 아구아루사, 《기억을 파는 남자》•

이효선••

## 만들어진 과거가 필요한 이유

'당신은 누구인가?'라는 질문을 받았을 때 망설임 없이 자신에 대해 답할 수 있는 사람이 과연 얼마나 될까. 과거를 거쳐 현재까지 이어진 긴 시간의 흐름, 그 안에서 변해가는 자신의 모습을 한마디로 정의 내리는 일은 결코 쉬운 일이 아니다. 지금의 '나'는 수없이 많은 과거의 사건들을 통해 만들어졌다. 그 과정들 속에서 계속 변해왔고 앞으로도 그럴 것이다. 그렇다면 '어떤 과거를 통해 현재의 당신이 되었는가'로 질문을 바꾸어 보자. 이 물음에 대한 답을 찾기 위해서는 우선, 지나간 일들을 하나씩 떠올려야 한다. 과거가 없다면 지금

• 주제 에두아르두 아구아루사, 《기억을 파는 남자》, 이광윤 역, 중앙북스, 2010.

•• 경희대학교 범아프리카문화연구센터 연구원. 경희대학교 후마니타스칼리지 및 인천 평생학습관 강사. 서강대학교 생명문화연구소 인문치유팀 문학과 글쓰기 담당. 공저로 《새로운 세계문학 속으로》 등이 있다.

의 나도 존재할 수 없기 때문이다. 자신에게 의미 있는 순간들과 그 사이 소소했던 기억을 모아 붙이면서 '나'란 존재에 대한 퍼즐을 맞추어갈 수 있다. 이렇게 현재의 나를 설명하기 위해 무수한 과거를 찾아가는 일, 소설 《기억을 파는 남자》는 여기에서부터 출발한다.

1960년 앙골라 우암보에서 태어난 주제 에두아르두 아구아루사(José Eduardo Agualusa)는 고향 앙골라와 아프리카를 배경으로 자신의 문제의식을 펼쳐내는 작가다. 아프리카 대부분의 나라들은 오랜 기간 서구의 식민 지배를 받았고 그 과정에서 끊임없는 학살과 이주가 반복되었다. 아프리카를 배경으로 하는 많은 소설이 식민 지배나 노예무역의 처참한 역사, 그 속에서 빈곤에 허덕이는 사람들이 겪는 삶의 고단함, 그리고 그 와중에도 자신의 이익만을 추구하는 일부 계층의 비인간적이고 위선적인 모습 등을 그려내고 있는 이유가 바로 여기에 있다. 2004년 발표된 《기억을 파는 남자》도 이러한 주제의식에서 완전히 벗어나 있다고 할 수는 없다. 이 소설의 배경인 앙골라 역시 예외가 아니기 때문이다.

한때 네덜란드령이었던 앙골라는 17~19세기 포르투갈 노예무역의 중심지였다. 1971년 앙골라는 마침내 인민공화국으로 독립하지만, 그 후로도 30년 넘게 끊임없이 내전에 시달리게 된다. 풍부한 천연자원을 바탕으로 무궁무진한 발전 가능성을 가진 나라임에도 불구하고, 극소수의 사람들을 제외하고는 여전히 가난과 싸워야 했다.• 혼돈의 역사 속에서 개인의 이야기들은 쉽게 잊히거나 종종 왜

• 1975년 포르투갈의 식민 지배가 끝난 후 앙골라는 1975년부터 2002년까지 구소련과 미국, 중국과 쿠바, 남아공, 이스라엘 등의 대리전 격인 내전에 휘말렸다. 전쟁으로 50

곡된다. 참담한 현실 속에서 개인의 진짜 이야기를 찾는다는 것은 무척 어려운 일이다. 콩고강 주변에 뿌리를 내리고 살던 사람들의 역사도 점차 희미해질 수밖에 없었다.

《기억을 파는 남자》에 등장하는 인물들이 만들어진 과거를 통해 새로운 현재의 삶을 얻을 수 있었던 것도 이러한 아프리카의 근대사와 무관해 보이지 않는다. 자신이 어떻게 해서 이 땅에 흘러들어왔는지를 모르는 이는 본인의 역사가 궁금했고, 현재 나의 모습을 바꾸고 싶은 사람에겐 조작된 과거가 필요했다. 이 소설에 등장하는 펠릭스 벤투라는 이러한 사람들의 요구에 부합하는 인물이다. 계보학자라는 명분을 가지고 있는 그가 계보를 연구하는 이유는 단지 그럴듯한 과거를 꾸며내 돈을 벌기 위함이다. 고객들에게 역사 속 인물과 친인척 관계를 맺어주고 그 대가를 받으며 살아간다. 기업인, 장관, 농장주, 상인, 장군 등 다양한 계층의 사람들이 보다 나은 자신의 과거를 얻기 위해 그를 찾아온다. 명망 있는 조상이 있거나 귀족 족보를 물려받았다거나 하는 그럴듯한 과거를 갖추지 못한 것을 흠으로 여기는 사람들이 펠릭스 벤투라의 주요 고객이다. 이들은 제법 훌륭하게 짜여진 과거를 통해 또 하나의 기회를 잡고 싶어 한다.

만 명이 사망했고 400만 명이 난민이 되었으며 8만 명이 장애인이 됐다. 1991년 리스본 평화 협정을 통해 대통령을 선출했으나 내전은 지속되다가 2002년에 이르러서야 종식됐다. 공식적으로 내전은 끝났으나 불안한 정세는 아직도 이어진다. 2010년 1월 10일에는 아프리카 네이션스컵에 참가하기 위해 앙골라 내에서 이동 중이던 토고 대표팀 버스에 총격이 가해지기도 했다. 여전히 풀리지 않는 나라 안의 상황 때문에 원유와 다이아몬드, 금 등 풍부한 천연자원을 보유한 나라임에도 오늘날까지도 많은 사람들이 극심한 기아에 시달린다. 극소수의 기득권층과 대다수의 빈민으로 구성된 사회구조가 오늘날 앙골라가 처한 현실이다.

펠릭스 벤투라는 전통 있는 내력을 완벽하게 꾸며 번번이 고객의 입맛에 딱 맞는 그럴듯한 계보를 찾아준다. '이주자들의 손에 건설된 앙골라 남부 한 마을의 임시사령관이 그곳 출신의 여자와 결혼해서 낳은 아이가 미국화가와 결혼해서 낳은 아들' 정도로 계보를 타고 들어가게 되면, 오랜 외지 생활을 했지만 뿌리와 근원은 앙골라와 관계 있는 사람으로 보일 수 있게 된다. '네덜란드의 지배로부터 루안다를 해방시킨 리우데자네이루 출신의 직계후손이 앙골라 여자에게 반해 낳게 된 아들' 쯤으로 만들면, 비록 앙골라에서 그냥 그렇게 살아가던 정치인도 네덜란드 식민 지배를 몰아낸 투사의 핏줄이자 앙골라의 중요한 가족의 기원이 된 아프리카의 조상을 가진 사람이 되기도 한다. 오랜 연구로 아프리카의 계보를 훤히 꿰뚫고 있는 펠릭스 벤투라는 꾸며진 과거를 증명할 수 있는 서류 즉, 신분증명서, 여권, 운전면허증까지 철저하게 준비해준다. 이렇게 해서 의뢰인들은 조작된 기억을 통해 얼마든지 과거의 잘못을 지우거나 부족한 현재를 메울 수 있게 된다.

새로운 과거는 이들에게 달라진 현재를 선물해준다. 과거가 쌓여 현재가 되기에, 뒤바뀐 역사로 인해 변화된 오늘을 살 수 있게 된 것이다. 이렇게 잊고 싶은 지난한 과거, 간직하기 힘든 기억들, 자신의 의지나 잘못이 아니라 소용돌이치는 역사 속에 휩쓸려 어쩔 수 없이 견뎌야 했던 사건들을 지워내고 새로운 내일을 맞이하고 싶은 간절한 소망, 바로 이것이 만들어진 과거가 필요했던 이유였을 것이다.

## 진짜 같은 가짜, 거짓 같은 현실

소설 속에서 펠릭스 벤투라와 그 주변 사람들의 이야기는 온통 기억을 왜곡하고 조작하는 일로 가득 차 있다. 어느 순간 고통스럽고 혼란스러운 현실은 옛이야기 속에 나오는 말들 같고, 사람들의 그럴듯한 사연 하나하나는 모두 진짜가 되어 버린다. 잔혹한 현실을 살아가야 하는 사람들은 사실 그대로 보다 고통스러운 현재를 바꾸어 줄 수 있는 그럴듯한 희망의 이야기를 더 믿고 싶어 하기도 한다. 때론 거짓으로 만들어낸 과거가 진실보다 사람들을 더 행복하게 만들 수 있기 때문이다. 같은 이유로 펠릭스 벤투라는 자신이 하는 일에 대해 일말의 주저함이 없었다. 기억을 매매하는 일이 결코 신의 영역을 침범하거나 법을 어기는 일이 아니라고 생각했기 때문에 일말의 가책이나 두려움이 없었던 것이다. 그는 그저 일종의 게임을 하고 있는 것뿐이라고 생각한다. 새로운 과거를 가지게 된 사람들이 주변 사람들에게 더욱 나은 사람으로 평가받을 수 있다는 것에 기뻐하는 모습을 보면서 자신은 사람들에게 꿈을 만들어주는 일을 한다고 굳게 믿었다.

그러던 어느 날 자신의 정체를 밝히지 않는 이방인이 찾아와 지금과는 아예 다른 새로운 신분을 만들어달라고 요구한다. 이 수상한 남자는 자신이 어떤 사람으로 만들어질지는 전혀 중요하지 않으며 그저 현재와 전혀 상관없는 과거, 그러니까 한 나라에 정착해서 살 수 있는 떳떳한 과거와 대가족 계보를 만들어달라며 그 대가로 엄청난 거액을 제시한다. 펠릭스 벤투라는 이 일이 단순히 계보를 만들어내던 그동안의 일과는 달리 매우 위험한 일임을 직감하고 처음으로 망설이게 된다. 없는 사람을 만들어내 철저히 새로운 신분으로 살게 하는 일은 결코 가벼운 일이 아니었다. 하지만 돈의 유혹을 이기지 못한 펠릭스 벤투라는 오랜 공을 들인 끝에 완벽한 새로운 과거를 창조해낸다. 이렇게 해서 '앙골라 남부의 우일라주 시비아의 상페드루 마을에 정착한 네덜란드 개척민의 후손'이라는 완벽한 아프리카 계보를 얻게 된 주제 부슈만이 탄생하게 된 것이다. 펠릭스 벤투라는 단지 새로운 형태의 게임에 도전했던 것이라고 생각하기로 하고 밀려드는 죄책감을 묻어두기로 했다.

문제는 주제 부슈만으로 살기 시작한 이 남자가 날이 갈수록 완벽하게 '만들어진 주제 부슈만'이 되면서부터 시작되었다. 구식 파란 양복에 낡은 가죽 가방을 들고 펠릭스 벤투라의 집을 찾아왔던 처음의 모습 대신 다채로운 색으로 물들인 선명한 실크 셔츠와 운동화가 잘 어울리는 사람으로 조금씩 변해갔다. 단순히 덥수룩한 수염을 다듬거나 하는 간단한 외적 변화뿐만이 아니었다. 발음과 억양 심지어는 성격까지 펠릭스 벤투라가 창조한 주제 부슈만, 그러니까 그런 과거를 가진 사람에게 꼭 맞는 현재의 모습을 갖추어 갔다. 처음 만났을 때의 모습과는 완전히 다른 사람이 되어가는 주제 부슈만을 보면서 펠릭스 벤투라는 자신이 하는 일에 대해 알 수 없는 두려움을 느끼기 시작한다. 체계화된 허위는 진실 이상의 힘을 가질 수도 있는 법이다. 7개월쯤 지나자 히죽거리며 크게 웃는 그의 모습은 누가 봐도 진짜 앙골라 사람이었다. 만들어낸 과거가 어느새 완벽한 현실이 된 것이다.

모사된 실재가 진짜 실재를 몰아내고 대신 그 자리를 차지하고 있는 것에 대한 문제 제기는 꽤 오래전부터 이루어져 왔다. 조작된 이미지나 허상을 맹목적으로 추종하다 보면 어느새 복제물이 현상을 대체한다는 것이다. 현재의 모습이 선택적 사실이자 허구적 진실일지도 모른다는 것을 알면서도, 눈에 보이는 것을 믿는 것으로 삶이 유지되는 것은 여전히 아이러니한 일이다. 그런데 여기서 우리가 주목해야 하는 것은 '작가가 왜 이러한 주제에 다시 집중했느냐' 하는 점이다.

눈앞에서 벌어지고 있는 일이 잘못된 방향으로 흐르고 있다는 것을 알았을 때, 곧바로 잘못을 인정하고 상황을 바로 잡는 일은 매우 당연하지만 이를 실천하는 일은 생각보다 쉽지 않다. 과거를 인정하고 반성하기보다는 현재를 유지하기 위해 변명에 급급해하는 사람들을 여전히 마주하는 것이 현실이기에 이러한 문제의식은 아직 유효하다. 특히 가진 것이 많은 이들이 자신의 흠을 메우기 위해 너무 쉽게 과거의 잘못을 지우거나 묻어버릴 때 우리는 '과거의 역사가 어떻게 현재에 영향을 미치고 있는가'라는 질문을 적극적으로 다시 꺼낼 수밖에 없다. 새로운 역사를 만들어 부족한 틈에 채워 넣는 이러한 행위들이 아무런 죄의식 없이 이루어지고 있는 현재의 모습, 작가는 《기억을 파는 남자》를 통해 이러한 문제를 적나라하게 보여주고 있다. 그리하여 우리가 알고 있는 모든 것에 대해 '과연 진실은 무엇인가' 하고 다시 한 번 질문할 수 있게 만들어준다.

우리들 누구나 변화의 과정을 겪고, 사는 동안 그런 탈바꿈은 계속 이루어진다. 그렇다, 나도 어제의 내가 아니다. 나조차도 매일매일 다른 무언가로 변해가고 있다. 다만 유일하게 내 안에서 변화되지 않는 것이 있다면 그것은 나의 과거, 나의 인간적인 과거에 대한 추억이다. 과거는 변하지 않고 언제나 그 자리에 아름답게 혹은 추하게 존재하며 또 앞으로도 영원히 머물 것이다.(70~71쪽)

우리의 기억 대부분은 다른 사람이 자신을 기억하는 것으로 유지된다. 그래서 가공과 허구의 것을 포함한 낯선 기억으로 자신을 기억하려는 경향이 있다.(143쪽)

기억이란 빠르게 움직이는 기차에서 바라보는 풍경과 같다.(156쪽)

세상을 바꿔줄 수 있을 것만 같은 사람의 과거 이력 역시 조작된 것이라는 것을 알게 된다면, 그들에게 희망을 거는 일이 얼마나 어리석은 일인지 쉽게 알 수 있다. 아무것도 아니라고 생각했던 사람이 사실은 아주 중요한 사람이라는 것을 알게 되었을 때 나의 믿음이라는 것이 얼마나 부질없는 것인가를 확인하게 된다. 작가는 이 작품을 통해 그럴듯하게 조작된 과거일수록 현혹되기 쉽다는 경고와 함께 내가 아는 것, 내 눈에 보이는 것이 전부가 아니라 그 너머에 또 다른 진실이 있을 수 있다는 것을 다시 한 번 강조하고 있다. 더불어 진짜 자신의 과거를 드러내거나 인정하지 못하는 사람들의 허위적 모습을 통해, 왜곡된 현실 속에서 반드시 숨겨진 진실을 찾아가야만 하는 일의 중요성에 대해 말하고 싶었을 것이다. 독자들은 이야기를 읽어나가면서 달라진 개인의 역사가 어떻게 사회에 영향을 끼치는지에 대해 조금씩 확인하게 된다. 그러면서 '진짜 같은 가짜', '거짓 같은 현실'의 위험성을 끝까지 고발하려고 하는 작가의 의도를 조금씩 눈치챌 수 있게 된다.

## 상처를 견디는 힘, 하얀 거짓말

소설 속에는 주제 부슈만 외에도 만들어진 과거에 함몰되어 스스로 본인의 삶을 변화시키는 인물들이 등장한다. 펠릭스 벤투라 덕에 앙골라의 영웅 출신의 후손이라는 과거를 갖게 된 장관이나 과거를 숨기고 가짜들을 내세워서 대통령으로 살고 있는 이가 그들이다. 믿고 싶은 것을 믿으려 하는 사람들의 심리 때문에 새로운 과거를 가지게 된 사람들은 계속해서 더 달콤한 허상을 만들어낸다. 우상화된 거짓에 중독되어 더욱더 과거를 그럴듯하게 덧칠하다 보니 어느 순간부터는 스스로도 어디까지가 진짜 자신의 모습인지 구분할 수 없게 된다. 사실과 거짓의 경계가 모두 무너지고 만 것이다.

작가는 소설 속에 나오는 꿈과 현실, 과거와 현재 중 어떤 것이 진짜인지 구별해내기 쉽지 않도록 장면을 배치해놓았다. 이러한 작가 특유의 허구적 상상력과 독특한 서술 방식 때문에 독자는 현실에서 일어난 일을 시간 순서대로 재배치하면서 진실을 찾아낼 수밖에 없는데, 어느 순간 이 모든 작업을 명확하게 해낼 수 없다는 것을 깨닫게 된다. 실제의 기억과 조작된 과거가 마구 얽혀버린 상황에서 '눈

앞에 보이는 현재라는 것이 얼마나 많은 허구와 허상일 수 있는가' 하는 의문에 빠지기 때문이다. 작중 인물들처럼 무너진 경계 앞에서 혼란에 빠지게 되면 진실을 찾아가는 과정 자체가 무의미하게 느껴질 수도 있다.

그렇다면 '만들어낸 허상, 왜곡된 진실이 언제나 악한가' 하고 다시 묻는다면 여기에도 반드시 그러하다고 자신 있게 대답할 수 없다. 이는 기억이라는 것이 언제나 진짜인가에 대한 문제가 아니라, 왜 사람들이 만들어낸 이야기가 거짓일지도 모르는데도 애써 믿느냐 하는 또 다른 영역의 문제와 연결된다. 사람의 기억이란 서술자의 의식과 무의식이 반영되면서 교묘히 비틀어져 선택적으로 편집되고 재구성될 가능성이 늘 내재되어 있다. 때론 불완전한 기억이 더욱 실재처럼 느껴지기도 한다는 것을 알면서도 말이다. 이것은 진실을 찾아가는 과정이란 너무도 괴롭고 험난한 일이기에 잠시라도 모르는 척 살아가고픈 사람들의 마음일 수도 있다. 고단한 현실에서 잠시나마 행복을 유지하기 위해서 만들어낸 쉼터일 수도 있다. 이럴 땐 진실이 무엇인지를 찾아내는 것 자체가 더 이상 무의미할지도 모른다는 생각에 이르게 된다. 소설의 말미에서 주제 부슈만이라는 인물의 과거가 낱낱이 밝혀졌을 때 통쾌함보다는 씁쓸한 기분을 지울 수 없는 것도 같은 이유에서이다.

그는 자신 때문에 억울하게 고문당하다 죽어간 아내와 갓 태어나자마자 담뱃불에 몸이 타들어갔다는 아이의 이야기를 듣고 복수를 위해 남은 인생을 살기로 마음먹는다. 그러기 위해서는 사람들 기억 속에서 자신을 지우고 새로운 신분으로 살 필요가 있었다. 그러던 중에 펠릭스 벤투라를 만나 주제 부슈만이란 가면을 쓰게 된 것이다. 그런데 막상 그토록 찾아 헤매던 딸을 만났을 때 그는 다시 괴롭고 혼란스러워졌다. 그의 딸은 몸에 새겨진 과거의 상흔을 묻어두고 다시 현재의 삶을 살아가고 있었기 때문이었다. 안젤라 루시아라는 이름으로 펠릭스 벤투라의 연인이 되어 있는 딸을 처음 마주쳤을 때부터 직감적으로 부녀 사이임을 감지하지만, 그는 딸을 모르는 척한다.

이는 안젤라 루시아도 마찬가지였다. 아버지일지도 모르는 사람, 아니 아버지일 것이 확실한 사람을 보고도 아는 척을 하지 않는다. 두 사람은 서로를 외면함으로써 암묵적으로 새로운 현재의 모습에 동의한 것이다. 과거의 진실이 언제나 궁금했고 현실에 왜곡이 있다면 바로 잡아야 한다는 마음으로 살아왔지만, 아픈 역사를 꺼내는 순간 현실의 안정과 행복이 깨진다는 두려움에 빠지게 된 것이다. 상처를 회복하기 위해 과거를 바로 잡는 일이 서로에게 더 큰 고통을 주는 일이 될지도 모른다는 것을 잘 알기 때문에 끝까지 침묵을 선택한다. 과거에서 벗어나 현재의 모습대로 남은 생을 자유롭게 사는 것이 상처를 이겨내는 또 하나의 방식이란 것을 깨달았기 때문일지도 모른다.

벤투라, 바로 나 자신이지. 나의 대역, 또 다른 나. 살면서 우리는 어떤 때 이런 대역, 또 다른 자신에게 의지하게 되니까.(172쪽)

그것은 자유였소. 가면을 써야 하는 이런 상황이 역설적으로 나를 완전히 자유로운 인간으로 바꾸어놓았소. 나에게는 자유를 누리며 살아갈 수 있는 도구가 있소. 내 삶의 마지막 날까지 편안하게 살 수 있도록 해주는 큰 돈이 있었소. 그 대가로 나는, 과거 누군가 나를 배반한 그 무서운 공포에서 벗어나 책임감, 비난, 후회, 시기, 증오, 원한, 음모 같은 것들로부터 자유로울 수 있었소.(196쪽)

소설에서 말하고 있는 것처럼 기억이라는 것이 실은 자의나 타의에 의해서 선택적으로 편집된 사실이거나 누군가가 철저하게 만들어낸 것이더라도, 사람들이 왜 그런 선택을 할 수밖에 없었는가에 대해서는 반드시 함께 관심을 기울여야 한다. 진실을 찾아가는 일만큼이나 중요한 것은 혼란스러운 현재에서 만들어진 과거로 살아갈 수밖에 없는 사람들의 또 다른 사연들이다. 진짜가 무엇인지를 따져 묻기 전에 왜곡된 진실로 인해 고통받은 기억과 쉽게 진실을 이야기하지 못했던 그동안의 시절에 귀를 기울이고 서로 다독여주는 일, 그것이 왜곡된 역사를 공유해야만 했던 이들이 할 수 있는 치유의 방식이라는 것을 잊지 말아야 한다.

### 기록, 확신 그 너머를 기다리는 시간

현실과 꿈이 혼재되어 있고, 진실과 거짓이 구별되지 않으며, 정의와 불의에 대한 판단이 서지 않아 가해자와 피해자의 이야기가 한 덩어리로 엉켜있을 때 이를 하나하나 다시 분류하기 위해서는 많은 시간이 필요하다. 그 시간을 확보할 수 있도록 만들어주는 것이 바로 기록이다. 《기억을 파는 남자》에서 작가는 기록의 중요성에 관한 이야기를 끊임없이 하고 있다. 이를 보여주는 주된 소재가 바로 사진이다. 사진은 순간의 장면을 포착해내기 때문에 객관적 기록성을 가지고 있다. 한 장의 사진을 통해 인물이나 배경을 보는 것에 그치는 것이 아니라 사회적·문화적으로 다양한 측면을 파악할 수 있다. 때문에 역사적 신뢰성을 더할 때 결정적 근거가 되기도 한다. 물론 역설적으로 사진이야말로 기술 발달에 의해 재현된 결과물이고, 대량 생산과 복제하기 쉽기 때문에 진실을 외면하고 거짓을 만들어내는 장치가 될 수도 있다. 그럼에도 작가는 모든 순간을 기록하고 이를 증거로 과거를 추적하면서 만들어진 과거의 진실에 접근해가는 주제 부슈만의 모습을 통해 꾸준한 기록이 진실을 찾게 해주는 흔적이 될 수 있다는 것을 말하고 있다.

현실을 기록하는 또 다른 소재로 등장하는 것은 책이다. 펠릭스 벤투라는 책 속에서 찾은 많은 이야기를 찾아내어 과거의 시간을 이어붙인다. 그리고 그날 있었던 일을 써내려가면서 다시 기록들을 남긴다. 현실을 기록하고 기억을 재구성한다는 점에서 어떻게 보면 펠릭스 벤투라는 의뢰인들의 이야기를 만들어주는 소설가일 수도 있겠다. 거짓말 같은 일이 빈번한 세상에서 사회적 거짓말쟁이로 인정받을 수 있는 직업이 바로 소설가다. 현실과 꿈이 분리되지 않을 때, 혹은 현실이 너무 비참하고 잔혹할 때 사람들을 상상의 공간으로 이동시켜 새로운 꿈을 줄 수 있는 것도 소설이다. 펠릭스 벤투라가 주제 부슈만에게 새로운 삶을 주었던 것처럼, 작가는 현실이 괴로울 땐 책을 통해 새로운 삶을 선택하라고 말한다. 책은 진실을 담아두기도 하고 포장하기도 해서 현실을 버틸 수 있게 만들어주기 때문이다. 또한 모든 것이 지나가거나 사라지는 것이 아니라 기록을 통해 남겨질 수 있다는 것, 그 후에는 가슴 속에 묻어둘 수도 있어야 한다는 것을 알 수 있게 해준다.

> 알아요? 내 인생은 한 편의 소설이에요. 그냥 평범한 소설이 아니라 정말 위대한 소설……. (중략) 대부분의 사람들은 위대한 소설을 읽어보지도 않고 자신의 삶이 보통의 삶과는 다르다고 말한다. 과거에는 그렇지 않았지만 이제 나는, 모든 사람들의 삶이 제각기 특별하다는 것을 인정한다. (157쪽)

마지막으로 이 소설의 화자가 도마뱀붙이 에울랄리우였던 것을 떠올려보자. 왜 작가는 펠릭스 벤투라라는 기록자가 있음에도 불구하고 또 다른 관찰자를 등장시켰을까. 제3의 서술자가 인물들이 처한 상황이나 심적 변화 과정을 객관적으로 그려내는 방식은 말로 이야기를 전달하는 방식과 매우 유사한 구조를 갖는다. 이는 기록이 없던 시절 혹은 기록이 쉽지 않았던 시절, 이야기를 전달하기 위해서 전체적인 스토리를 알고 있는 전달자가 필요했던 것과 연결할 수 있다. 이들의 임무는 자신들의 언어와 감정으로 모든 사건과 상황을 이야기함으로써 입에서 입으로 역사를 전달하는 것이었다. 이러한 방식을 통해 문자가 없던 시절의 이야기가 지금까지도 존재할 수 있게 되었다. 이러한 구술성은 아프리카 소설에서 자주 발견되는 특징 중의 하나이다. 이 소설에서도 이런 점을 차용하여 눈에 보이는 기록들 외에 시대를 통과한 몸의 기록을 놓치지 않으려 하고 있다. 화자가 오랫동안 관찰해서 독자에게 말하고 있는 대상이 다름 아닌 이야기를 만들어 사람들에게 들려주는 전달자라는 점은 이 소설을 더욱 흥미롭게 만든다. 깨어 있는 누군가, 그리고 이를 새기고 전달하는 누군가의 말과 말이 모이면 감추어졌던 이면의 또 다른 것을 부분들이 자연스럽게 드러나게 된다.

《기억을 파는 남자》를 읽다 보면 자칫 무거운 주제를 잡다하게 다루고 있다는 인상을 받을 수도 있다. 눈에 보이는 것으로 판단한다는 것이 전부가 아니라는 문제에서부터 피부색이 사회적 위치를 규정하고 마는 인종 문제, 호명에 의해 생기는 존재론적 문제, 인간의 허위의식과 거짓들 속에 감추고 살 수밖에 없는 진실 등 많은 것에 대해 끊임없이 질문하고 있기 때문이다. 이는 그 어느 것 하나 놓치고 싶지 않았던 작가의 절실함으로도 해석할 수 있다. 작가는 사회에 대한 자신의 문제의식을 소설 속에 녹여내기 위해 꿈, 사람이 아닌 제3의 서술자 등 다양한 상징적 장치를 등장시켰다. 이를 통해 미적인 부분을 훼손시키지 않은 상태에서 현실비판이 가능하다는 것을 충분히 보여주었다. 덕분에 독자는 이야기로 이 소설을 받아들이는 동시에 자신의 기억에 대한 질문도 놓치지 않을 수 있게 됐다. 과거라는 거울을 통해 현재를 비추지만 눈에 보이는 진실이 왜곡되었을 가능성이 있다는 것, 결국 모두가 보여주고 싶은 것을 보여주거나 보여줄 수밖에 없는 것, 사람들은 자신이 믿는 것만으로 타인들을 규정한다는 것, 참이고 진실이고 진리라 확신한 그 너머의 것을 알기 위해서는 조금 더 많은 시간이 필요하다는 것, 그리고 그 시간을 견디기 위해서는 오늘도 여전히 기록되어야 한다는 것, 주제 에두아르두 아구아루사의 《기억을 파는 남자》는 독자에게 이러한 여러 가지 본연의 문제에 대해 생각하도록 만들어주는 소설이다.

**주제 에두아르두 아구아루사**

주제 에두아르두 아구아루사는 1960년 앙골라 우암보에서 태어났다. 고향 앙골라와 아프리카를 배경으로 다양한 문제의식을 펼쳐내는 그의 작품은 전 세계에서 사랑을 받고 있다. 1989년 《음모》를 통해 문단의 주목을 받기 시작했고, 장편소설 《혼혈국가》로 포르투갈 문학대상을 수상했다. 2004년에 《기억을 파는 남자》를 발표하면서 아프리카 작가 최초로 '영국문화예술위원회'와 일간지 《인디펜던트》지가 공동으로 선정한 '최고의 외국소설상'을 수상하기도 했다. 《망각에 관한 일반론》은 2016년 맨부커 상 최종 후보작에 올랐고, 2017년에는 국제 더블린 문학상을 거머쥐었다. 잡지를 창간한 저널리스트이고, '매미들의 시간'이라는 프로그램을 통해 아프리카 음악과 시를 소개하는 방송인이자 다큐멘터리 '아프리카적 리스본'의 제작자이다.

**《기억을 파는 남자》**

《기억을 파는 남자》는 꿈과 현실, 과거와 현재가 얽혀있는 소설이다. 2004년에 발표된 이 소설의 배경은 당시 앙골라의 모습인데, 작가는 여기에 가상 혹은 환상적 요소를 덧대며 마술적 리얼리즘의 계보를 잇고 있다. 작품 속에서 등장하는 펠릭스 벤투라는 계보학자의 명분을 내세워 다른 사람들의 과거를 만들어주는 직업을 가지고 있다. 어느 날 그를 찾아온 한 남자에게 주제 부슈만이라는 이름과 삶을 만들어주는데, 사실 그는 고문당하다 죽어간 아내와 갓 태어나자마자 고문을 당했던 아이의 복수를 하기 위해 가면이 필요했던 남자였다. 작품 속에서 이 모든 상황을 지켜보는 서술자이자 관찰자가 등장하는데, 다름 아닌 사람의 기억을 가지고 있는 에울랄리우라는 도마뱀이다. 이렇게 작가는 제 3의 존재를 서술자로 등장시켜 기억에 관한 자신의 생각을 작품 전체에 걸쳐 서술하고 있다.